发展绿色新动能经济

中国发展动力研究报告系列三

Report on China's Development Driving Factors (No. 3)

主编／李佐军

副主编／魏云　赵西君

DEVELOP GREEN ECONOMY WITH NEW GROWTH DRIVERS

社会科学文献出版社
SOCIAL SCIENCES ACADEMIC PRESS (CHINA)

编委会名单

主　　编　李佐军

副 主 编　魏　云　赵西君

编委会成员　(按姓氏笔画排序)

王　俊　韦文怡　叶慧颖　刘文杰　刘自力

刘雪飞　杨秋月　吴　浩　吴　彬　宋晓璐

张志冉　赵科科　段志刚　高宜程　郭红莲

涂莹燕　盛三化　梁洁波　湛雨潇　线伟华

靳永新

主编简介

李佐军 国务院发展研究中心资源与环境政策研究所副所长，著名经济学家，经济学博士，博士生导师，研究员。2015 年"发展中国十大年度人物"，享受国务院政府特殊津贴专家，人本发展理论创立者，华中科技大学、湖南大学等高校兼职教授，同时兼任多个学术团体职务，被多个地方政府聘为顾问或首席专家。攻读博士学位期间师从中国著名经济学家吴敬琏研究员，攻读硕士学位期间师从国际著名经济学家、发展经济学奠基人张培刚教授。

出版专著《供给侧改革：改什么、怎么改？》《人本发展理论》《中国改革新思维》《第三次大转型：新一轮改革如何改变中国》《中国的根本问题：九亿农民何处去》等 7 部，主编《中国新农村建设报告（2006）》《中国绿色转型发展报告（2012）》《中国园区转型发展报告》等 11 部，合著《中国民生报告》和《发展经济学导论》等 8 部，参著《垄断行业改革攻坚》《迎接中国汽车社会：前景·问题·政策》等 23 部。主持或参与国内外科研课题 140 余项，在《人民日报》《经济日报》《新华文摘》等报刊上发表文章 1000 余篇，呈递给党中央、国务院领导调查研究报告 100 余篇。主要面向企业和政府做过数百次报告，受到听众的普遍肯定和广泛欢迎。先后五次获中国发展研究奖一等奖、二等奖。

目 录

第四篇　对策建议

序　言

20 世纪 90 年代以来，我国经济主要依靠大规模投资拉动、要素粗放投入驱动、GDP 导向制度带动三大动力取得了举世瞩目的发展成就。然而近年来，这三大旧动能一方面已无法支撑我国经济的持续增长，另一方面其副作用和后遗症也日益显现。在此背景下，如何加快新旧动能接续转换、培育壮大新动能，引起了党中央、国务院的高度重视。

2015 年 7 月，习近平总书记在吉林调研时首次使用了"新动能"一词。2015 年 10 月，李克强总理主持学习贯彻党的十八届五中全会精神时提出要"培育发展新动能"。2016 年 12 月，中央经济工作会议把"大力振兴实体经济、培育壮大新动能"作为 2017 年经济工作的一个重要任务。习近平总书记在党的十九大报告中指出，"我国经济已由高速增长阶段转向高质量发展阶段，正处在转变发展方式、优化经济结构、转换增长动力的攻关期"，要在中高端消费、创新引领、绿色低碳、共享经济、现代供应链、人力资本服务等领域培育新增长点、形成新动能。

2018 年 1 月 10 日，根据《国务院关于山东新旧动能转换综合试验区建设总体方案的批复》（国函〔2018〕1 号），设立了山东新旧动能转换综合试验区。山东新旧动能转换综合试验区是党的十九大后获批的首个区域性国家发展战略，也是中国第一个以新旧动能转换为主题的区域发展战略。自此，我国正式开启了从旧动能向新动能转换的区域战略试验。

2018 年 4 月，习近平总书记在深入推动长江经济带发展座谈会上发表重要讲话，明确指出在新形势下，推动长江经济带建设现代化经济体系，关键是要正确把握破除旧动能和培育新动能之间的辩证关系——既要紧盯经济发展新阶段、科技发展新前沿，毫不动摇把培育发展新动能作为打造竞争新优势的重要抓手，又要坚定不移把破除旧动能作为增添发展新动能、厚植整体实力的重要内容，积极打造新的经济增长极。

明确新动能经济的内涵和外延，对于培育壮大新动能至关重要。2017年国务院办公厅印发的《关于创新管理优化服务培育壮大经济发展新动能加快新旧动能接续转换的意见》，将经济发展新动能的主要特征概括为：以技术创新为引领，以新技术、新产业、新业态、新模式为核心，以知识、技术、信息、数据等新生产要素为支撑。《山东新旧动能转换综合试验区建设总体方案》提出，推动新旧动能转换的核心内涵是以"四新"促"四化"实现"四提"，即以新技术、新产业、新业态、新模式，促进产业智慧化实现传统产业提质效、智慧产业化实现新兴产业提规模、跨界融合化实现跨界融合提潜能、品牌高端化实现品牌高端提价值。

很多人将新动能理解为新技术、新产业、新业态、新模式"四新"，我们认为，"四新"只是新动能的部分内容，而且是新动能的表象内容，新制度、新主体、新市场才是新动能的深层内容。新动能的完整内容是由"五级火箭"理论——新制度、新主体、新要素、新产业、新市场，以及"五新支撑"框架——新定位、新思路、新布局、新环境、新行动，共同构成的。其中，"五级火箭"理论的基本逻辑是：新制度驱动新主体，新主体利用新要素，新要素支撑新产业，新产业满足新市场。

所谓绿色发展，就是既要绿色，又要发展，其主要特征可以概括为"四低四高"。"四低"是指低消耗（资源能源消耗）、低污染（大气、水、土壤等污染）、低排放（二氧化碳排放）、低破坏（生态破坏），"四高"是指高效率、高效益、高循环、高碳汇。绿色发展的途径可以概括为降耗、减排、止损、增绿、提效、改制。本书在上述概念的基础上，率先提出了"绿色新动能经济"的概念，其内涵是指以新制度为引擎、以新主体为支撑、以新要素为手段、以新产业为核心、以满足新需要为目的，是符合绿色发展要求的经济形态。

从产业视角来看，发展绿色新动能经济，一方面，要发展绿色新动能产业。既要通过去疴（包括去产能、去库存、去杠杆、去僵尸企业）、转型、升级、融合（包括产业链融合、创新链融合、产城融合、区域融合等）等途径，推进传统产业转型升级，又要充分运用新技术、新策略等，积极培育发展绿色新动能产业主体。另一方面，要发展绿色新动能企业。在推进产业转型升级和培育绿色新动能产业的同时，要建立一批清洁、高效、低碳、循环的绿色新动能企业与之相适应，并通过精准实施差异化政策（如分区域精准确定税额标准），引导高污染、高排放企业加速绿色转型。

从区域视角来看，发展绿色新动能经济，一方面，要根据实际需求覆盖经济发展状况不同的各类区域：一是发展绿色新动能城市；二是发展绿色新动能园区；三是发展绿色新动能城镇；四是发展绿色新动能乡村。另一方面，要注重优化空间布局，既要与周围地区做好衔接，参与推进区域经济一体化进程，又要在整个大区域中找到自身的最佳定位。

为了使读者更直观地理解绿色新动能经济，本书选取了多个国内外区域案例和企业案例进行多层次、多维度的剖析。区域案例主要选取了深圳、京津冀、美国加州，企业案例主要选取了滴滴出行、碧水源、华为和美国特斯拉。每个案例都介绍了其基本情况、主要做法、经验和启示。

本书在理论研究和案例剖析的基础上，深入分析了中国绿色新动能经济发展的进展与成效、存在的问题及其根源、面临的机遇与挑战，并针对中央政府、地方政府、企业等，分别提出了发展绿色新动能经济的思路与对策。同时，还附有大事记和重要数据。

在此，要特别感谢魏云、赵西君、靳永新、郭红莲、刘文杰、涂莹燕、吴浩、线伟华、张志冉、盛三化、王俊、韦文怡、湛雨潇、叶慧颖、刘自力、刘雪飞、段志刚、杨秋月、高宜程、宋晓璐、赵科科等为本书撰写了专稿。

感谢社会科学文献出版社出版本书，尤其感谢冯咏梅等编辑为本书出版付出的大量心血。

在本书编写过程中，魏云、赵西君、梁洁波、叶慧颖做了大量组稿、协调和校对等工作，在此一并致谢。

本书由北京市社会科学界联合会社会组织重点项目资助出版，特此致谢。

需要说明的是，全书是在一个全新的领域所做的初步探索，尚有很多不成熟、不完善之处，望读者朋友不吝指正，我们将在今后的研究中不断完善。

李佐军

2018 年 9 月 18 日于北京

第一篇　理论研究

第一章
绿色新动能经济的含义

当前，全球治理体系面临深度调整，全球经济结构和竞争格局正在发生新的转变，贸易保护主义等逆全球化趋势逐渐显现，给全球可持续发展带来新的挑战。与此同时，中国正处于经济增速换挡、经济结构调整、经济增长动力转换的攻关期。不论是从适应国际形势角度，还是从推动国内经济可持续发展角度出发，我国都应该主动培育新的经济增长点，发展绿色新动能经济，形成新的国际竞争优势。

本章的主要内容分为两部分：一是对绿色新动能经济进行界定；二是论述发展绿色新动能经济的必要性。首先，从推动我国经济发展的旧动能的内容及其特征出发，对新动能的含义和内容进行了概括；其次，将新动能纳入经济形态中进行分析从而引出了新动能经济这一概念，并在此基础上结合绿色发展的理念，明确了绿色新动能经济的内涵；最后，从践行绿色发展理念、实施创新驱动战略、践行"两山"理论、满足人民美好生活、推进供给侧结构性改革、履行国际承诺和应对激烈的国际竞争等角度论述了发展绿色新动能经济的必要性和意义。

一　正确理解绿色新动能经济

（一）什么是新动能

1. 新动能的缘起

2017 年 1 月，国务院办公厅印发的《关于创新管理优化服务培育壮大经济发展新动能加快新旧动能接续转换的意见》（国办发〔2017〕4 号）是我国培育新动能、加速新旧动能接续转换的第一份文件。文件将经济发展新动能的主要特征概括为：以技术创新为引领，以新技术、新产业、新业态、新模式为核心，以知识、技术、信息、数据等新生产要素为支撑。

习近平总书记在党的十九大报告中指出，"我国经济已由高速增长阶段转向高质量发展阶段，正处在转变发展方式、优化经济结构、转换增长动力的攻关期"，要在中高端消费、创新引领、绿色低碳、共享经济、现代供应链、人力资本服务等领域培育新增长点、形成新动能。2018 年 4 月，习近平总书记在深入推动长江经济带发展座谈会上发表重要讲话，明确指出在新形势下，推动长江经济带建设现代化经济体系，关键是要正确把握破除旧动能和培育新动能之间的辩证关系——既要紧盯经济发展新阶段、科技发展新前沿，毫不动摇把培育发展新动能作为打造竞争新优势的重要抓手，又要坚定不移把破除旧动能作为增添发展新动能、厚植整体实力的重要内容，积极打造新的经济增长极。具体应当做到积极稳妥腾退化解旧动能，破除无效供给，彻底摒弃以投资和要素投入为主导的老路，为新动能发展创造条件、留出空间，进而致力于培育发展先进产能，增加有效供给，加快形成新的产业集群，实现腾笼换鸟、凤凰涅槃。

2. 新动能的含义

在物理学中，动能是指物体由于运动而具有的能量。在经济学中，动能可以理解为推动经济发展的能量。在不同的经济发展阶段，经济增长所依赖的动力不同，如第四次工业革命以来，知识、信息等成为新的生产要素，大批颠覆性创新技术催生出的高端制造、普适计算、智慧城市等新业态和新模式共同构成了新的经济发展动能。因此，新动能是相对于旧动能来说的。

旧动能是指驱动经济粗放发展的动能，主要表现在以下三个方面。一是通过"三驾马车"，特别是投资拉动，尤其是政府投资拉动经济增长。长期以来，人们基于凯恩斯宏观经济学理论将经济发展的动力简单理解为投资、消费和出口"三驾马车"，强调政府干预市场的必要性。这使得经济增长过度依赖财政政策、货币政策等政策的拉动，同时也带来了高产能、高负债等后果。二是通过大规模要素粗放投入拉动经济增长。也就是主要依靠增加资本、劳动力、自然资源等生产要素来扩大生产规模，实现经济增长。这种粗放型经济增长方式成本较高，产生的经济效益较低。三是通过 GDP 导向制度拉动经济增长①。从理论上来讲，新公共管理行政范式以追求效率为核心，而传统的政府绩效考核方式将 GDP 作为考核的唯一指标，这使得地方政府盲目追求 GDP 增长率而忽略了对地方社会经济发展的战略性规划，进而导致了社会经济发展的不平衡、不协调、不可持续②。因此，旧动能可以理解为投资驱动、要素驱动、GDP 驱动。

而新动能是指驱动经济高效、可持续发展的动能，也即在供给侧依靠提高全要素生产率、在需求侧依靠推动新消费以拉动经济增长的动能。主要表现为"三大发动机"——制度变革、结构优化、要素升级③，大致对应中央强调的改革、转型、创新。一则，"制度变革"是经济发展最根本也是最重要的动力，因为"结构优化"和"要素升级"都要靠"制度变革"来保证。而制度变革又应该从规则（法律法规、政策、标准等）、组织（党、人大、政府、企业、家庭等）和实施机制（激励和约束机制、司法执法机制、市场监督机制等）

① 李佐军：《中国经济将加速新旧动能转换》，《经济参考报》2017 年 12 月 27 日。
② 杨和平：《破除"唯 GDP 主义"政府绩效观　推进我国地方政府绩效治理创新》，《中共太原市委党校学报》2014 年第 3 期，第 32 ～ 36 页。
③ 李佐军：《培育壮大新动能　缓解经济下行压力》，《经济参考报》2018 年 3 月 28 日。

三个方面着手。二则,"结构优化"是经济发展的过程性动力。主要包括产业结构优化(即通过提高高附加值产业比重来提高经济效率,如提高新技术产业和先进制造业比重)、区域结构优化(包括城镇化、城乡一体化、区域经济一体化等)、财富分配结构优化等。三则,"要素升级"是经济发展的基本动力。通过推动技术进步、提升人力资本、推进信息化、促进知识增长等方式对基本生产要素进行升级,能够提高全要素生产率,进而促进经济发展①。

3. 新动能的内容

通常而言,人们基于国务院办公厅印发的《关于创新管理优化服务培育壮大经济发展新动能加快新旧动能接续转换的意见》(国办发〔2017〕4号)将新动能理解为"四新经济"——新技术、新产业、新业态、新模式,但新动能还应包含新制度、新主体、新市场等深层次内容。因此,我们将新动能的内容概括为新动能"五级火箭",即新制度、新主体、新要素、新产业、新市场。其逻辑是:新制度驱动新主体,新主体利用新要素,新要素支撑新产业,新产业满足新市场。

一是新制度。制度是推动经济发展最关键的因素,是要求大家共同遵守的办事规程或行动准则。培育壮大新动能是一个复杂的系统工程,需要以政府的"顶层设计"为保障,而制度设计是政府的基本职能,也是政府对经济社会进行调控的基本方式。抛开新制度,政府便难以参与到转变经济发展方式的过程中来,新动能也就无从谈起。

二是新主体。按照经济学定义,经济主体是指在市场经济活动中能够自主设计行为目标、自由选择行为方式、独立负责行为后果,并获得经济利益的能动的经济有机体,包括与经济活动有关的政府、机构、企业和自然人②。一方面,新动能能否培育壮大实际上取决于上述各类经济主体的行为;另一方面,在新制度的驱动下,必将催生具有竞争力的创新型主体,包

---

① 李佐军主编《中国发展动力研究报告:找准中国经济发展新动力》,社会科学文献出版社,2016。
② 贾华强:《中国如何实现持续繁荣的市场经济——以经济主体多样性为视角的分析》,《人民论坛·学术前沿》2013年第2期,第28～35页。

括创新型企业、创新型个人、创新型区域、创新型科研院所和高等院校、创新型国家平台、创新型政府等①。

三是新要素。新动能主要着眼于提升全要素生产率，而新主体也需要利用技术、人才、信息等各类新的生产要素才能在创造新动能方面有所突破。李克强总理在 2016 年 1 月主持召开的国务院专题会上指出，新旧动能转换是辩证统一的，新动能成长起来，创造出大量就业岗位，就能为传统产业增效升级和人员分流创造条件；而改造提升传统动能，激活沉淀的要素资源，也可为新动能成长腾出空间。

四是新产业。新旧动能转换的过程是培育新动力和新动能、改造传统产能、淘汰落后产能的过程，这对现代产业体系的优化提出了新的要求。发展新产业不仅要求对传统产业进行转型、升级和融合，而且包括培育和壮大新兴产业。具体应当基于各地区的优势，结合政府相关政策，沿着升级消费结构和促进技术进步的方向着重培养和扶持满足绿色、低碳要求的新产业。

五是新市场。新市场包括新的消费市场和新的需求市场。一则，培育壮大新动能归根结底是为了满足人民群众日益增长的市场需求。培育新市场，不仅应该促进传统需求市场的升级，而且应该从新需求的角度出发，积极培育新的需求市场。二则，脱离消费升级谈产业升级是不现实的。在新消费引领下加快培育形成新供给新动力，是对经济发展新常态下增长动力机制的系统优化。

4. 新动能的实质

新动能是区别于旧动能的以新制度为引擎、以新主体为支撑、以新要素为手段、以新产业为核心、以满足新需要为目的，旨在实现经济高效、可持续发展的新动力。

（二）什么是新动能经济

1. 新动能经济的含义

新动能经济是指以新制度为引擎、以新主体为支撑、以新要素为手段、

---

① 李佐军：《培育具有竞争力的六大创新型主体》，股城网，https：// stock. gucheng. com/ 201612/3224380. shtml。

以新产业为核心、以满足新需要为目的的经济形态。2016 年政府工作报告首次正式提出"新经济"的说法，并将"新经济"和"新动能"联系在一起。报告指出要推动新技术、新产业、新业态加快成长，培育壮大新动能，加快发展新经济。新常态下的经济增长，谋求的就是新增长新发展，即通过结构优化升级和培育新增长点，实现高质量高效益的持续平稳增长①。因此，我们可以将新经济理解为通过培育新动能来实现高质量高效益的持续平稳增长的经济形态，这与新动能经济的定义是一致的。

2. 新动能经济的内容

在新动能"五级火箭"理论的基础上，我们可以将新动能经济定义为五个层面。

一是新制度。制度由规则、组织和实施机制三个部分组成。其中，规则包括文化（无形规则或制度）、法律法规、标准和政策等；组织包括党、人大或议会、政府、政协、事业单位、社会组织、企业、家庭和非政治组织等；实施机制包括对自我与社会的激励和约束机制、司法执法机制、权力分配机制、责任追究机制、市场监督机制等。通过组合上述各类制度的表现形式，可以形成新的法律法规、新的组织机构、新的责任机制等多样化的适合当前经济发展的新的制度形态。

二是新主体。从政府、机构、企业和自然人这四类基本经济主体出发，可以划分为以下六大具有竞争力的创新型主体：创新型企业（尤其是创新型领军企业）、创新型个人（如创客、新型农民等）、创新型区域（如创新型城市、智慧城市等）、创新型科研院所和高等院校、创新型国家平台（如国家创新中心、国家技术中心、国家实验室等）。

三是新要素。提升全要素生产率是发展新动能经济的着眼点。要素升级的路径包括技术进步、知识增长、信息化、人力资本提升等。具体而言，新要素包括信息技术、智能制造技术和新能源技术等新技术，专业人才、市场人才和管理人才等新人才，各种新信息、新知识，各种新融资形式和渠道、

---

① 王小广：《新旧动能转换：挑战与应对》，《人民论坛》2015 年第 35 期，第 16～18 页。

新资源新能源，等等。

四是新产业。新产业包含能给消费者带来新体验的新产品、零售等经营形式不断革新塑造的新业态、通过产业融合等方式产生的新模式以及不断诞生的新品牌。具体而言，新产业包括高新技术产业（如 IT、新材料、新能源、生命生物工程等产业）、现代制造业（如飞机高铁制造、信息装备制造、核电设备制造等产业）、现代服务业（如金融、物流、专业服务、文旅休闲服务等产业）和现代农业（如观光农业、体验农业、创汇农业、网络农业等）。

五是新市场。也即新的消费市场和新的需求市场。从新的需求市场的角度看，培育新市场不仅应该促进"吃穿住行用"等传统需求市场的升级，而且应培育"学乐康安美"（学习需求、快乐需求、健康需求、安全需求、美丽需求）等新的需求市场。从新的消费市场的角度看，应当从以下六大方向出发建设新的消费市场：一是与人的全面发展和人力资本积累相关的教育、健康、文化、养老、旅游等服务消费市场；二是基于信息技术迅速发展和广泛应用的信息消费市场；三是生态文明理念和绿色消费观念牵引的绿色消费市场；四是满足不同群体特别是年青一代需要的时尚消费市场；五是适应居民更高质量需求的品质消费市场；六是梯度追赶型的农村消费市场①。

（三）什么是绿色新动能经济

1. 绿色新动能经济的含义

所谓绿色新动能经济，是指以新制度为引擎、以新主体为支撑、以新要素为手段、以新产业为核心、以满足新需要为目的，符合绿色发展要求的经济形态，也即符合绿色发展要求的新经济。在新常态背景下推动绿色经济发展是我国实现经济效益、生态效益与社会效益和谐统一的必经之路②。

---

① 徐绍史：《积极发挥新消费引领作用 加快培育形成新供给新动力》，《中国经贸导刊》2015 年第 36 期，第 18～20 页。
② 林昕瑶、宫恩康、方哲：《我国新常态视域下的绿色经济发展探析》，《山东科技大学学报》（社会科学版）2018 年第 1 期，第 78～84 页。

所谓绿色发展，就是既要绿色又要发展，其主要特征可以概括为"四低四高"。"四低"是指低消耗（资源能源消耗）、低污染（大气、水、土壤等污染）、低排放（二氧化碳排放）、低破坏（生态破坏），"四高"是指高效率、高效益、高循环、高碳汇。绿色发展的途径可以概括为降耗、减排、止损、增绿、提效、改制。一是降耗，是指降低各种资源及能源消耗；二是减排，不仅指减少二氧化碳排放，而且包括减少造成大气、水、土壤和其他污染的污染物排放；三是止损，也即减少对生态环境的损害和占用；四是增绿，包括植树造林、种草、发展农业、沙漠荒漠治理、维护生物多样性等；五是提效，即提高全要素生产率、劳动生产率、资本产出率和能源利用效率等；六是改制，包括改革生态文明制度和其他有助于提高效率的制度。

2. 绿色新动能经济的内容

绿色新动能经济的内容包含两个部分：一是绿色经济；二是新动能经济。

绿色经济是以市场为导向，以生态、环境、资源为要素，以产业经济为基础，以科技创新为支撑，以经济、社会、生态协调发展为目的，以维护人类生存环境、科学开发利用资源和协调人与自然关系为主要特征的一种新的经济形态。其主要内容应包含三部分：一是新资源，包括太阳能、地热能、风能、海洋能、生物质能等，新能源的利用有助于提高能源利用率，减少化石能源的损耗，与降耗、提效相对应；二是新环境，也即通过减少各类污染物及温室气体的排放来改善整体环境，与减排相对应；三是新生态，即通过植树造林、维护生物多样性、污染治理等方式促进生态平衡，与止损、增绿相对应。

新动能经济是指以新制度为引擎、以新主体为支撑、以新要素为手段、以新产业为核心、以满足新需要为目的的经济形态。如上文所述，其主要内容包括新制度、新主体、新要素、新产业和新市场。

3. 发展绿色新动能经济的途径

从产业视角来看，一方面，发展绿色新动能经济需要发展绿色新动能产业。既要通过去疴（包括去产能、去库存、去杠杆、去僵尸企业）、转型、升级、融合（包括产业链融合、创新链融合、产城融合、区域融合等）等途径推进传统产业转型升级，又要充分运用新技术、新策略等积极培育发展绿色新动能产业主体。另一方面，发展绿色新动能经济需要发展绿色新动能企业。在推进产业转型升级和培育绿色新动能产业的同时，需要建立一批清洁、高效、低碳、循环的绿色新动能企业与之相适应，并通过精准实施差异化政策（如分区域精准确定税额标准），引导高污染、高排放企业加速绿色转型。

从区域视角来看，一方面，发展绿色新动能经济应当根据实际需求覆盖经济发展状况不同的各类区域：一是发展绿色新动能城市；二是发展绿色新动能园区；三是发展绿色新动能城镇；四是发展绿色新动能乡村。另一方面，发展绿色新动能经济应当注重优化空间布局，既要与周围地区做好衔接，参与推进区域经济一体化进程，又要在整个大区域中找到自身的最佳定位。

（四）绿色新动能经济与其他相关概念的比较

1. 绿色新动能经济与新经济的比较

二者既有交叉也有区别。由于绿色新动能经济与新经济的含义基本一致，因此绿色新动能经济也可以简称为新经济。绿色新动能经济与新经济的共同点在于二者都是以新制度为引擎、以新主体为支撑、以新要素为手段、以新产业为核心、以满足新需要为目的，且旨在实现经济的高效、可持续发展；其主要区别在于，前者强调了降耗、减排、止损、增绿等绿色发展的内容，相较于后者而言其内涵更加丰富，对经济发展所提出的要求也更为具体。

2. 绿色新动能经济与绿色经济的比较

二者既有交叉也有区别。绿色新动能经济与绿色经济的共同点在于二者都包含了绿色发展的要求，都是从社会生态和环境保护视角出发，综合考虑全人类福祉，节约能源资源和保护生态环境、注重社会公平与发展经济并举，在自然可承受的范围内实现经济可持续发展的经济形态；其主要区别在于，前者强调了新动能的内容，对建立新制度、培育新要素、形成新市场、发展新产业、壮大新主体提出了更高的要求。

二 发展绿色新动能经济的必要性和意义

（一）是践行绿色发展理念的需要

以气候变化问题《巴黎协定》的签订为标志，全球经济呈现向绿色、低碳转型的趋势。《中共中央关于制定国民经济和社会发展第十三个五年规划的建议》将绿色发展作为五大发展理念之一为"十三五"谋篇布局。绿色发展要求绿色与发展的统一，其关键在于提高效率，摆脱对资源消耗、环境破坏的依赖。而绿色新动能经济包含绿色经济和新动能经济两部分。前者的重要特征在于维护人类生存环境、科学开发利用资源以及协调人与自然的关系，与绿色发展的宗旨——协调绿色与发展之间的关系不谋而合；而后者旨在通过提高全要素生产率，培育新动能，以实现高质量高效益的、持续平稳的经济增长，这又满足了绿色发展提高效率的要求。因此，发展绿色新动能经济可以提高效率，实现绿色与发展的统一。

（二）是实施创新驱动战略的需要

党的十九大报告提出，要坚定实施创新驱动发展战略，加快建设创新型国家，同时还把"加快建设创新型国家"纳入"建设现代化经济体系"的组成部分，并强调"创新是建设现代化经济体系的战略支撑"。这表明我国未来将长期坚持以科技创新支撑现代化经济体系。从经济发展的角度看，创新驱动战略的落实应当从国家、产业和企业三个层面着手。从国家层面看，体制创新是实施创新驱动战略的基本保障；从产业层面看，技术创新能够促进产业结构转型升级；从企业层面看，服务创新能够提升企业竞争力并拉动消费需求①。而培育新动能的过程也就是体制变革、产业结构转型升级和提升企业竞争力的过程，因此，发展绿色新动能经济是实施创新驱动战略的具体途径。

（三）是践行"两山"理论的需要

2005 年 8 月，习近平同志在浙江省安吉县余村考察时首次提出："我们过去讲既要绿水青山，又要金山银山，实际上绿水青山就是金山银山。"2015 年 3 月，《中共中央国务院关于加快推进生态文明建设的意见》通过，正式把"坚持绿水青山就是金山银山"写进中央文件。"两山"理论既阐明了经济与生态的辩证统一关系，强调了保护生态环境就是保护生产力，也体现了可持续、可循环的科学发展观，经济发展与生态保护二者不可分割，构成有机整体。"两山"理论的关键是正确处理好生态环境保护与经济发展的关系，找到二者协调发展的出路。而发展绿色新动能经济以维护人类生存环境为重要特征，以实现经济高质量高效益增长为重要目标，实现了生态环境保护与经济发展的协调。

（四）是满足人民美好生活的需要

党的十九大报告指出，"我国社会主要矛盾已经转化为人民日益增长的美好生活需要和不平衡不充分的发展之间的矛盾，人民美好生活需要日益广泛，对优美生态环境的要求日益增长"，"要抓住人民最关心最直接最现实的利益问题，保障群众基本生活，不断满足人民日益增长的美好生活需要"。发展绿色新动能经济的重要内容是发展新的需求市场和新的消费市场。新的需求市场不仅包括"吃穿住行用"等传统市场的升级，而且包含"学乐康安美"等新市场的培育；而新的消费市场的建设涵盖服务消费市场、信息消费市场、绿色消费市场、时尚消费市场、品质消费市场、农村消

---

① 孙丽文、米慧欣、李少帅：《创新驱动新旧动能转换的作用机制研究》，《河北工业大学学报》（社会科学版）2018 年第 2 期。

费市场等。二者结合，切实地从人民生活的各个方面满足了人民对美好生活以及对优美生态环境的需要。

（五）是推进供给侧结构性改革的需要

党的十九大报告指出，"在处于转变发展方式、优化经济结构、转换增长动力的攻关期，必须坚持质量第一效益优先，以供给侧结构性改革为主线"。建设现代化经济体系，必须把发展经济的着力点放在实体经济上，把提高供给体系质量作为主攻方向，显著增强我国经济的质量优势。2017年中央经济工作会议指出，深化供给侧结构性改革，要深化要素市场化配置改革，大力破除无效供给，推动化解过剩产能；大力培育新动能，强化科技创新，推动传统产业优化升级，培育一批具有创新能力的排头兵企业。根据经济高质量发展的时代特征，在去产能、去库存的供给侧结构性改革已经取得明显成效的基础上，深入推进供给侧结构性改革，不能只停留在"去"上，而更需要"立"，即培育新动能。其逻辑在于使该"去"的无效产能被该"立"的新动能替代，并把被过剩、无效产能占用的生产要素转移到新动能中，实现新旧动能的转换，最终使得经济发展依靠新动能推动[①]。因此，发展绿色新动能经济与推进供给侧结构性改革的目标是一致的。

（六）是履行国际承诺和应对激烈的国际竞争的需要

在世界经济复苏缺乏动力、生态环境问题凸显的背景下，加快转型升级、推进绿色循环低碳发展成为各国竞相培育的新的经济增长点。作为世界最大的碳排放国，在2015年联合国气候大会上，中国做出了低碳承诺：二氧化碳排放在2030年前后达到峰值并争取尽早达峰，单位国内生产总值二氧化碳排放比2005年下降60%～65%。这一承诺需要中国通过发展绿色经济加以履行。而随着经济总量跃居世界第二，我国传统的竞争优势正在快速

[①] 洪银兴：《培育新动能：供给侧结构性改革的升级版》，《经济科学》2018年第3期，第5～13页。

被削弱，在外需不足、国际竞争加剧的背景下，中国亟须通过加速传统优势产业转型升级以打造以我国为主的国际产业价值链、着力培育资本与技术密集产业国际竞争力、大力发展服务贸易等方式来形成新的外贸竞争优势①。而发展绿色新动能经济正好与以上路径不谋而合。因此，发展绿色新动能经济是中国履行国际承诺和应对激烈的国际竞争的需要。

本章执笔人：湛雨潇

---

① 隆国强：《寻找对外贸易新动能　打造国际竞争新优势》，《国际贸易问题》2016 年第 11 期，第 12 ~ 14 页。

第二章
绿色新动能经济的理论框架

本章主要论述了"六途径"绿色发展理论和"五级火箭"新动能理论的具体内容,并进一步阐述了这两大理论与"三大发动机"经济发展动力理论、"五人模型"人本发展理论的关系,从而建立了一套逻辑自洽的理论体系。

一 "六途径"绿色发展理论

(一)绿色发展及生态环境生产率的含义和意义

1. 生态环境生产率的含义

自党的十八大提出"建设美丽中国"以来,习近平总书记在多个场合对绿色发展理念做了一系列论述。习近平总书记曾指出:"我们既要绿水青山,也要金山银山。宁要绿水青山,不要金山银山,而且绿水青山就是金山银山。"从字面上看,绿色发展至少包括两层含义:一是绿色,二是发展。绿色发展是既要"绿色",即合理使用资源、保护生态环境,又要"发展",即实现经济增长、社会进步和可持续发展。"绿色"与"发展"这两个方面缺一不可。真正落实绿色发展,就是要"绿色"和"发展"两手抓,只有"绿色"没有"发展",或者只有"发展"没有"绿色",都不是"绿色发展"。绿色发展的核心含义与习近平总书记多次强调的"两山"理论完全一致,"绿色发展"就是既要"绿水青山",又要"金山银山"。绿色发展所要解决的核心问题,正是中国发展模式的转换,并通过发展模式的转换实现中华民族的可持续发展、永续发展。绿色发展的本质是发展模式由粗放发展向集约发展、低碳发展的转换。

为了衡量绿色发展的水平，厘清绿色发展的思路和对策，必须确定一个明确的衡量指标，并建立一个清晰的逻辑分析框架。绿色发展的核心是提高单位资源环境生态投入（或消耗）的生产率，即生态环境生产率，故可用生态环境生产率作为绿色发展的基本分析框架。生态环境生产率是绿色发展的核心，是指一段时期内国内生产总值（或国民收入）与同期资源及环境消耗量之比，反映了单位生态资源环境消耗所产生的经济效益的大小，也反映了经济发展占用生态资源环境空间的大小。

2. 生态环境生产率的意义

一是有利于厘清影响绿色发展各因素之间的逻辑关系。绿色发展是一个复杂的系统工程，具有系统性特征，既要考虑生态循环的系统性，将"山水林田湖草"视为一个整体，进行全环节或全流程管理，严防源头、严控过程，也要考虑经济社会的产出。生态环境生产率将影响绿色发展的各因素纳入一个公式中，并厘清了各因素对绿色发展的作用，有利于建立一个系统的逻辑模型。

二是有利于找全促进绿色发展的途径。实现绿色发展需要综合运用法律手段、行政手段、市场手段和道德手段等各种手段予以推动，需要政府、企业、社会组织、公众等各个主体共同来推动。生态环境生产率厘清了影响绿色发展的各因素之间的逻辑关系，有利于明确法律、行政、市场和道德的发力点，明确政府、企业、社会组织、公众的主要任务，从而找全促进绿色发展的途径和手段。

三是有利于全面、科学地评价考核绿色发展。确立了绿色发展的目标，还要确立绿色发展的指标，包括减排（二氧化碳减排、其他污染物减排等指标）、增绿（森林碳汇、植树造林、森林覆盖率等指标）、能源（能源节约利用、能源结构优化、提高效率等指标）等，并将之纳入一个指标体系中进行考核。生态环境生产率将以上各指标归纳为一个指标，避免了人为设定分指标权重的影响，从而可以更加全面、科学地评价考核绿色发展的程度和水平。

（二）生态环境生产率框架公式

生态环境生产率高度概括了生态文明建设的核心内容，可作为生态文明建设的基本理论分析框架。

生态环境生产率或生态文明建设的基本模型可以表述如下：

$$生态环境生产率 = 制度系数 \times [(国内生产总值 + 生态系统生产总值) /$$
$$(资源消耗量 + 污染排放量 + 生态损害量)]$$

公式左边的生态环境生产率可用 *PREE* 表示。

公式右边，在分子和分母外增加了一个同时影响分子和分母的制度系数 *S*。制度系数中的制度，既指生态文明制度，也指所有影响各分子、分母要素的制度。

公式右边分子中的国内生产总值可用 *GDP* 或 *Y* 表示：

$$GDP 或 Y = Af(K,L)$$

其中，*A* 为全要素生产率系数，*K*、*L* 分别为资本投入和劳动投入。

公式右边分子中的生态系统生产总值（Gross Ecosystem Product）可用 *GEP* 来表示，是指生态系统为人类提供的生态产品价值总量。它是一个与国内生产总值相对应、可大致衡量生态环境价值的核算指标。

公式右边分母中的资源消耗量、污染排放量、生态损害量为资源环境生态消耗（或投入），可分别用 *CRE*、*CEN*、*CEC* 来表示。

将这些符号代入，可得出生态环境生产率公式：

$$PREE = S[(GDP + GEP) / (CRE + CEN + CEC)]$$

从此公式可知，分子 *GDP* 和 *GEP* 数值越大，则生态环境生产率越高；分母 *CRE*、*CEN*、*CEC* 数值越大，则生态环境生产率越低。若考虑制度系数 *S*，生态文明制度体系越完善，则生态环境生产率越高。

（三）"六途径"绿色发展理论

根据上述公式，绿色发展的主要内容可以概括为"降耗""减排""止损""增绿""提效""改制"六个方面,即"六途径"绿色发展理论。

一是"降耗"(含节能),即降低资源能源消耗。通过集约节约利用资源能源、优化资源能源结构(特别是大力发展低碳能源、清洁能源等)、发展循环经济等,降低资源能源消耗。

二是"减排",即减少"三废"和二氧化碳等排放。通过实施大气污染防治行动计划、水污染防治行动计划、土壤污染防治行动计划,提高污染排放标准,适当采取限产、限排等行政手段,减少各种污染物排放。

三是"止损",即阻止或减少生态环境损害。通过实施主体功能区战略、划定生态红线、制定自然资源用途管制制度、建立国家公园体制、构筑生态屏障等,阻止或减少生态环境损害。

四是"增绿",即增加绿色生态空间。通过整治国土空间、植树造林、种草、种植农作物、保持水土、治理荒漠化、保护湿地、保护海洋、保护生物多样性等,增加绿色生态空间。

五是"提效",即提高全要素生产率。通过"三大发动机"——制度变革(即制度改革)、结构优化(含推进新型工业化或产业转型升级、新型城镇化、区域经济一体化、国际化等)、要素升级(含推进技术进步、提升人力资本、推进信息化、促进知识增长等),提高全要素生产率,减轻经济社会发展对资源环境的依赖。

六是"改制",即建立促进绿色发展的制度体系。包括生态文明制度以及其他提高效率的制度。制度在绿色新动能经济中具有特殊重要的地位和作用。减少资源消耗和污染排放、提高全要素生产率都要靠制度。

二 "五级火箭"新动能理论

(一)新动能是一个体系

近年来,随着经济潜在生产率的下降以及结构调整的需要,国家一直强调培育经济增长新动能。一般的新动能是指"四新",即新技术、新产业、新业态、新模式。将"四新经济"(新技术、新产业、新业态、新模式)理解为新动能的全部,没有认识到新制度、新市场、新主体才是新动能的深层内容,也没有认识到新动能的本质是效率。旧动能强调高速粗放发展,新动能则强调集约高效高质发展。培育壮大新动能是一个过程,不能拔苗助长地追求新动能。本章提出的新动能理论则是一个完整的体系,包括新定位、新思路、新产业、新布局、新主体、新要素、新市场(含新品牌)、新制度(含新体制)、新环境、新行动等。新动能的核心是通过提高全要素生产率实现经济增长。而提高全要素生产率的基本途径是供给侧"三大发动机"——制度变革、结构优化、要素升级,或者改革、转型、创新。其中,制度变革是指改革,结构优化包括工业化、城镇化、区域经济一体化和国际化等,要素升级包括技术进步、人力资本提升、信息化和知识增长等。

对新动能的体系,可以从新动能的内核与新动能的基础支撑两个层次理解。首先是由新制度、新主体、新要素、新产业、新市场组成的"五级火箭"理论,其次是由新定位、新思路、新布局、新环境、新行动构成的"五新支撑框架"。新动能理论的逻辑框架见图 2 – 1。

(二)新动能的内核——"五级火箭"新动能的逻辑框架

新动能的"五级火箭"理论包括新制度、新主体、新要素、新产业、新市场五个重要方面。这五个重要方面之间是有逻辑关系的:新制度驱动新主体,新主体运用新要素,新要素支撑新产业,新产业满足新市场。

新制度驱动新主体。制度是新动能经济发展的最关键因素,是新动能经济发展的原动力。制度是要求成员共同遵守的、按一定程序办事的规程。新动能经济发展推进得怎样,取决于政府、企业、组织、个体的行为如何。新主体是指要培育有竞争力的六大创新型主体,包括创新型企业(尤其是创新型领军企业)、创新型个人(如创客、新型农民等)、创新型区域(如创新型城市、智慧城市等)、创新型科研院所和高等院校、创新型国家平台(如国家创新中心、国家技术中心、国家实验室等)、创新型政府。培育新

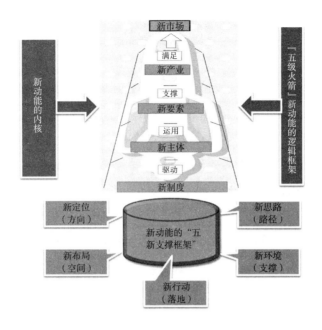

图 2 - 1 新动能理论的逻辑框架

主体，一是培植，在本地培育新主体；二是新生，老树发新芽，在现有旧主体、旧企业里找出新芽；三是引入，从外部引入新主体；四是合作，本地与外地合作设立新主体。

新主体运用新要素。新要素就是要培育各种新的生产要素，包括培育信息技术、智能制造技术和新能源技术等新技术，培育专业人才、市场人才和管理人才等新人才，提供和吸收各种新知识，开拓各种新的融资形式和渠道。新主体需要多途径、多手段地运用新要素：一是研发、应用新技术，二是培养和引入新人才，三是获取和整合新信息，四是建立完善新组织，等等。

新要素支撑新产业。发展新动能经济的核心就是要找准新产业，其标准是：一要按照各地的特色优势去找；二要按照市场的方向或者消费结构升级的方向去找；三要按照技术进步的方向，尤其是信息化、智能化的方向去找；四要按照政府政策鼓励的方向去找；五要按照绿色低碳的潮流要求去找。发展新产业有两个轮子:一个是怎么发展传统产业,另一个是如何培育新兴产业。发展传统产业,要从去疴、转型、升级、融合八个字入手。传统产业去疴,第一是去产能,第二是去库存,第三是去杠杆,第四是去僵尸企业。传统产业转型,是从一种发展方式转换到另一种发展方式。传统产业升级,就是从低附加值产业升级到高附加值产业。传统产业融合,则包括产业链融合、创新链融合、产城融合、城乡融合、区域融合、军民融合等。其中,传统产业转型和升级是重点。传统产业转型和升级有十个方向,分别是产业结构高级化、产业高端化或者产业高附加值化、产业特色化、产业集群化、产业品牌化、产业绿色低碳化、产业融合化、产业国际化、产业信息化、产业智能化。培育新兴产业,关键要做好四个方面的工作:第一,要找到先导产业;第二,要培育新兴产业主体,也就是新兴企业;第三,要运用新业态、新模式、新技术武装新产业;第四,要采取新策略促进新产业的发展。

新产业满足新市场。加快新旧动能转换,是应对激烈的市场竞争的需要。满足新市场则主要包括两个方面:一方面,要通过促进传统五大需求——"吃穿住行用"升级来培育新市场;另一方面,要通过培育新五大需求——"学乐康安美"(学习需求、快乐需求、健康需求、安全需求、美丽需求)来培育新市场。

(三)新动能的基础支撑——新动能"五新支撑框架"

新动能"五新支撑框架"是由新定位、新思路、新布局、新环境、新行动构成的,这个框架为"五级火箭"理论提供了坚实的基座。

新定位为新动能的发展指明了方向。定位非常重要,定位决定成败,然后细节才可能决定成败。一是要结合自身的特色优势明确方向,二是要瞄准市场需求的方向,三是要考虑技术进步的方向,四是要符合绿色低碳的世界潮流,五是要把握政府政策鼓励的方向。这五个方面的聚焦处,就是我们未来应该努力的方向。

新思路为新动能的发展明确了路径。"兵马未动,粮草先行。"这个

"粮草"，指的就是思想认识。新思路又包括新意识、新目标、新路线图三个方面。树立新意识，就是要以习近平新时代中国特色社会主义思想为指导，贯彻落实五大新发展理念，结合本地实际确立人本意识、法治意识、改革意识、开放意识、质量意识、效率意识、诚信意识、底线意识。确立新目标，主要有两个要点：第一，要把质量效益目标放到重要位置上；第二，确定重要时间节点。绘制新路线图，就是要确定好每一步该做的重点工作。

新布局是新动能的空间支撑。各区域的各大功能区应该分别找准自己的特色定位，错位发展、分工协作、形成合力。不要过度竞争、高度同构、重复建设。

新环境是新动能的强大支撑，是凝聚新要素的强大动力。政府要创造两类环境：一是六大硬环境，二是四大软环境。六大硬环境包括基础设施环境、生活设施环境、生态环境、园区环境、产业配套环境和要素市场环境，四大软环境涵盖法治环境、政务环境、政策环境、人文环境。通过营造六大硬环境、四大软环境，树立新政府形象，形成强大凝聚力。

新行动是新动能的落地支撑，是新动能的有力抓手。新行动一般包括八大工程：一是创业者培育工程，二是企业家激励工程，三是企业助长工程，四是企业转型升级工程，五是产业集群倡导工程，六是产业转移承接工程，七是产业品牌塑造工程，八是政府服务改善工程。

三 "三大发动机"经济发展动力理论

（一）"三大发动机"经济发展动力理论的提出

"三大发动机"是近年来由经济学家李佐军根据自己提出的人本发展理论［或"五人理论"，即满足人、依靠人、（制度）引导人、（资源）装备人、（分工）安置人］，对经济发展动力的新概括。制度变革、结构优化和要素升级"三大发动机"与新一届中央领导强调的释放改革红利、推进结构调整、强化创新驱动（简言之，就是改革、转型、创新）是基本吻合的。

制度变革即制度改革，这里的制度包括法律法规、标准规则、政府等组织、市场机制、宏观政策等有形制度、文化制度等无形制度以及各种制度的实施机制。结构优化包括产业结构优化（新型工业化、产业转型升级等）、区域结构优化（新型城镇化、区域经济一体化等）、消费结构优化（消费结构升级）等。要素升级包括技术进步、人力资本提升和信息化等。要素升级与要素投入有区别，劳动力、资金、技术等要素投入只是要素投入量的增加，要素升级则是技术、人力资本等要素的质的提升①。

（二）"三大发动机"经济发展动力理论概述

从最简化的生产函数关系式 $Q = f(L, K)$ 中，我们也能看到"三大发动机"在经济发展中的作用。生产函数关系式左边是产量 Q 或 GDP，相当于衡量经济发展的核心指标，右边是劳动和资本等生产要素投入。从表面看，在这个关系式中找不到"三驾马车"的影子，但仔细一想就会发现，产量中不能被劳动和资本投入解释的部分就是全要素生产率，隐含在 f 中，而提高全要素生产率的基本途径就是"三大发动机"。而且，要素投入也受"三大发动机"制约，如资本既是经济发展的原因，也是经济发展的结果，作为结果必然受到制度变革、技术进步等的影响。

首先，制度变革是经济发展的原动力。经济发展依赖于企业、创业者、劳动力、地方政府等各个主体积极性和创造性的发挥，各个主体积极性和创造性的发挥依赖于好的制度设计，好的制度即权责清晰、责权利对称、实施机制明确、各方共识度高的制度。从长期看，制度是各方反复博弈的结果，好的制度不会自动形成，需要通过社会主导群体的良性博弈形成，特别是通过发挥执政者的长期理性和民众的首创精神形成。现实中的制度常常是不合理的，或者是不利于经济发展的，或者是单纯追求 GDP 增长而忽视科学发

---

① 李佐军：《中国发展动力研究报告：找准中国经济发展新动力》，社会科学文献出版社，2016。

展的,因此需要对现有制度进行改革,以使其变成有利于经济发展的制度。制度变革或制度改革可以通过四个方面释放红利或促进经济发展:一是通过调动各个主体的积极性和创造性释放红利,二是通过优化资源配置、提高国民经济的运行效率释放红利,三是通过促进要素升级如技术进步释放红利,四是通过改善或提升投资者和消费者的预期释放红利。

其次,结构优化是经济发展的过程性动力。所谓"过程性动力",相当于经济发展的"随行加油器",在经济发展的过程中不断赋予发展动力。结构优化的实质是分工深化,分工深化是提高经济效率的重要源泉。对此,亚当·斯密已有充分论证,简单说就是发展取决于效率的提高,效率的提高取决于分工的深化,分工的深化取决于好的制度安排。在斯密看来,好的制度安排就是"看不见的手",在现在看来,好的制度是"看不见的手"(市场)和"看得见的手"(政府)两只手的有效配合,即一方面要发挥市场在资源配置中的决定性作用,另一方面要更好地发挥政府的作用。结构优化是如何带来经济发展的呢?我们来看看工业化、城镇化、区域经济一体化等结构优化的表现。从分工角度看,工业化就是劳动力等生产要素不断从较低效率农业部门向较高效率工业部门转移、从较低效率工业部门向较高效率工业部门转移的过程,其结果是国民经济效率的提高;城镇化就是人口和生产要素不断从较低效率农村向较高效率城镇转移、从较低效率城镇向较高效率城镇转移的过程,其结果也是经济运行效率的提高;区域经济一体化就是区域内不同地区分工协作的深化,进而共同提高效率、实现共同发展。

最后,要素升级是经济发展的基本动力。劳动力、资金、技术、资源等生产要素是经济发展的基本手段。在经济发展过程中,生产要素从两个层面起作用:一个层面是增加生产要素投入带来经济发展,如大规模增加劳动力和资金投入带来经济发展;另一个层面是要素升级(或提高生产要素的质量或档次)带来经济发展。要素升级比较典型的表现是前文已提到的技术进步、人力资本提升、信息化等。技术进步、信息化一方面可以最大限度地降低各种成本;另一方面可以显著提高附加值,促进经济发展。我们只要想想互联网技术是如何极大地降低信息成本和交易成本,以及如何显著地提高各种产品和服务的附加值的，就可以感受到技术进步和信息化的威力。人力资本既包括一般劳动力的人力资本，也包括企业家才能。人力资本的提升主要体现在劳动力和企业家综合能力的提高上，能力的提高无疑会带来生产率的提高，从而促进经济发展。

这里必须特别强调的是，"三大发动机"并非完全并行的，其中制度变革是根源性发动机，因为结构优化和要素升级都要受其制约和影响。在好的制度下，工业化、城镇化和区域经济一体化等都能得到顺利的推进；反之，在不好的制度下，则不能得到顺利的推进。技术进步、信息化等要素升级虽然也有独立前进的动力，但总的来说也离不开制度，或受制于制度，如果没有好的知识产权保护制度和市场准入制度等，技术进步、信息化就难以取得进展。因此，"三大发动机"的关键是抓住制度变革这个"牛鼻子"，纲举则目张。

（三）"三大发动机"经济发展动力理论与"六途径"绿色发展理论、"五级火箭"新动能理论的关系

1. 与"六途径"绿色发展理论的关系

"三大发动机"从提高生产率角度揭示了经济发展的动力，与"六途径"绿色发展理论具有一致的内涵。

首先，绿色发展理论的制度系数对应"三大发动机"理论的制度变革。制度在绿色发展中具有特殊重要的地位和作用。一方面，分母减少资源消耗和污染排放要靠制度；另一方面，分子提高全要素生产率也要靠制度。减少资源消耗和污染排放依赖于企业、居民、政府等各个主体的行为，而各个主体的行为依赖于制度的激励和约束。在提高全要素生产率的"三大发动机"中，制度变革是根源性发动机，结构优化、要素升级依赖于制度变革。

其次，提高绿色发展理论中的集约 GDP 主要靠"三大发动机"。GDP分为粗放 GDP 和集约 GDP，其中集约 GDP（可同时增大分子、减小分母，提高生态环境生产率）根据生产函数，主要靠"三大发动机"。提高全要素生产率要靠制度变革、结构优化、要素升级"三大发动机"。除了上文阐述

的制度变革的作用，结构优化、要素升级也发挥着重要作用。结构优化包括工业化、城镇化、区域经济一体化、国际化等。结构优化就是将人口和生产要素从较低效率的地区、行业和岗位转移到较高效率的地区、行业和岗位，因而既能增加产出，又能减少资源消耗与污染排放，从而促进绿色发展。要素升级包括技术进步、提升人力资本、信息化和知识增长等。发展是生产要素投入量的增加和质的提升共同作用的结果，而且后者更为重要。要素升级正是生产要素"质的提升"，它既是结构优化的重要条件，也为制度变革提供了支撑。要素升级将大幅提高资源和能源等生产要素的效率、效益与效能，从而提升绿色发展水平。

2. 与"五级火箭"新动能理论的关系

"三大发动机"是经济发展的根本动力，从根本上解释了新动能经济发展的核心因素，与"五级火箭"新动能理论存在本质上的对应关系。

首先，新制度对应制度变革。"三大发动机"中的制度变革就是要通过优化各个主体之间的责权利配置关系，激发活力，形成动力，提高生产要素效率和资源配置效率，释放出各种红利。这与"五级火箭"新动能理论中的"新制度"含义完全一致。

其次，新要素对应要素升级。要素升级作为促进经济增长的"三大发动机"之一，与土地、资源、资金、劳动力等要素投入量的增加有所不同，主要表现为生产要素的"质的提升"，主要是指技术进步、人的素质提升、资金效率的提高、基础设施的升级以及各种要素的信息化改造等要素升级。这与"五级火箭"新动能理论中的"新要素"的内涵和外延完全一致。

最后，新产业对应结构优化。结构优化的核心是产业转型升级，是产业不断向高附加值产业转换。产业转型升级的基本途径有产业高级化、产业高端化、产业特色化、产业集群化、产业品牌化、产业绿色化、产业融合化、产业信息化、产业国际化等。结构优化的实质是降低低效率、低效益、低循环、高消耗、高污染、高排放产业的比重，提高高效率、高效益、高循环、低消耗、低污染、低排放产业的比重，就是提高整个产业的市场竞争力，培育新产业。

四 "五人模型"人本发展理论

(一)"五人模型"人本发展理论的提出

"人本发展理论"(或"人本发展理论模型"或"五人模型")是由经济学家李佐军围绕"满足人"、"依靠人"、(制度)"引导人"、(资源)"装备人"和(分工)"安置人"五个方面而建立起的一个既能解释各种现象和提出各种对策,又能整合各类社会科学的系统分析框架。这个框架看起来既简洁优美,又逻辑自洽。

人本发展理论提供了一种简洁有力的解释现象和提出对策的系统分析方法。人本发展理论围绕人,将发展目标归于"满足人",将发展主体归于"依靠人",将发展手段归纳为(制度)"引导人"、(资源)"装备人"和(分工)"安置人",将各种纷繁复杂的因素整合成一个逻辑自洽的分析框架。若要解释某种现象,可先分析与该现象有关的人的需求,再分析行为主体的行为及影响行为主体行为的主要因素,就可理出一个解释框架。若想提出某方面的对策,可先分析该方面对策所涉及的人的需求,再分析有关行为主体的行为及其主要影响因素(或约束条件),就可理出一个对策体系。

(二)"五人模型"人本发展理论概述

人本发展理论模型("五人模型")包括三个不同层次的内容:"满足人"反映人类追求的目标,它也可转换成有待解释的各种现象("人本发展"本身也可算作一种重要现象);"依靠人"反映人类主体及其行为;(制度)"引导人"、(资源)"装备人"和(分工)"安置人"则反映影响人类行为和形成各种现象的手段(或因素或约束条件)(见图2-2)。三个层次的内容共同构成了一个相互影响、相互依存的统一整体,构成了一个能系统演化的有机体。有了这个分析框架,人类发展的目标就可以通过"满足人"

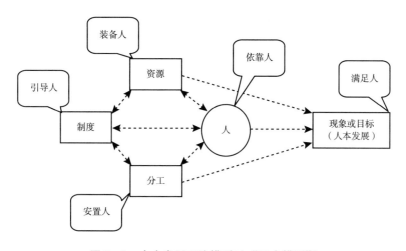

图2-2　人本发展理论模型（"五人模型"）

来设计，各种现象就可以通过"依靠人"、（制度）"引导人"、（资源）"装备人"和（分工）"安置人"来解释，各种对策就可以通过"五人"来设计，各类社会科学就可以在分析框架中进行整合。如果我们要解释一个企业乃至一个国家或地区为何能够发展成功，就可以从它是否满足了多数人的多种需要、是否依靠了多数人、是否通过制度激励了多数人、是否通过资源（特别是知识资源和人力资源）提升了多数人、是否通过分工装备了多数人这五个方面进行解释①。

（三）"五人模型"人本发展理论与"六途径"绿色发展理论、"五级火箭"新动能理论、"三大发动机"经济发展动力理论的关系

1. 与"六途径"绿色发展理论的关系

绿色发展的目的对应"满足人"。绿色发展所要解决的核心问题，正是中国发展模式的转换，并通过发展模式的转换实现中华民族的可持续发展、永续发展。绿色发展的目的是实现经济社会的可持续发展，可持续发展最重要的是为子孙后代留下生存和发展空间。因此，绿色发展的目的就是"满

---

①　李佐军：《人本发展理论：解释经济社会发展的新思路》，中国发展出版社，2008。

足人"，满足人的可持续发展、永续发展的需要。

制度系数对应（制度）"引导人"。制度在发展中起决定性作用，是因为制度一方面直接激励约束人的行为，另一方面通过影响资源和分工间接影响人的行为。人的积极性发挥的程度、资源配置的状态和分工深化的程度都取决于制度。因此，绿色发展的制度系数与"人本发展理论"的（制度）"引导人"具有相同含义。

2. 与"五级火箭"新动能理论的关系

新制度对应（制度）"引导人"。（制度）"引导人"包括（制度）激励人、（制度）约束人和（制度）协调人三个方面。在"五级火箭"新动能理论视角下，就是如何构建一套激励新主体（人）培育壮大新动能、制约新主体（人）摆脱对旧动能的依赖、协调各主体共同推动新旧动能接续转换的机制。

新主体对应"依靠人"。人类行为在发展中具有枢纽性作用，是因为所有的发展目标要通过人类行为来实现，各种发展现象可通过人类行为来解释，各种影响发展的因素要通过人类行为来发挥作用。在"五级火箭"新动能理论视角下，新制度发挥引导作用，新要素发挥支撑作用，都要以新主体为载体，都要依靠新主体才能发挥作用。新主体中最重要的就是创新型人才。

新要素对应（资源）"装备人"。资源在经济社会发展中起促进性作用，资源一方面能提高人的行为能力、改善人的行为条件，另一方面能促进制度变迁和分工深化。在"五级火箭"新动能理论视角下，新主体必须运用新要素才能培育壮大新动能。

新产业对应（分工）"安置人"。分工不仅是提高效率的基本途径，而且是产生就业岗位的基本途径，分工一方面能起到巨大的安置人的作用，另一方面能起到促进制度变迁和资源升级的作用。在"五级火箭"新动能理论视角下，新产业就是不断提高效益产出和劳动生产力，就是分工的深化，就是更好地安置人。

新市场对应"满足人"。随着技术的升级、经济的发展和社会的进步，人的需求越来越多、越来越高级、越来越复杂。总的说来，满足人的发展趋势表现为以下四个方面：物质需求从低级向高级演化、精神需求从简单向丰富演化、成长需求从身体成长向素质成长倾斜、权利需求从物质权向政治权倾斜。在"五级火箭"新动能理论视角下，新市场就是满足人的新需求。

3. 与"三大发动机"经济发展动力理论的关系

"三大发动机"是近年来经济学家李佐军根据自己提出的人本发展理论对经济发展动力的新概括。

制度变革对应（制度）"引导人"。制度变革即制度改革，这里的制度包括法律法规、标准规则、政府等组织、市场机制、宏观政策等有形制度、文化制度等无形制度以及各种制度的实施机制。根据人本发展理论中的（制度）"引导人"，制度变革是经济发展的原动力。经济发展依赖于企业、创业者、劳动力、地方政府等各个主体积极性和创造性的发挥，各个主体积极性和创造性的发挥依赖于好的制度设计，好的制度即权责清晰、责权利对称、实施机制明确、各方共识度高的制度。

结构优化对应（分工）"安置人"。结构优化包括产业结构优化（新型工业化、产业转型升级等）、区域结构优化（新型城镇化、区域经济一体化等）、消费结构优化（消费结构升级）等。根据人本发展理论中的（分工）"安置人"，结构优化是经济发展的过程性动力。所谓"过程性动力"，相当于经济发展的"随行加油器"，在经济发展的过程中不断赋予其发展动力。结构优化的实质是分工深化，分工深化是提高经济效率的重要源泉。

要素升级对应（资源）"装备人"。要素升级与要素投入有区别，劳动力、资金、技术等要素投入只是要素投入量的增加，要素升级则是技术、人力资本等要素的质的提升。根据人本发展理论中的（资源）"装备人"，要素升级是经济发展的基本动力。要素升级比较典型的表现是技术进步、人力资本提升、信息化等。

本章执笔人：魏云

第三章
绿色新动能经济发展
评价指标体系

本章的主要内容是构建一个综合反映绿色发展和绿色新动能经济发展的评价指标体系，用以测度绿色新动能经济发展的现状，观察各类主体绿色新动能经济发展的进展。首先，列出现有绿色发展、创新发展等相关评价指标体系的二级框架进行述评并分析其有待改进之处；其次，分析本章构建的绿色新动能经济发展评价指标体系设立的意义、依据及原则；最后，构建一个包括 2 项一级指标、10 项二级指标、60 项三级指标在内的绿色新动能经济发展的评价指标体系。

一 绿色发展、创新发展等相关评价指标体系述评

（一）国内外有关绿色发展评价指标体系概述

1. 国际环境问题科学委员会等提出的可持续发展指标体系

国际环境问题科学委员会（Scientific Committee on Problems of the Environment，SCOPE）和联合国环境规划署（United Nations Environment Programme，UNEP）于 1996 年合作提出可持续发展指标体系，用以描述环境和人类活动的相互作用，以衡量可持续和绿色发展（见表 3-1）。

表 3 – 1　可持续发展指标体系二级框架

一级指标	二级指标
经济	经济增长 存款率 收支平衡 国家债务
社会	失业指数 贫困指数 居住指数 人力资本投资
环境	资源净消耗 混合污染 生态系统风险/生命支持 对人类福利影响

2. 耶鲁大学等提出的环境绩效指数指标体系

耶鲁大学和哥伦比亚大学等于 2006 年联合发布环境绩效指数指标体系（EPI），主要围绕两个基本的环境保护目标展开：①减小环境对人类健康造成的压力；②提升生态系统活力和推动对自然资源的良好管理。构建了 22 项能够反映当前社会环境挑战焦点问题的具体环境指标（见表 3 – 2）。

表 3 – 2　环境绩效指数指标体系二级框架

一级指标	二级指标
环境健康	室内空气污染 水资源 环境压力引起的疾病
生态系统活力	空气污染 水资源 生物多样性和栖息地 森林 渔业 农业 气候变化和能源

资料来源：郑红霞、王毅、黄宝荣：《绿色发展评价指标体系研究综述》，《工业技术经济》2013 年第 2 期，第 142～152 页。

3. 美国加州绿色创新测度指标体系

美国加州政府于 2009 年开始编制绿色创新测度指标体系，用以监测加州总体的绿色经济发展情况（见表 3 - 3）。

表 3 - 3　绿色创新测度指标体系二级框架

一级指标	二级指标
绿色科技创新	清洁技术风险资本投资额 绿色科技专利项目 绿色科技专利份额
低碳经济	人均 GDP 和人均温室气体排放 温室气体排放强度 二氧化碳排放强度 温室气体来源分布
能源效率	能源生产力 能源消费总量 电力消费总量 按行业分类的电力消费量
可再生能源	可再生能源发电量占总能源发电量比重 按种类分的可再生能源发电量
交通运输	车辆英里数 来自地面交通的温室气体排放量 替代原料和传统天然气消耗量 替代性燃料交通工具注册数量 替代性燃料消耗占交通运输能源消耗比重

4. 国家发改委等部委制定的绿色发展指标体系

国家发改委、国家统计局、环境保护部、中央组织部于 2016 年制定了绿色发展指标体系，构建了资源利用、环境治理、环境质量、生态保护、增长质量、绿色生活、公众满意度 7 项一级指标，并在此基础上设立了 56 项二级指标，为各省份绿色发展评价考核提供指导（见表 3 - 4）。

5. 国务院发展研究中心李佐军等提出的绿色转型发展区域评价指标体系

国务院发展研究中心李佐军等于 2012 年提出绿色转型发展区域评价指

标体系，将绿色、转型与发展相结合，根据绿色转型发展的基本内容和维度构成，从环境保护、资源利用、竞争力提升三大评价维度出发对区域绿色转型发展做出评价（见表3-5）。

表3-4　绿色发展指标体系二级框架

一级指标	二级指标
资源利用	能源消费总量 单位GDP能源消耗降低率 单位GDP二氧化碳排放降低率 非化石能源占一次能源消费比重 用水总量 万元GDP用水量降低率 单位工业增加值用水量降低率 农田灌溉水有效利用系数 耕地保有量 新增建设用地规模 单位GDP建设用地面积降低率 资源产出率 一般工业固体废物综合利用率 农作物秸秆综合利用率
环境治理	化学需氧量排放总量减少率 氨氮排放总量减少率 二氧化硫排放总量减少率 氮氧化物排放总量减少率 危险废物处置率 生活垃圾无害化处理率 污水集中处理率 环境污染治理投资占GDP比重
环境质量	地级以上城市空气质量优良天数比例 细颗粒物(PM2.5)未达标地级及以上城市浓度下降率 地表水达到或好于Ⅲ类水体比例 地表水劣Ⅴ类水体比例 重要江河湖泊水功能区水质达标率 地级及以上城市集中式饮用水源水质达到或优于Ⅲ类比例 近岸海域水质优良（Ⅰ、Ⅱ类）比例 受污染耕地安全利用率 单位耕地面积化肥使用量 单位耕地面积农药使用量

续表

一级指标	二级指标
生态保护	森林覆盖率 森林蓄积量 草原综合植被覆盖度 自然岸线保有率 湿地保护率 陆域自然保护区面积 海洋保护区面积 新增水土流失治理面积 可治理沙化土地治理率 新增矿山恢复治理面积
增长质量	人均 GDP 增长率 居民人均可支配收入 第三产业增加值占 GDP 比重 战略性新兴产业增加值占 GDP 比重 研究与试验发展经费支出占 GDP 比重
绿色生活	公共机构人均能耗降低率 绿色产品市场占有率(高效节能产品市场占有率) 新能源汽车保有量增长率 绿色出行(城镇每万人口公共交通客运量) 城镇绿色建筑占新建建筑比重 城市建成区绿地率 农村自来水普及率 农村卫生厕所普及率
公众满意程度	公众对生态环境质量满意程度

表 3-5　绿色转型发展区域评价指标体系二级框架

一级指标	二级指标
环境保护	减排能力 增绿能力
资源利用	资源集约能力 能源结构优化能力
竞争力提升	科技创新能力 劳动产出能力 资金投入能力 资源支撑能力 结构能力

6. 中国科学院可持续发展战略研究组提出的资源环境综合绩效评价指标体系

中国科学院可持续发展战略研究组于2006年提出了资源环境综合绩效评价指标体系，用于对各个国家或地区的资源消耗和污染排放绩效进行监测与综合评价（见表3-6）。

表3-6　资源环境综合绩效评价指标体系二级框架

一级指标	二级指标
资源消耗强度指标	能源消耗强度 单位 GDP 固定资产投资 用水强度 单位 GDP 建设用地规模
污染物排放强度指标	化学需氧量排放强度 二氧化硫排放强度 工业固体废物排放强度

7. 北京师范大学提出的中国绿色发展指数指标体系

北京师范大学于2010年提出中国绿色发展指数指标体系，注重绿色与发展的结合，主要从经济增长绿化度、资源环境承载潜力、政府政策支持度三个方向出发构建指标体系，共遴选了9个二级指标、55个基础指标（见表3-7）。

表3-7　中国绿色发展指数指标体系二级框架

一级指标	二级指标
经济增长绿化度	绿色增长效率指标 第一产业指标 第二产业指标 第三产业指标
资源环境承载潜力	资源与生态环境保护指标 环境与气候变化指标
政府政策支持度	绿色投资指标 基础设施和城市管理指标 环境治理指标

8. 中国人民大学国际学院等单位提出的低碳经济竞争力评价指标体系

中国人民大学国际学院等单位于 2011 年公布的《中国低碳年度发展报告》，研究构建了中国的低碳经济发展框架，推出了中国省域低碳经济竞争力评价指标体系（见表 3 - 8）。

表 3 - 8 低碳经济竞争力评价指标体系二级框架

一级指标	二级指标
低碳效率	温室气体控制 能耗控制 能源创新 碳交易
低碳引导	基础建设 环境引导 产业引导 生活引导
低碳社会	低碳环境 低碳生活

9. 华中科技大学国家治理研究院等单位提出的中国绿色 GDP 绩效评估指标体系

由华中科技大学国家治理研究院院长欧阳康教授领衔的"绿色 GDP 绩效评估课题组"与中国社会科学出版社、中国社会科学杂志社于 2017 年在京联合发布《中国绿色 GDP 绩效评估报告》，提出中国绿色 GDP 绩效评估指标体系，以 GDP、人均 GDP、绿色 GDP、人均绿色 GDP、绿色发展指数 5 个指标，呈现各地区绿色发展情况。

（二）国内外创新发展相关评价指标体系概述

1. 欧盟创新评价指标体系

欧盟创新评价指标体系（EIS/IUS）由欧盟于 2010 年提出，通过评价国家创新绩效、强化各成员国的创新发展意愿来加速提升创新能力，经过多年的演变发展已逐渐成为全球范围内国家创新能力评价比较的重要参考（见表 3 - 9）。

表 3 – 9　欧盟创新评价指标体系二级框架

一级指标	二级指标
创新驱动因素	人力资源 财政支持 公开、卓越、诱人的研究体系
企业活动	企业投资 外部合作与创业 智力资本
创新产出	创新者 经济效应

2. 硅谷指数评价指标体系

硅谷指数评价指标体系是由硅谷联合投资（Joint Venture Silicon Valley）首创，后与硅谷社区基金会（Silicon Valley Community Foundation）联合制定并于 1995 年首次发布的包含人口、经济、社会、空间和地方行政等内容的综合性区域发展评价体系，是研究硅谷地区发展情况的重要资料（见表 3 – 10）。

表 3 – 10　硅谷指数评价指标体系二级框架

一级指标	二级指标
人力资源	人才流动
创新经济	就业 收入 创新
多样化社区	经济繁荣准备 早期教育 艺术和文化 健康质量 安全状况
生活场所	环境 交通 土地使用 住房 商业空间
地区治理	公民参与 财政收入

3. 中国科学技术发展战略研究院发布的国家创新指数指标体系

中国科学技术发展战略研究院于 2010 年发布的《国家创新指数报告》中，提出国家创新指数指标体系由创新资源、知识创造、企业创新、创新绩效和创新环境等一系列指标共同构成，综合反映了一个国家的创新发展能力（见表 3 – 11）。

表 3 – 11　国家创新指数指标体系二级框架

一级指标	二级指标
创新资源	研究与发展经费投入强度 研究与发展人力投入强度 科技人力资源培养水平 信息化发展水平 研究与发展经费占世界的比重
知识创造	学术部门百万研究与发展经费的科学论文引证数 万名科学研究人员的科技论文数 知识服务业增加值占 GDP 的比重 亿美元经济产出的发明专利申请数 万名研究人员的发明专利授权数
企业创新	三方专利总量占世界的比重 企业研究与发展经费与工业增加值的比例 万名企业研究人员拥有 PCT 专利数 综合技术自主率 企业 R&D 研究人员占全部 R&D 研究人员的比重
创新绩效	劳动生产率 单位能源消耗的经济产出 有效专利数量 高技术产业出口占制造业出口的比重 知识密集型产业增加值占世界的比重
创新环境	知识产权保护力度 政府规章对企业负担影响 宏观经济环境 当地研究与培训专业服务状况 反垄断政策效果 员工收入与效率挂钩程度 企业创新项目获得风险资本支持的难易程度 产业集群发展状况 企业与大学研究与发展协作程度 政府采购对技术创新的影响

4. 中国创新指数指标体系

中国创新指数指标体系由国家统计局于 2014 年发布，其基本结构将反映我国创新能力的监测评价指标分成三个层次：第一个层次通过计算创新总指数反映我国创新发展的总体情况；第二个层次通过计算分领域指数反映我国在创新环境、创新投入、创新产出和创新成效四个领域的发展情况；第三个层次通过上述四个领域所选取的 21 个评价指标反映构成创新能力各方面的具体发展情况（见表 3 - 12）。

表 3 - 12　中国创新指数指标体系二级框架

一级指标	二级指标
创新环境	劳动力中大专以上学历人数 人均 GDP 信息化指数 科技拨款占财政拨款的比重 享受加计扣除减免税企业所占比重
创新投入	每万人 R&D 人员全时当量 R&D 经费占 GDP 比重 基础研究人员经费 R&D 经费占主营业务收入比重 有研发机构的企业所占比重 开展产学研合作的企业所占比重
创新产出	每万人科技论文数 每万名 R&D 人员专利授权数 发明专利授权数占专利授权数的比重 每百家企业商标拥有量 每万名科技活动人员技术市场成交额
创新成效	新产品销售收入占主营业务收入的比重 高技术产品出口额占货物出口额的比重 单位 GDP 能耗 劳动生产率 科技进步贡献率

5. 中国区域创新能力评价指标体系

中国区域创新能力评价指标体系由中国科技发展战略小组于 2000 年发布，旨在对中国各省份的创新能力做一个客观、动态和全面的评价，涵盖五个方面的指标（见表 3 - 13）。

表 3 - 13　中国区域创新能力评价指标体系二级框架

一级指标	二级指标
知识创造	研究开发投入综合指标 专利综合指标 科研论文综合指标
知识获取	科技合作综合指标 技术转移综合指标 外资企业投资综合指标
企业创新	企业研究开发投入综合指标 设计能力综合指标 技术提升能力综合指标 新产品销售收入综合指标
创新环境	创新基础设施综合指标 市场环境综合指标 劳动力素质综合指标 金融环境综合指标 创业水平综合指标
创新绩效	宏观经济综合指标 产业结构综合指标 产业国际竞争力综合指标 就业综合指标 可持续发展与环保综合指标

6. 区域创新驱动发展评价指标体系

区域创新驱动发展评价指标体系由国务院发展研究中心于 2014 年发布，涵盖五个方面的指标，用以判断一个地区实现创新驱动发展的程度（见表 3 - 14）。

表 3 - 14　区域创新驱动发展评价指标体系二级框架

一级指标	二级指标
主要创新要素集聚能力	全社会科技和教育投入 政府的科技投入 劳动力素质
企业创新活动	企业创新投入 企业创新产出 产学研合作开放创新
产业结构和要素生产率	产业结构

一级指标	二级指标
创新基础设施和技术积累能力	政府科研机构布局 技术积累能力和研发效率
资本市场与创新政策环境	主要政策落实情况 政府创新基金、风险投资与贷款

7. 中国人民大学自主创新和网络创新能力评价指标体系

中国人民大学自主创新和网络创新能力评价指标体系由中国人民大学创新能力课题组于 2007 年发布，该指标体系密切联系我国实际，将创新解释为八个方面的要素，以系统了解我国区域自主创新的能力和水平（见表 3 - 15）。

表 3 - 15　自主创新和网络创新能力评价指标体系二级框架

一级指标	二级指标
自主创新资源能力	多层次测度创新人员投入 资金投入的基础和支持
自主创新攻关能力	重点投入和攻关基础 现有实力和未来潜力
自主创新人才实现能力	人才培养数量 人才培养效率
自主创新技术实现能力	创新直接产出的同行和专业认可 创新产出的社会和市场认可
自主创新价值实现能力	工业产业表现 国际市场表现 第一产业和第三产业表现
自主创新支撑发展能力	支撑发展的持续性和稳定性 创新推动与经济增长的互动
自主创新辐射能力	产业集聚和辐射能力
自主创新网络能力	网络交流能力 网络支配能力 市场活动能力

（三）对现有绿色发展、创新发展相关评价指标体系的简要评价

一方面，现有的指标体系均能在一定程度上捕捉和反映绿色发展与创新发展，且各项指标体系围绕各自不同的侧重点和建立依据，有较为完善和全

面的框架，具有一定的实际意义。

另一方面，现有的指标研究主要集中在国家、区域和城市层面，缺乏能同时评价企业、乡村等多类主体的灵活指标。此外，针对当前经济新常态下的发展新要求即新动能转型发展，缺乏可以将绿色发展和创新转型新动能发展相结合的综合评价绿色发展和新动能经济发展的指标体系。

二　构建绿色新动能经济发展评价 指标体系的意义、依据和原则

（一）构建意义

通过编制一套综合反映绿色发展和新动能经济发展的评价指标体系，用以测度绿色新动能经济发展的现状，观察各类主体绿色新动能经济发展的进程，具有重要的意义。

首先，评价指标体系的构建是贯彻落实绿色发展和创新发展理念的途径，使绿色发展和新动能经济发展有了科学的界定和实现路径，有利于将绿色发展理论、新动能经济发展理论落到实处。

其次，绿色新动能经济发展评价指标体系为引导各区域深入落实可持续绿色发展、实现经济发展方式转变提供了决策参考，有利于推进绿色新动能城市的建设。

最后，使用具体化的数量指标来判断绿色新动能经济发展的速度与进程，可在政策层面起到发展战略导向作用，满足中国加快转变经济发展方式的政策需求，有利于推动经济高质量发展，从而推进我国生态文明建设的步伐。

（二）构建依据

1. 绿色发展理论

绿色发展是指既要绿色又要发展，绿色发展的本质是发展模式由粗放发展向集约发展、低碳发展的转换。其主要特征是"四低"——低消耗、低

污染、低排放、低破坏和"四高"——高效率、高效益、高循环、高碳汇。

绿色发展的核心是提高生态环境生产率〔即一段时期内国内生产总值（或国民收入）与同期资源及环境消耗量之比〕，以此反映单位资源环境消耗所产生的经济效益的大小，同时也反映经济发展占用资源环境空间的大小。根据生态环境生产率的计算公式，绿色发展的途径是降耗、减排、止损、增绿、提效、改制。因此，绿色发展理论也可称为"六途径"生态环境生产率理论。

2. 创新发展理论

创新理论最早由约瑟夫·熊彼特提出。所谓创新，就是要"建立一种新的生产函数"，即"生产要素的重新组合"，就是要把一种从来没有的关于生产要素和生产条件的"新组合"引入生产体系中，以实现对生产要素或生产条件的"新组合"。

党的十八届五中全会提出了"创新、协调、绿色、开放、共享"五大发展理念，并明确指出"必须把创新摆在国家发展全局的核心位置，不断推进理论创新、制度创新、科技创新、文化创新等各方面创新"。新常态下，我国经济要由粗放式的投资驱动、资源驱动向集约式的科技驱动转变，创新是关键。

3. 新动能理论

新动能是相对于旧动能而言的，旧动能是指由投资驱动、要素驱动和GDP驱动的动能，而新动能是指驱动经济高效、可持续发展的动能，主要表现为制度变革、结构优化、要素升级，或改革、转型、创新。

新动能理论的主要内容可概括为新制度、新主体、新要素、新产业和新市场，其内在逻辑为新制度驱动新主体，新主体利用新要素，新要素支撑新产业，新产业满足新市场；其理论实质在于以新制度为引擎、以新主体为支撑、以新要素为手段、以新产业为核心、以满足新需要为目的的新动力，旨在实现经济的高效、可持续发展。

（三）构建原则

绿色新动能经济发展评价指标体系的构建原则包括系统性原则、科学性原则、可操作性原则、可比性原则和目标性原则。

1. 系统性原则

指标体系包含总指标和分级指标。本章指标体系包含绿色发展、新动能经济发展两个分领域指标，以体现绿色发展与新动能经济发展的现状和内涵。同时，这两项分领域指标具有内在联系并且相互协调，从而共同支撑整体评价指标体系。

2. 科学性原则

指标数据来源为权威性的统计年鉴，同时数据处理和测算也遵循相关科学方法。指标体系的构建能够客观地反映各区域的真实情况。

3. 可操作性原则

本章指标体系的整体构建简明易操作，根据目的合理设置覆盖范围。指标内容易于理解，数据可得且量化方法可行。

4. 可比性原则

本章明确了各个指标的统计口径和范围，确保了各种指标在不同区域间具有可比性。评价指标尽量采用相对指标，以客观描述和比较各区域绿色发展新动能的竞争力情况，为相关的政策分析和建议提供基础。

5. 目标性原则

本章指标体系的建立旨在综合分析各区域的绿色新动能发展水平。对各个区域提出的目标是既要绿色发展，又要新动能经济发展。评价目的也不仅仅是排名，还要通过明确各区域的优势与不足，引导其采取相应的措施，实现区域绿色新动能经济发展。

三 绿色新动能经济发展评价指标体系的内容

在构建思路上，坚持绿色发展与新动能经济发展相结合，根据前文所述的五大原则，借鉴国内外关于绿色发展和新动能经济发展指标的相关文献，初步将指标分为三个层次。第一层次，绿色发展和新动能经济发展指标，分别占总指标的30%和70%；第二层次，建立降耗、减排、止损、增绿、提效 5 项等权重（20%）的二级指标用以衡量绿色发展，建立新制度、新主体、新要素、新产业、新市场 5 项二级指标，用以衡量新动能经济发展，其中新产业指标的权重为 50%，其余 4 项指标等权重，均为 12.5%；第三层次，在二级指标的基础上进一步确定可具体量化的三级指标，共计 60 项（见表 3-16）。

表 3-16 中国绿色新动能经济发展评价指标体系

一级指标	二级指标	三级指标	单位	指标方向
绿色发展（30%）	降耗（20%）	单位 GDP 能耗	吨标准煤/万元	负
		单位 GDP 用水量	立方米/万元	负
		单位工业增加值水耗	立方米/万元	负
		单位工业增加值能耗	吨标准煤/万元	负
		人均能耗	吨标准煤/人	负
		火电供电煤耗	吨标准煤	负
		工业用水重复利用率	%	正
		工业固体废物综合利用率	%	正
	减排（20%）	单位 GDP 二氧化碳排放量	吨/万元	负
		单位 GDP 二氧化硫排放量	吨/万元	负
		单位 GDP 化学需氧量排放量	吨/万元	负
		单位 GDP 氮氧化物排放量	吨/万元	负
		单位 GDP 氨氮排放量	吨/万元	负
		单位 GDP 工业固体废物排放量	吨/万元	负
		单位土地面积化学需氧量排放量	吨/平方千米	负
		单位土地面积氮氧化物排放量	吨/平方千米	负
		单位土地面积氨氮排放量	吨/平方千米	负
		单位土地面积工业固体废物排放量	吨/平方千米	负
		非化石能源占能源消费比重	%	正
	止损（20%）	生活垃圾无害化处理率	%	正
		危险固体废物处置率	%	正
		污水管网覆盖率	%	正
		污水处理率	%	正
		工业废水排放达标率	%	正
		生物群落及重要栖息地保护面积占比	%	正
		湿地保有率	%	正
		一般工业固体废物处置利用率	%	正
		环境污染治理投资占 GDP 比重	%	正

一级指标	二级指标	三级指标	单位	指标方向
绿色发展 （30%）	增绿 （20%）	森林覆盖率	%	正
		人均森林面积	平方米/人	正
		人均造林面积	平方米/人	正
		耕地保有量	万亩	正
		自然保护区面积	万公顷	正
	提效 （20%）	全要素生产率	%	正
		人均劳动生产率	万元/人	正
		土地生产率	万元/平方千米	正
		资本产出率	%	正
新动能经济 发展 （70%）	新制度 （12.5%）	政府建立的培育新动能经济组织领导机构数	家	正
		政府出台的激励新动能经济的战略和政策数	项	正
		财政科技拨款占财政支出的比例	%	正
	新主体 （12.5%）	创新企业数量占企业总数的比例	%	正
		从事R&D工作的人员占就业人员的比例	%	正
		重点以上高校数量	家	正
		国家级科研机构数量（省部属）	家	正
		国家级企业技术中心、工程中心、实验室数量	家	正
		每万名人口中硕士、博士学位获得者人数	人	正
	新要素 （12.5%）	地区人均R&D支出	万元/人	正
		企业R&D经费支出占主营业务收入的比重	%	正
		人均教育经费支出	万元/人	正
		研究开发投入占GDP的比例	%	正
		首次技术引进数量占总技术引进数量的比例	%	正
		每万人平均专利申请授权数	项/万人	正
		科技进步贡献率	%	正
	新产业 （50%）	高技术产业增加值占GDP比重	%	正
		战略性新兴产业增加值占GDP比重	%	正
		现代农业GDP产量占比	%	正
	新市场 （12.5%）	国家级、省级、市级名牌和中国驰名商标数	个	正
		规模以上创新型企业产品销售产值率	%	正
		规模以上创新型企业市场占有率	%	正
		规模以上创新型企业出口总额占GDP的比重	%	正

四 绿色新动能经济发展评价指标体系的应用

（一）应用领域

绿色新动能经济发展评价指标体系适用于对绿色新动能城市、绿色新动能园区、绿色新动能城镇、绿色新动能乡村以及绿色新动能企业等多类主体进行评价，引导不同类型主体深入落实可持续绿色和经济转型发展。不同主体的评价指标体系略微不同，但总体指标框架和思路保持不变。

（二）数据获取

指标计算的数据来源于国家统计局、环保部等部门公开发布的年鉴。包括《中国统计年鉴》《中国环境年鉴》《中国能源统计年鉴》等，或国家统计局、地方政府统计局官方网站，确保了数据来源的准确和权威。

（三）计算方法

第一步，确定绿色新动能经济发展指标的评价区域范围，得到指标基础数据，当地区某项数据缺失时，用所在区域其他分区同项均值弥补。

第二步，进行数据同向化，正向指标无须处理，逆向指标则采用倒数法、最大值相减法、定值相减法等方法进行处理。

第三步，完成数据标准化，采用极差法对指标进行处理，使各指标的数值结果始终处于 0 ~ 1 的区间，便于对不同单位或量级的指标进行比较和加权。

第四步，逐级合成指标，得出绿色新动能经济发展指数，采用加权法自下而上依照不同权重逐级合成。

第五步，对各个城市（或园区）的绿色新动能经济发展水平进行排名和评价。

本章执笔人：叶慧颖

第二篇 现状背景

第四章
中国绿色新动能经济发展的进展与成效

当前，中国绿色新动能经济在中央政府的大力支持下实现高速发展。首先，我国在法治层面逐步完善了生态法治体系，为绿色发展营造了良好的法治环境。在此基础上，依据发挥作用主体的不同构建了市场绿色制度体系和政府绿色制度体系，并制定了具体的绿色发展政策，协同推进落后产业"去产能"和新兴产业快速发展进程。其次，绿色新动能经济的发展离不开新技术、新人才、新信息等新要素的出现以及创新型企业、创新型个人、创新型平台等新主体的培育。最后，绿色新动能经济的发展也为国内绿色新产业、新产品打开了受环保要求限制的国际市场以及绿色消费需求升级下的国内新市场。在政府、市场、企业、个人的共同努力下，我国以资源节约型产业、环保产业、新能源产业等为代表的一大批绿色新产业成长迅速，拥有广阔的发展前景。因此，本章将从制度建设、新要素和新主体培育、市场开拓以及产业发展方面，论述我国绿色新动能经济发展取得的进展与成效。

一　中国绿色新动能经济发展的新制度建设取得明显成效

（一）生态立法逐渐加强，法治体系日渐健全

党的十八大以来，我国生态环境法治建设成效显著。

在生态环境立法方面，2014 年全国人大常委会修订通过被称为"史上最严"的《环境保护法》，并陆续修订《大气污染防治法》《水污染防治法》《海洋环境保护法》《野生动物保护法》，制定《环境保护税法》，启动《土壤污染防治法》立法工作。这些都将推进生态文明建设作为立法目的，围绕生态文明的基本要求进行了体制改革、制度设计、机制创新、权利义务分配、责任界定。

在生态环境执法方面，我国陆续出台 50 多部配套规章、规范性文件，明确执法机关的职责权限和相对人的权利义务，完善执法程序，通过落实"统一监督管理"职责、健全联动协调机制、形成沟通协同机制、发布技术指南等，加大了环保执法力度。

在生态环境司法方面，推出一系列司法政策、司法解释，建立专门环境资源审判机构，提起环境公益诉讼，发布典型案例，为促进生态文明建设走出了一条具有中国特色的"绿色司法"之路。目前国家相关部门正在全力构建一部综合性的"生态环境损害赔偿法"。[①] 通过立法的方式为我国"绿色发展"提供更为有效的法律利器和操作性更强的法律依据。

（二）体制改革逐渐深化，绿色制度逐步出台

顶层设计方面，2015 年 4 月，中共中央、国务院印发《关于加快推进生态文明建设的意见》，明确了生态文明建设的总体要求、目标愿景、重点

---

① 张梓太、吴惟予：《我国生态环境损害赔偿立法研究》，《环境保护》2018 年第 5 期，第25～30 页。

任务、制度体系。同年9月，《生态文明体制改革总体方案》出台，对生态文明体制改革工作做出了总体部署，是建设美丽中国的重要指引。该方案的出台及实施，为保护绿水青山提供了重要的制度保障，为发展金山银山提供了持续的动力支撑。

绿色制度方面，根据发挥作用主体的不同可分为政府制度体系和市场制度体系。促进绿色发展的市场制度包括三个方面。一是资源与环境产权制度。如用能权初始分配制度、用水权初始分配制度、碳排放权初始分配制度、自然资源资产产权制度、环境产权制度等。二是交易制度。如碳排放权交易制度、排污权有偿使用和交易制度、水权交易制度、环境污染第三方治理制度以及重点单位碳排放报告、核查、核证和配额管理制度等。三是价格形成制度。资源产品、环境产品的价格应由市场供求关系决定，政府定价应充分发挥社会公众的参与作用。政府在绿色发展中可通过以下四个方面的制度发挥作用。一是激励制度。具体包括生态补偿制度、财税金融激励制度、考核评价奖励制度、绿色认证和政府绿色采购制度等。二是约束制度。具体包括自然资源用途管制制度、环境保护制度、生态修复制度、生态红线制度等。三是政府监管制度。具体包括自然资源管理体制、国土空间开发许可制度、污染物排放许可制度、企业环境信用记录和违法排污黑名单制度等。四是问责制度。具体包括党政同责制度、环境损害责任终身追究制度、生态环境损害评估和赔偿制度等。

实现绿色发展，需要坚定不移地推进供给侧结构性改革，尤其是进行相关制度建设，如财税制度、价格机制、生态补偿制度等。改革开放40年来，特别是党的十八大以来，我国不断提出并完善各项绿色发展促进制度改革和体制建设。2016年9月，中国人民银行、财政部等七部委联合发布《关于构建绿色金融体系的指导意见》，在财税金融机制方面强化了对绿色投融资的若干激励机制。同一时期，国务院出台了《关于完善集体林权制度的意见》，积极开展林权制度改革。2017年，我国正式启动了碳排放交易体系，建设全国碳排放权交易市场。自2018年1月1日起，生态环境损害赔偿制度在全国正式推行。与此同时，我国资源环境交易制度也相继落地。2018

年 1 月，环境保护部印发《排污许可管理办法（试行）》，为改革完善排污许可制迈出了坚实的一步。2018 年 3 月，新组建的生态环保部从政府机制上有效解决了我国生态环境保护领域存在的职责交叉重复以及监管者与所有者区分不清等问题。

（三）政策制定逐渐加快，政策体系不断完善

财税政策方面，政府充分运用财政资金，为落后产业"去产能"，为新兴产业"增动力"。2016 年，中央财政设立总规模为 1000 亿元的工业企业结构调整专项奖补资金，专门用于钢铁、煤炭行业化解过剩产能中的职工安置。在新兴绿色产业上，政府对新能源汽车推广实施补助政策，支持可再生能源发电，对光伏、风电等发电实行度电补贴，支持清洁能源发展。同时，通过对过剩产能产业加大税收力度，对新兴绿色产业降低税收要求，积极发挥财税杠杆功能，助推绿色发展。

金融政策方面，2018 年 6 月，国家发展改革委发布《关于创新和完善促进绿色发展价格机制的意见》，提出到 2020 年，基本形成绿色发展的价格机制和价格政策体系；到 2025 年，完善绿色发展要求的价格机制，并落实到全社会各方面、各环节。

产业政策方面，国家发展改革委于 2018 年 2 月 28 日印发《长江经济带绿色发展专项中央预算内投资管理暂行办法》，做出以专项资金投资推动长江经济带发展的重大战略部署，推动长江经济带生态优先、绿色发展。

二　中国绿色新动能经济发展的新要素培育呈现勃勃生机

（一）各行业研发新技术助力绿色发展

技术创新是维持经济社会与自然生态系统平衡不可或缺的要素。当前各行各业加快技术研发步伐，通过新技术、新材料的运用实现全行业的绿色低

碳发展。如煤化工产业的脱硫新技术、山东省寿光市创新研发的"新式智能化农业大棚"、农业领域频出的秸秆综合利用新技术、建筑领域的光电一体化等。

（二）各省市引进培育新人才引领绿色发展

人才是实现绿色发展的第一资源。适应绿色发展的新要求，关键是要加强绿色发展人才队伍建设，增强自主创新能力，以科技进步和人力资本来提升经济社会发展的质量和水平。因此，培养一大批绿色发展领域的各类型人才，建立健全人才培养体系，完善人才培养激励机制，是实现绿色发展转型的核心要素和重要支撑。当前除了江西外，包括天津、河北、四川、山东、北京、上海、广州、武汉、郑州、合肥、南京等在内的多个省市，频繁出台落户新政，降低住房门槛，向各类人才抛出橄榄枝。除了人才引进策略，各省市为促进绿色发展也开始积极培养发展本土绿色人才，如《浙江省农业绿色发展试点先行区三年行动计划（2018~2020年）》明确将绿色人才培育，尤其是职业农民和新型农业经营主体的培育明文列入行动计划中。

（三）各平台汇聚新信息佐助绿色发展

大数据是国家基础性战略资源，大数据产业本身是绿色产业，对生态的破坏和影响极小，是大产业、大红利，蕴含巨大的经济社会效益，市场空间无限，发展势头迅猛。党的十八届五中全会提出"实施国家大数据战略"，2015年8月国务院印发《促进大数据发展行动纲要》。2016年，贵州省获批建设全国唯一的国家级大数据综合试验区、国家大数据产业集聚区和大数据产业技术创新试验区。

（四）各试验区依托新金融推进绿色发展

中国绿色金融创新发展满足了实体产业绿色发展源源不断的融资需求。2014年，中国人民银行研究局与联合国环境署可持续金融项目联合发起成立了绿色金融工作小组，并提出了构建我国绿色金融体系的初步框架和14

条具体建议。2017 年 6 月，国务院总理李克强主持召开国务院常务会议，决定在浙江、江西、广东、贵州、新疆五省区选择部分地方建设各有侧重、各具特色的绿色金融改革创新试验区，在体制机制上探索可复制、可推广的经验，推动经济绿色转型升级。各试验区不断实现绿色金融创新，如民间金融发展较好的浙江省，早在 2014 年就选取衢州开展绿色金融综合改革试点，截至目前，浙江省绿色信贷余额达到 7443 亿元，在全省各项贷款中的占比超过 9%，且资产质量优良。

（五）各领域运用新能源助推绿色发展

随着常规能源有限性和环境问题的日益突出，以环保和可再生为特征的新能源越来越得到各国的重视。新能源一般是指在新技术基础上加以开发利用的可再生能源，包括太阳能、生物质能、水能、风能、地热能、波浪能、洋流能和潮汐能，以及海洋表面与深层之间的热循环等。此外，还有氢能、沼气、乙醇、甲醇等。当前新能源的运用领域主要集中在电力市场和新能源动力汽车市场。

截至 2017 年，我国新能源发电累计装机容量为 29393 万千瓦，占全国发电装机容量的 17%；新能源发电新增装机容量 6809 万千瓦，占全国电源新增装机容量的 52%。其中，风电累计装机容量为 16367 万千瓦，太阳能发电累计装机容量 13025 万千瓦。太阳能光伏发电装机容量首次超过煤电新增装机容量。面对补贴拖欠、初始融资困难等问题，国家积极探索市场化交易，包括可再生能源电力直接交易、可再生能源电力发电权置换、跨区域（省）间可再生能源现货交易以及分布式发电市场化交易。新能源在我国发电市场上具有可观的发展前景。

根据中国汽车工业协会的统计，2017 年全国新能源汽车产量和销量分别为 79.4 万辆和 77.7 万辆，同比增长 53.6% 和 53.3%。根据工信部、国家发改委、科技部联合发布的《汽车产业中长期发展规划》，2020 年我国汽车生产将达到 3000 万辆左右，其中新能源汽车生产 200 万辆左右；2025 年我国汽车生产将达到 3500 万辆左右，其中新能源汽车生产 700 万辆左右。

从长期来看，随着新能源汽车产业步入稳定发展期，在新能源乘用车的低渗透率下，将带来大量的替换空间。

三 中国绿色新动能经济发展的新市场开拓打开新局面

（一）国际新市场打开新局面

我国不仅是世界上绿色产业发展最快的国家和世界绿色产品贸易、消费第一大国，而且正在成为国际市场上生态产品的主要供应国。例如，近年来我国林业产业快速、持续、健康发展，2017年全国林业产业总产值突破7万亿元，林产品进出口贸易额达1500亿美元，五年来平均增速达12.1%[①]。

除了原有的绿色产业绿色产品外，我国其他行业通过绿色发展成功转型升级，相关产品的生态设计工作也渐入佳境。例如，我国钢铁行业近年来在绿色发展方面取得了一定成绩，形成了绿色发展方式和绿色生产方式。河钢集团邯钢公司形成了以汽车用钢、家电用钢、优特钢、管线钢、重轨等为代表的系列化、全规格产品集群，实现了产品高端化、绿色化、品牌化。目前，河钢集团邯钢公司20%的高端产品销往南美洲、北美洲、欧洲及东南亚等地区，高端板材每年出口160万吨[②]。

（二）国内新市场形成新气象

随着人们消费模式和生活方式的转变，消费升级、消费绿色化趋势日渐明显，越来越多的消费者开始熟悉和接纳绿色消费的观念，资源节约、环境友好、文明健康的消费模式逐渐成为主流，生活方式绿色化已成为一种潮流。

[①] 《去年林产品进出口1500亿美元，五年平均增速12.1%》，今日头条，2018年5月24日，https：//www.toutiao.com/a6558975752541846020/。

[②] 《绿色转型推动钢企高质量发展》，新浪网，2018年7月3日，http：//news.sina.com.cn/c/2018－07－03/doc－ihevauxi4371782.shtml。

在电商平台上，绿色消费增长显著。仅以京东为例，2017 年上半年，京东平台的绿色消费金额同比增长 86%，高于平台整体市场增速 41 个百分点，对平台销售额的贡献率达 14%。绿色消费群体也不断扩大，2017 年上半年京东绿色消费覆盖人群同比增长 62.2%。无论是从消费金额看还是从消费人群看，绿色消费都越来越受到追捧。

绿色消费的区域性明显，与中国经济发展水平呈现较高的一致性。经济发达地区绿色消费能力明显高于其他地区，一线城市人均绿色消费水平较高。2017 年上半年，广东、北京和江苏的绿色消费用户占比较高，分别为 14.5%、10% 和 8.6%。北京、广州和上海的绿色消费金额占比最高，分别为 25.5%、19.9% 和 16.2%。北京、上海、重庆的人均绿色消费水平明显高于其他地区。

四　中国绿色新动能经济发展的新主体培育实现全面发展

（一）创新型企业层出不穷[①]

创新型企业是具有创新意识和能力、能够培育壮大地方新动能、促进产业转型升级的企业。创新型企业根据企业主营业务可分为三类，分别是科技研发型企业、技术服务型企业和创新服务型企业。自"大众创业、万众创新"的号召提出后，短短几年时间，互联网就成长出了众多科技新贵，在出行、零售、文娱、大健康、生活服务等领域实现了科技改变生活的愿景。这一特点在全国中小企业股份转让系统（俗称"新三板"）挂牌公司 2017 年年报中得到了突出体现。作为国内创新创业型中小企业的代表群体，新三板挂牌公司中，新动能、新产业、新业态加速发展，新经济企业已近 5000 家，在新三

---

① 《新经济企业呈现高成长潜力》，新浪网，2018 年 5 月 4 日，http://news.sina.com.cn/c/2018 - 05 - 04/doc - ifzyqqiq6224563.shtml。

板内部形成了发展梯次。在 2017 年年报披露的 10764 家公司中，新经济企业共 4782 家，占比为 44.43%，涉及高端制造、生物医药、科技服务等新产业以及新文化等业态。半数以上新经济企业已发展成为成长潜力较高的"瞪羚企业"。这批企业的规模小于"独角兽企业"，但呈现跳跃式的高成长潜力，平均营业收入和净利润增速分别达到 39.68% 和 104.28%。同时，多个新经济产业内涌现出"独角兽企业"。有 28 家挂牌公司符合全球公认的新经济"独角兽"划分标准，集中在互联网应用、文化娱乐、新科技、新环保和生物制药产业。

（二）创新型个人不断产生

创新型人才是指具有创新意识和创新能力的个人，主要包括企业家、创客、专业技术人才、新型农民等。发展靠创新驱动，创新靠人才引领。陕西省礼泉县袁家村党支部书记郭占武就属于此类绿色发展人才，通过领导袁家村全体村民甚至带动周边村落参与袁家村特色小镇建设，郭占武将袁家村打造为特色小镇，推动三次产业联动协同发展，每年为袁家村创造 10 亿元的营业收入。除了像郭占武这样的绿色发展领域的复合型人才，还有科技创新型人才以及各行各业的专门人才，如社会急需的绿色发展领域的工程师、高级技师、节能师、环境师、统计师、审计师、检测认证师、分析师等。

（三）创新型机构不断涌现

创新型机构是指具有创新意识和能力的机构，主要包括科研院所、高等院校等。习近平总书记曾指出，科技创新绝不仅仅是实验室里的研究，还必须将科技创新成果转化为推动经济社会发展的现实动力。高等院校是科研成果的重要供给源头，但科研成果转化现状不容乐观，存在科技与经济"两张皮"现象。这归根结底是因为科技同经济对接、创新成果同产业对接、创新项目同现实生产力对接、研发人员创新劳动同其利益收入对接不畅。需要尽快树立精准调研、精准对接、精准培育、精准服务理念，努力打通高等院校科研成果转化"最后一公里"。

（四）创新型平台迅速成长

创新型平台是指特定领域的相关创新资源集聚而形成的有形场所或无形空间，具有网络化的组织特征。创新型平台主要包括科技中心、创新中心、孵化器、国家实验室、博士后流动站、产业联盟等。

我国的创新平台生态系统经过 30 余年的不断建设累积，不管是从创新平台的数量上看，还是从具体的汇聚能力上看，都称得上成绩斐然。特别是近年来，以众创空间为代表的开放式创业载体作为新成员进入生态系统，更是推动我国创新平台发展驶入快车道，成为地产界、投资界以及政府、企业关注的焦点。《中国火炬统计年鉴 2016》数据显示，全国的众创空间已有4298 家，企业孵化器有 3255 家，企业加速器超过 4000 家。而创业的主体也更加多元化，其中技术人员和连续创业者分别占创业者总体的 22% 和16%。

（五）创新型区域不断发展

1. 京津冀协同发展打造现代化新型首都圈

京津冀协同发展，其核心是京津冀三地作为一个整体协同发展，要以疏解非首都核心功能、解决北京"大城市病"为基本出发点，调整优化城市布局和空间结构，构建现代化交通网络系统，拓展环境容量生态空间。推进产业升级转型，推动公共服务共建共享，加快市场一体化进程，打造现代化新型首都圈，努力形成京津冀目标同向、措施一体、优势互补、互利共赢的协同发展新格局。京津冀协同发展是当前中国三大国家战略（倡议）之一（其他两个是"一带一路"建设和长江经济带发展），拥有国家政策的大力支持，发展前景光明。

2. 长江经济带建设担当生态文明建设的先行示范带

长江经济带发展同属我国三大国家战略（倡议）之一。长江经济带是指沿江附近的经济圈，覆盖上海、江苏、浙江、安徽、江西、湖北、湖南、重庆、四川、云南、贵州 11 个省份，面积约为 205 万平方公里，人口和地区生产总值均超过全国的40%。2016年9月，《长江经济带发展规划纲要》正式印发，确立了长江经济带"一轴、两翼、三极、多点"的发展新格局："一轴"是以长江黄金水道为依托，发挥上海、武汉、重庆的核心作用；"两翼"分别指沪瑞和沪蓉南北两大运输通道；"三极"指的是长江三角洲、长江中游和成渝三个城市群；"多点"是指发挥三大城市群以外地级城市的支撑作用。长江经济带建设作为中国新一轮改革开放转型实施新区域开放开发的国家战略，是具有全球影响力的内河经济带、东中西互动合作的协调发展带、沿海沿江沿边全面推进的对内对外开放带，也是生态文明建设的先行示范带。

五　中国绿色新动能经济发展的新产业发展明显加快

（一）新产业迅速成长

1. 资源节约型产业全面发展

节能环保产业，一般认为是指为节约能源资源、发展循环经济、保护生态环境而提供物质基础和技术保障的产业。近年来，在国家的大力扶持和推动下，我国节能环保产业发展态势良好。2015年我国节能环保产业总产值达到4.5万亿元，比2010年翻了一番，"十二五"年均增速高达18%，实现了《"十二五"节能环保产业发展规划》设定的年均增长15%的目标，并远高于传统产业和国内生产总值的增长率。

节地产业也加快了建设步伐。2018年6月，中共中央、国务院发布的《关于全面加强生态环境保护坚决打好污染防治攻坚战的实施意见》强调要实行最严格的耕地保护，节约用地，同时要健全节地标准体系。各省份纷纷出台相应的政策加快节地产业建设。截至目前，安徽省国土资源厅印发了《关于进一步加强建设用地总量管控的通知》；新疆生产建设兵团三个城市率先启用公共服务项目用地基准地价；辽宁省凌源市国土资源局大力抓好节约集约用地，坚决禁止向违背国家产业政策、高耗能高污染、违反土地利用总体规划和城市建设规划的项目供地。

节材产业作为新的经济增长点，得到了中央的高度重视。在建筑领域，绿色节材是绿色建筑中非常重要的一个方面。绿色节材以减少对天然资源消耗和减轻对生态环境影响为目标，即在资源开发，原材料制造，产品的生产、运输、使用、维护以及废弃物最终处理的全生命周期内减少对自然资源和能源的消耗，降低对环境的不利影响，并实现可回收、可循环和可再生利用。绿色节材依据《绿色建筑评价标准》与节地、节能、节水、室内环境、施工和运营管理共同组成绿色建筑的七大方面。2018年7月，北京市保障性住房建设投资中心公布数据，到2017年市投资中心按预计实现地上建筑总面积352.7万平方米产业化装修规模计算，仅装修材料一项即可减少约50万吨，随着绿色建筑的发展与建设，绿色节材产业有着广阔的发展前景。

节水产业①在工业领域取得显著成效。工信部发布的《工业绿色发展规划（2016~2020年）》显示，"十二五"工业节水工作超额完成万元工业增加值用水量下降30%的约束型目标，同时，工业废水排放量持续下降，非常规水资源利用量大幅增加。在"十二五"期间工业增加值大幅增长的情况下，工业用水量基本稳定在1400亿立方米左右，占全国总用水量的比例也基本稳定在22.5%左右。2014年，我国工业废水排放量为205.3亿立方米，占废水排放总量的28.7%，与2010年的237.5亿立方米、38.5%相比，均有一定程度的下降。海水、矿井水、中水、雨水等非常规水资源的再生利用技术日趋成熟，截至2015年底，我国海水淡化总产能达到102.65万立方米/天，比2010年增长80.1%，全国已建成海水淡化工程139个，大多数应用在工业领域，已成为工业水源的重要补充。一些缺水地区积极推广火电、钢铁、化工、建材等企业使用城市再生水，推动了工业用水多元化。

---

① 《〈工业绿色发展规划（2016~2020年）〉解读之三——加强工业节水，提高用水效率》，中华人民共和国工业和信息化部网站，2016年8月15日，http://www.miit.gov.cn/n1146285/n1146352/n3054355/n3057542/n3057545/c5203015/content.html。

2. 环保产业晋升为明星产业

环保产业是一个跨产业、跨领域、跨地域，与其他经济部门相互交叉、相互渗透的综合性新兴产业。因此，有专家提出应将其列为继"知识产业"之后的"第五产业"。在中国，环保产业是指在国民经济结构中以防治环境污染、改善生态环境、保护自然资源为目的所进行的技术开发、产品生产、商业流通、资源利用、信息服务、工程承包、自然保护开发等活动的总称，主要包括环保产品制造、环保机械设备制造、环境保护服务、自然保护开发经营、环境工程建设等方面。2015 年，我国节能环保产业总产值已达到 4.5 万亿元。"十三五"期间，节能环保产业前景依然广阔，据专家预测，未来 10 年，我国环保产业的增速有望达到 GDP 增速的 2 倍以上，"十三五"期间环保产业投资规模有望超过 17 万亿元，环保产业产值年均增长率将达 15% 以上。到 2020 年，产值过百亿元的环保企业将超过 50 家[①]。作为经济发展低迷情况下的突破口，节能环保产业无疑成为国家和投资者共同关注的明星产业。

3. 新能源产业实现高速发展

新能源产业主要源于新能源的发现和应用。新能源是指处于开发利用阶段、有待推广的能源，如太阳能、地热能、风能、海洋能、生物质能和核聚变能等。2018～2050 年，全球范围内新增发电装机投资将达到 11.5 万亿美元，其中 8.4 万亿美元用于风电和光伏，1.5 万亿美元用于水电和核电等其他零排放技术。随着风电、光伏和电池成本优势的凸显，到 21 世纪中叶，全球煤电发电占比将从目前的 38% 缩减至 11%，而风电、光电的占比则有望达到全球总发电量的 50%[②]。

4. 生态产业呈现协同发展状态

生态产业实质上是生态工程在各产业中的应用，从而形成生态农业、生

---

① 《2017 年我国节能环保产业发展现状及前景规划（图）》，北极星大气网，2017 年 9 月 17 日，http：//huanbao. bjx. com. cn/news/20170917/850456. shtml。

② 《BNEF 发布新能源市场长期展望（至 2050 年）》，新能源网，2018 年 6 月 29 日，http：//www. xnysj. com/article/detail - 41379321. html。

态工业、生态服务业等生态产业体系。生态工程是为了使人类社会和自然双双受益，着眼于生态系统，特别是社会－经济－自然复合生态系统可持续发展能力的整合工程技术。具体来说，生态产业包括生态农业、生态林业、生态草业、生态水业以及海洋产业等子产业。

生态农业方面。近年来各省份生态农业发展迅速，以江西省为例。2017年，江西省的农业生态环境得到进一步改善，化学农药、化肥使用量实现负增长。2017年共减少化学农药使用量300多吨、化肥使用量（折纯量）9.7万吨，推广测土配方施肥6682万亩，畜禽养殖"三区"划定和地理标注全面完成。同时，在政策机制上，出台了《江西省农业生态环境保护条例》《关于推进绿色生态农业十大行动的意见》等系列政策法规，构建了以绿色生态为导向的农业补贴制度，成立了省、市、县三级农业综合执法机构，确定了"四个一"工作推进机制。

生态林业方面。2018年7月26日，财政部、国家林业和草原局发布了《林业生态保护恢复资金管理办法》[①]，以加强和规范林业生态保护恢复资金使用管理，推进资金统筹使用，促进林业生态保护恢复。根据国家林业局会同京津冀三地林业部门编制的《京津冀生态协同圈森林和自然生态保护与修复规划》，到2020年，京津冀地区森林面积将达到1.14亿亩，湿地面积不低于1890万亩，防沙治沙面积达到1600万亩；完成造林2000万亩以上，森林覆盖率达到35%以上；完成湿地修复、退耕还湿51万亩，湿地生态功能逐步恢复；新建3个国家级自然保护区、10个国家森林公园、12个国家湿地公园，在百花山—野三坡、海陀山、雾灵山、八仙山区域探讨建设国家公园。

生态水业[②]方面。随着国家"水十条"计划的出台，水务行业在政策的大力支持下，以其巨大的市场规模、稳定的投资收益，逐渐成为我国发展最

---

① 《两部门印发〈林业生态保护恢复资金管理办法〉》，中国质量新闻网，2018年7月26日，http：//www.cqn.com.cn/pp/content/2018－07/26/content_6087387.htm。

② 《2018年上半年水务市场数据报告》，中国水网，2018年7月6日，http：//www.h2o-china.com/news/277380.html。

快和最具有投资价值的行业之一。数据显示，2018年上半年，全国地表水环境质量总体保持稳定，水治理依旧任重道远。2018年上半年全国水质类别占比变动情况见图4-1。

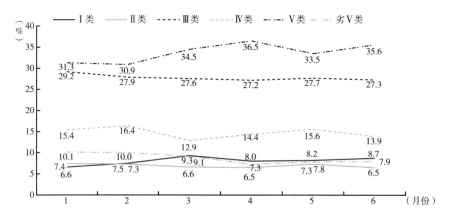

图4-1 2018年上半年全国水质类别占比变动情况

党的十九大以来，中国特色社会主义进入新时代，水务行业也迎来了更多的市场机遇与重构变革，政策红利和市场需求不断释放，市场结构优化升级。数据显示，截至2018年上半年，国家水利建设投资高达2502.6亿元，投资规模与日俱增。同时，水务行业市场容量也在逐渐扩大，海绵城市市场容量达4000亿元以上，城镇污水处理厂的新增和提标改造、黑臭水体治理市场规模也达到了2000亿元以上（见图4-2）。在政策扶持和市场容量扩大的大环境下，水务行业的前景广阔，万亿市场空间亟待释放。

海洋产业方面。海洋产业是指开发、利用和保护海洋所进行的生产和服务活动，包括海洋渔业、海洋油气业、海洋矿业、海洋盐业、海洋化工业、海洋生物医药业、海洋电力业、海水利用业、海洋船舶工业、海洋工程建筑业、海洋交通运输业、滨海旅游业、海洋科研教育管理服务业等主要海洋产业。2015年，我国海洋生物制药业增长速度高达16%以上，海洋工程建筑业增长速度超过15%，滨海旅游业也实现了11%的增长速度。同时，海洋产业区域集聚的特点明显，环渤海、长三角、珠三角三大区域的海洋生产总

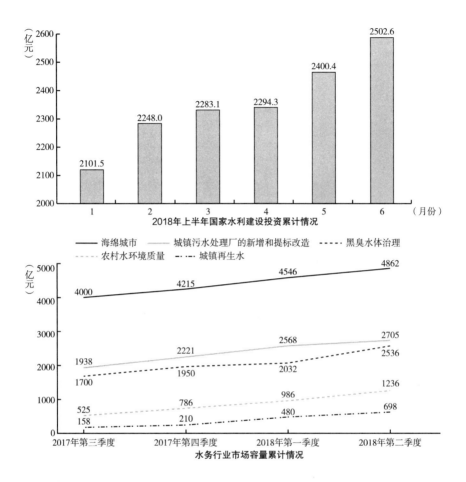

图 4－2　水务行业市场情况

值占总额的 80% 以上①。

5. 绿色服务业探索全新发展模式

相较于传统服务业，以生态旅游业、绿色餐饮业、绿色物流业、绿色金融业为代表的绿色服务业，可减少对资源、能源的消耗，缓解对生态环境的压力。绿色服务业的发展对生态文明建设具有显著的促进作用，是我国转变

① 华春雨、刘奕湛:《王宏：我国海洋产业发展亮点纷呈》，中华人民共和国自然资源部网站，2016 年 3 月 18 日，http：//www. mlr. gov. cn/xwdt/hyxw/201603/t20160318_ 1399570. htm。

经济增长方式和调整经济结构的重要支撑。当前我国各省份积极探索绿色服务业发展模式，各具体行业纷纷出台相关政策促进经济新常态下服务业的绿色化发展。

6. 绿色制造业保持快速增长态势

随着供给侧结构性改革的继续推进，创新驱动战略深入实施，创新引领作用不断强化，新供给产品和服务保持持续快速增长态势。2018 年第一季度，新行业、新产品迅速发展，高技术产业和装备制造业增加值同比分别增长 11.9% 和 8.8%，其中集成电路产量同比增长 15.2%，新能源汽车产量同比增长 139.4%，工业机器人产量同比增长 29.6%。从能源供给角度来看，核能、风力和太阳能发电同比分别增长 11.6%、33.8% 和 33.5%。

（二）新业态不断涌现

1. 网络经济发展迅猛

网络经济是一种建立在计算机网络基础之上，以现代信息技术为核心的新的经济形态，是各类企业利用信息和网络技术整合各式各样的信息资源，并依托企业内部和外部的信息网络进行动态的商务活动，以及研发、制造、销售和管理活动所产生的一种经济形态。2016 年，中国网络经济营业收入规模达到 14706.9 亿元，同比增长 28.5%，其中 PC 网络经济营业收入规模为 6799.5 亿元，移动网络经济营业收入规模为 7907.4 亿元；电商营业收入规模为 8946.2 亿元，占比超过 60%[①]。

2. 数字经济异军突起

G20 杭州峰会发布的《二十国集团数字经济发展与合作倡议》将数字经济定义为以使用数字化的知识和信息为关键生产要素、以现代信息网络为重要载体、以信息通信技术的有效使用为效率提升和经济结构优化的重要推动力的一系列经济活动。数字经济是随着信息技术革命的发展而产生

---

① 艾瑞咨询：《2017 年中国网络经济报告：电商占比超 60%》，网易财经，2017 年 6 月 12 日，http://money.163.com/17/0612/12/CMNSB20R002580T4.html。

的一种新的经济形态。大数据和云计算等新技术的融合，推动了物联网的迅速发展，实现了人与人、人与物、物与物的互联互通。截至2016年底，全球市值前20名中，有9家公司属于数字经济范畴，其中就有我国的腾讯和阿里巴巴。2017年，数字经济的发展被写入政府工作报告，未来我国将在自动化、人工智能、云计算等领域实现高速发展。

3. 共享经济全面渗透

共享经济是指拥有闲置资源的机构或个人有偿让渡资源使用权给他人，让渡者获取回报。也就是说，分享者通过分享自己的闲置资源创造价值。2017年是共享经济"爆发式"发展的一年，共享单车、共享汽车、共享充电宝、共享租衣、共享雨伞、共享玩具、共享健身房、共享睡眠仓等一系列共享产品在2017年相继出现。2017年共享经济领域融资额累计超过80亿元。仅共享充电宝领域，2017年上半年发生融资事件19起，投资总额超过10亿元①。

（三）新模式快速发展

绿色产业发展如火如荼，从创立到发展，新的商业模式不断推出，如众创、众包、众扶和众筹等。

1. "众创"模式全面展开

空间众创。基于"互联网＋"的创新创业活动在各行各业纷纷涌现，如创客空间、创业咖啡、创新工场等新型众创空间。

网络平台众创。如弧戈网络等大型互联网企业、行业领军企业通过网络平台向各类创新创业主体开放技术、开发、营销、推广等资源为小微企业和创业者提供支撑，降低创业门槛。

企业内部众创。通过企业内部资源平台化，积极培育内部创客文化，激发员工创造力。当前，大中型企业纷纷通过投资员工创业开拓新的业务领

---

① 《共享经济2018年将达2300亿美元》，中国经济网，2018年1月2日，http：//finance. ce. cn/rolling/201801/02/t20180102_ 27515568. shtml。

域、开发创新产品，提升市场适应能力和创新能力；或者通过建立健全股权激励机制，突破成长中的管理瓶颈并形成持续的创新动力。

2. "众包"模式广泛应用

创意众包。企业与研发机构等通过网络平台将部分设计、研发任务分发和交付，促进成本降低和提质增效，推动产品技术的跨学科融合创新；或通过网络社区等形式广泛征集用户创意，促进产品规划与市场需求无缝对接，实现万众创新与企业发展相互促进。

运维众包。有能力的大中型制造企业通过互联网众包平台聚集跨区域标准化产能，满足大规模标准化产品订单的制造需求。而中小制造企业则通过众包模式构筑产品服务运维体系，提升用户体验，降低运维成本。

知识内容众包。百科、视频等开放式平台积极通过众包实现知识内容的创造、更新和汇集，引导有能力、有条件的个人和企业积极参与，形成大众智慧集聚共享新模式。

生活服务众包。推动交通出行、无车承运物流、快件投递、旅游、医疗、教育等领域生活服务众包，利用互联网技术高效对接供需信息，优化传统生活服务行业的组织运营模式。

3. "众扶"模式快速推进

社会公共众扶。各省份高等院校和科研院所通过向小微企业和创业者开放科研设施，降低了"大众创业、万众创新"的成本。各行业协会、产业联盟等行业组织和第三方服务机构也纷纷加大了对小微企业和创业者的支持力度。

企业分享众扶。大中型企业通过生产协作、开放平台、共享资源、开放标准等方式，带动上下游小微企业和创业者发展。部分有条件的企业依法合规发起或参与设立公益性创业基金，开展创业培训和指导，履行企业社会责任。

公众互助众扶。开源社区、开发者社群、资源共享平台、捐赠平台、创业沙龙等各类互助平台迅速发展。部分成功企业家以天使投资、投入慈善事业、指导帮扶等方式支持创业者创业。

4. "众筹"模式逐步发展

实物众筹。当前国务院大力发展众筹模式，并积极发挥实物众筹的资金筹集、创意展示、价值发现、市场接受度检验等功能，帮助将创新创意付诸实践，提供快速、便捷、普惠化服务。

股权众筹。国家充分发挥股权众筹作为传统股权融资方式的有益补充的作用，增强金融服务小微企业和创新创业者的能力。稳步推进股权众筹融资试点，鼓励小微企业和创业者通过股权众筹融资方式募集早期股本。

网络借贷。互联网企业依法合规设立网络借贷平台，为投融资双方提供借贷信息交互、撮合以及资信评估等服务，如人人贷、e速贷。

本章执笔人：刘雪飞

第五章
中国发展绿色新动能经济存在的
问题及其根源

发展绿色新动能经济是中国突破资源与环境瓶颈、跨越"中等收入陷阱"、实现新旧动能转换和可持续发展的必然选择。党的十八大以来，党中央、国务院高度重视生态文明建设，大力推进创新发展，着力促进新旧动能转换。近年来，中国绿色新动能经济发展较快，但存在规模相对不大、结构不合理、质量不高等问题。本章旨在剖析中国发展绿色新动能经济存在的主要问题，探究这些问题背后的根源，以便中国发展绿色新动能经济时能够对症下药。

一　中国发展绿色新动能经济存在的主要问题

（一）规模相对不大

1. 绿色新动能经济产业规模相对偏小

近年来，中国大力推进创新驱动战略，高技术产业发展速度显著快于其他产业，但由于底子薄、起步晚，其规模相对偏小，在国民经济中的比重还相当低。

2015～2017 年，中国高技术产业工业增加值增长速度分别为 10.2%、10.8%、13.4%，占规模以上工业增加值的比重分别为 11.8%、12.4%、12.7%，与主要依靠科技创新（技术进步）发展经济的美国、日本、欧盟等发达国家或地区相比存在很大差距。中国的战略性新兴服务业也处于快速发展阶段，但在服务业中的比重还相当低，2017 年营业收入为 41235 亿元，不到服务业增加值的 10%。

绝大部分绿色新动能经济产业属于知识密集型、技术密集型产业，吸纳的就业人员相对较少。根据高技术产业增加值占比以及单位增加值平均就业量的 1/3 估算，2017 年绿色新动能经济的工业领域吸纳就业人员约 946 万人，仅占就业总人数的 1.22%。

2. 绿色新动能经济主体数量相对不多

首先，创新型企业相对不多。创新型企业是绿色新动能经济的核心主体，由于多年形成的追随、模仿甚至仿冒发展模式，中国真正的创新型中小微企业相对较少，而创新型领军企业更是稀少。《中国企业创新能力百千万排行榜（2017）》公布的资料显示，中国 8 万多家高新技术企业中，仅 55 家申请专利数达到了 2000 件以上，这 55 家企业申请的专利占前 1000 强企业专利申请总数的比重高达 45.3%；多达 94.1% 的企业申请的专利数不足 100 件，申请专利数超过 500 件的企业所占比重只有 0.64%，申请专利数超过 1000 件的企业所占比重仅为 0.24%。中国在全球具有较高知名度和影响力的高科技领军企业非常少，掌握工业 4.0 核心尖端科技自主知识产权的企业更是凤毛麟角。2017 年中国全球 500 强企业数量接近美国，但排在前 100 名的中国大陆公司仅华为一家。此外，中国"独角兽"企业数量与美国还有较大差距。2013 年至 2018 年 3 月，全球"独角兽"企业共 237 家，其中美国 118 家，占 49.8%；中国 55 家，不到美国的一半，且不少优质的"独角兽"企业流落海外①。

其次，创新型科研院所相对较少。高校是企业之外另一个科技创新的重要主体，尽管中国在近十年大力推进产学研一体化，但真正的创新型科研院所很少，对绿色新动能经济具有较强促进作用的科技创新活动不多，与欧美发达国家存在很大差距。2005 年以来，中央层面出台多个文件鼓励高校创办和发展从事科技研发和科技成果转化的校办企业，但效果不佳。教育部 2013 年对全国 553 所高校校办企业的调查数据显示，2013 年参与统计的

---

① 《CB Insights：2018 的金融科技趋势报告》，Useit 知识库，2018 年 3 月 1 日。

5279 家高校校办企业的总资产为 3538 亿元，所有者权益为 1335 亿元，营业收入为 2081 亿元，净利润为 83 亿元，获得专利授权数量为 3206 项，高校校办企业的资产、营业收入、利润等集中在北京的清华大学、北京大学等个别高校，绝大部分高校在科技研发和科技成果转化方面未能发挥应有的作用。与此形成鲜明对比的是，美国的很多知名高校是人工智能、清洁能源、量子信息、虚拟现实等工业 4.0 核心科技的主要研发者。

最后，创新型个人发展不足。由于创新型文化和教育缺失等，中国的企业家、创客等创新型个人发展相对不足。中国的企业家群体并未随着创新战略的推进而迅速扩大，很多企业的老板、高管未把创新视为首要职责，将过多的时间和精力放在经营管理方面。例如，2017 年中国全球 500 强企业数量达到 111 家，接近美国，但只有少部分企业的掌舵人或高管是国内外知名企业家。随着时代的发展，具有创业所需知识、技能、素养的大学生日益成为创业的主力军。中国人民大学发布的《2016 年中国大学生创业报告》显示，我国有近 90% 的在校大学生有创业意向，20% 有强烈的创业意向，但是毕业后从事创业的大学生数量及其占比相对不高。2011～2016 年，毕业后自主创业的大学生人数从 10.56 万人增加到 22.95 万人，占当年毕业总人数的比重从 1.6% 上升到 3.0%。与此形成鲜明对比的是，2014 年美国参与创业或者经营企业的人数占到美国总人口的 14%，美国 25～34 岁人群中选择创业或者经营企业的比例达到 18%，美国大学生自主创业的比例达 20%～30%[①]。

（二）结构不合理

1. 产业结构不合理

首先，绿色新动能经济制造业内部结构失衡。中国的战略性新兴产业存在相当明显的产业结构雷同和产业集群（产业链）不完善等问题。"十二五"期间，全国 31 个省份提出发展新一代信息技术产业、节能环保产业、新能源产业、

---

① 清华大学经管学院中国创业研究中心：《全球创业观察报告（2014）》，百度文库，2015 年10 月 21 日。

新材料产业、高端装备制造产业、生物产业的占比分别为84%、87%、94%、97%、90%、90%，而且即便是同一行业，主体部分的生产也往往是诸多地方政府和战略性新兴企业投资的首选，而对生产配件投资的兴趣则不浓，难以形成产业的纵向链条和横向匹配，极大地制约了高新技术产业的可持续发展①。

其次，绿色新动能经济的第二、第三产业结构失衡。科技研发、信息服务、技术服务、现代物流、现代金融等符合绿色新经济特征的现代服务业发展滞后，导致高新技术产业持续发展所需的技术、知识、人才等支撑不足。近十年来，中国服务贸易逆差快速增长，2017年高达16177亿元，这还没有计算先进设备进口时的技术转让、咨询、培训等服务费用，其中相当大的逆差份额是知识产权和金融服务，可见中国需要大力发展绿色新动能经济的生产性服务业（尤其是战略性新兴服务业），不断缩小与发达国家的差距。

2. 企业结构不合理

主要表现在工业4.0重点行业的高新技术企业占比较低。《中国企业创新能力百千万排行榜（2017）》公布的资料显示，中国高新技术企业主要集中在仪器仪表制造业，金属制品、机械和设备修理业，通用设备制造业，专用设备制造业，化学原料和化学制品制造业等传统制造业，而人工智能、清洁能源、量子信息以及虚拟现实等工业4.0重点行业的高新技术企业占比较低。

3. 要素投入结构不合理

2008~2014年，中国的新资源（新材料）、新能源、新技术、新人才等新要素投入占比较低，经济增长过于依赖投资、资源和生态环境等旧要素投入，导致工业中的高耗能、高污染行业占比居高不下——六大高耗能、高污染行业②增加值占规模以上工业增加值的比重约为30%。该时期，中国全社会固定资产投资规模增长迅猛，占GDP的比重由54.5%快速上升到80.6%，接近"天花板"。粗放式的投资过快增长导致煤炭、钢铁、有色、

---

① 顾瑾：《产业生态学视角下的中国高新技术产业发展路径研究》，《改革与战略》2016年第12期，第140~144页。

② 包括石油加工、炼焦和核燃料加工业，化学原料和化学制品制造业，非金属矿物制品业，黑色金属冶炼和压延加工业，有色金属冶炼和压延加工业，电力、热力生产和供应业。

水泥、化工等传统产业产能过剩，高新技术产业发展不足，阻碍了经济发展模式的转换，同时也带来了严重的环境污染和生态破坏问题。2015年之后，中国大力推进供给侧结构性改革、创新发展和绿色发展战略，新要素投入占比有所上升，新能源产销量及其比重不断上升，新材料与新技术投入规模及其比重也显著上升，但新要素对旧要素的替代还处于初级阶段。

4. 区域发展不平衡

一是地区之间发展不平衡。新主体集中在发达地区与发达城市。《中国企业创新能力百千万排行榜（2017）》公布的资料显示，中国高新技术企业前1000强主要集中在广东（18.3%）、北京（14.8%）、江苏（12.5%）、上海（9.8%）、浙江（9.0%）等发达地区，5个省份的高新技术企业数量合计占前1000强企业总数的64.4%；全部80000多家高新技术企业的地区分布与前1000强企业的地区分布高度一致，排名居后的16个省份所拥有的高新技术企业数量合计仅占8.9%，只相当于北京的一半左右。绝大部分省份的国家级高新技术企业集中在省会城市和个别国家计划单列市。2017年，深圳的国家级高新技术企业数量达到10988家，仅次于北京，占广东省的49%；武汉的国家级高新技术企业数量占湖北省的50%以上。大数据、互联网、人工智能、新一代信息技术、新能源汽车、战略性新兴服务业等新兴绿色新动能经济产业集中在沿海发达地区和内陆少数发达城市，而传统产业则向中西部地区和非省会城市转移，广大非省会城市和落后地区的绿色新动能经济发展缓慢。例如，新一代信息技术产业主要集中在北部沿海发达地区，新能源汽车主要集中在环渤海湾、长三角和重庆等地区[①]，大数据产业主要集中在北京、上海、深圳、广州、重庆、贵阳等城市[②]。

二是城乡之间发展不平衡。由于农村缺乏发展绿色新动能经济所需的人才（尤其是高端人才），新技术、新产业、新主体、新模式、新业态等绿色新动能经济绝大部分在城市发展。尽管近年来中国农村的生态旅游、现代农

---

① 李金华：《中国战略性新兴产业空间布局雏形分析》，搜狐网，2018年2月1日，http：//www.sohu.com/a/220252382_673573。

② 数据来源于贵州大数据学院。

业、新型农民等开始出现，但发展缓慢，绿色新动能经济占比很小。中国农业的机械化、规模化生产程度尚不高，发展传感器、机器人、GPS、测绘工具、数据分析软件等有机结合的精密农业还有比较遥远的路要走。

（三）质量不高

1. 自主研发的尖端科技不多

尖端科技是新兴产业的核心竞争力所在，尖端科技的缺乏是中国众多产业处在全球产业链中低端、竞争力不强、易被替代的主要原因，亦是中国绿色新动能经济发展的核心问题之一。美国、日本、欧盟等发达国家或地区始终掌握着支撑现代产业发展的尖端科技知识产权，中国一直处于追随者和追赶者地位。2015～2017年评选出的全球十大新兴技术（新材料、人工智能、节能环保、生命科学、新能源、大数据、物联网、现代装备制造、精密农业等领域），没有一项是中国的研发成果。中兴事件告诉我们这样一个事实：美国仍然是全球唯一的主导型科技创新中心，美国领导全球的巅峰时期远未过去；欧盟、日本等发达国家或地区领衔并主导了全球高端制造领域的发展，中国等发展中国家和新兴国家徘徊在中低端制造领域。中国科技创新的绝对领跑者华为的掌舵人任正非在2018年参观美国芯片制造企业后发出了这样的感叹：就芯片技术而言，中国与美国的差距就是一个小学一年级学生与大学生的差距。

尽管国家出台了不少支持政策，但由于美国、欧盟等发达国家或地区的技术封锁以及中国的自主创新能力相对较弱，中国绿色新动能经济众多产业在尖端科技的应用上也明显落后于发达国家或地区。如人工智能在金融领域的应用方面，美国（高盛、摩根士丹利、摩根大通、花旗银行、富国银行、美国银行等）、德国（德意志银行）、英国（汇丰银行、巴克莱银行）、新加坡（新加坡银行、新加坡发展银行）等国家的银行已经在多个领域开展人工智能的应用尝试，包括机器人自动化处理、虚拟助手/机器人、自然语言处理与生成、具有机器学习功能的投资组合与资产管理、具有机器学习功能的投资顾问、基于机器学习的高频交易、图像/图形/视频分析、交易欺诈分析、交易审批分析和风险实时管理等领域，中国金融业则把人工智能主要应用于人像识别（智能柜台）和远程客服等比较低端的领域。

2. 竞争力不强

技术水平、管理水平整体不高导致中国众多绿色新动能经济产业的生产效率和盈利能力不高，在全球的竞争力不强。当前，中国绿色新动能经济产业具有国际竞争力的终端产品很少，整体上处于国际分工产业链的中前端，绝大部分产品是原材料、初级加工品、中低端产品。如苹果手机很多零部件在中国生产甚至在中国代工生产，华为、小米、vivo、OPPO 等国产手机的海外市场主要是发展中国家，在发达国家中则无法与苹果、三星等竞争。再如新能源汽车，在政策强有力的支持下，2017 年国产新能源汽车整车制造企业发展到 200 多家，综合竞争力仅次于韩国、德国、日本，与美国并列第四[1]，但这主要是依靠政策支持和数量优势形成的竞争力，国内新能源汽车龙头企业比亚迪在国际竞争力上明显落后于美国、德国、日本、韩国的新能源汽车龙头企业，随着美国、日本、欧盟等国家或地区一些国际著名车企全力发展新能源汽车，中国新能源汽车制造企业在国内外市场均会受到强烈冲击。

中国绿色新动能经济领域在全球有较高竞争力的行业龙头企业不多。当前，通信设备制造、家电、智能手机、新能源汽车、互联网、人工智能、大数据等行业在全球具有一定竞争力的国内龙头企业有华为、海尔、联想、小米、美的、格力、比亚迪、阿里巴巴、腾讯、京东等，但是这些企业在全球并非顶级品牌企业，稍有闪失，便可能前功尽弃。当前，中国企业在国际市场保持较强竞争力的华为公司得益于 30 多年的高研发投入——每年研发投入占销售收入的 10% 以上，2017 年研发投入高达 104 亿欧元，占营业收入的 19.2%，在全球居第六位，与全球研发投入前五位的企业（大众、谷歌、微软、三星、英特尔）差距不大，是 2017 年唯一进入全球研发投入排行榜 TOP 50 的中国企业，遥遥领先于国内其他企业[2]。

---

① 中国汽车技术研究中心等编著《中国新能源汽车产业发展报告（2017）》，社会科学文献出版社，2017。
② 《2017 年度全球研发投入 100 强企业排行榜》，搜狐网，2017 年 12 月 18 日，https://www.sohu.com/a/211088546_468675。

二　中国发展绿色新动能经济存在问题的根源

根据马克思关于生产力和生产关系的论述、新制度经济学理论以及人本发展理论，中国发展绿色新动能经济出现上述诸多问题的根源在于不适宜的制度、体制和机制。其中，不适宜的非正式约束（文化、观念、理念等）、正式规则（法律、契约等）及其实施机制（行政、市场等机制）是绿色新动能经济主体发展缓慢、新要素投入不足、结构失衡等问题的核心根源。

（一）认识①不到位

新制度经济学家诺斯认为，普遍存在的非正式约束（行事准则、行为规范、惯例等）形塑人们社会选择之约束的绝大部分，对正式制度及其变迁、经济发展有着深远的影响并起到一定的制约作用②。中国在 20 世纪推进改革开放之前展开全国范围内的大讨论，就是为了解放思想，改变不适宜的观念、理念和意识形态等非正式制度，统一广大人民对改革开放的认识，破除制度变革和发展经济的无形约束障碍。绿色新动能经济是一种新的经济模式与经济形态，受以往观念、理念、意识等的影响，经济主体对发展绿色新动能经济的认识不到位。

1. 绿色理念不强

绿色理念与经济发展水平、执政思路、考核机制、发展目标等休戚相关。1978～2000 年，中国经济水平很低，政府官员、绝大部分学者和民众没有意识到生态环境与资源的稀缺性及其巨大价值，民众以脱贫致富为第一目标，政府以经济建设为中心（后来转变为以 GDP 论英雄），再加上缺乏绿色发展所需要的技术、知识、人才等高级生产要素，以生态环境和资源换取经济增长和收入增长成为全社会共识。此后，率先达到较高收入水平的居民

---

① 这里的"认识"是指与绿色新动能经济密切相关的理念、观念、行事准则等非正式约束。
② 〔美〕道格拉斯·C. 诺斯：《制度、制度变迁与经济绩效》，杭行译，格致出版社、上海三联书店、上海人民出版社，2008。

的消费需求开始升级——从基本生活需求上升到包括良好生态环境在内的美好生活需求，生态环境保护和绿色发展意识逐渐觉醒，所以 2011 年前后环境污染问题成为全国居民关注的焦点问题之一。2015 年中央提出包括绿色在内的五大发展理念；近年来习近平总书记不断深化阐述"两山"理论，中国自上而下全面推广绿色发展理念。但是，路径依赖使传统发展理念依然广泛存在，而且中国整体上还是发展中国家，发展经济仍是大部分地区的核心目标之一，为了实现经济增长和提高财税收入，再加上其他利益纠葛，近年来不少地方政府对生态破坏和环境污染仍然持睁一只眼闭一只眼甚至纵容的态度，众多企业的绿色发展理念未能逐步形成，环保督查发现生态破坏和环境污染等重大事件不足为奇①。此外，中国大部分居民的收入水平不高，还有不少低收入和贫困人口，这些收入较低居民的需求还处于较低层级，对良好生态环境的需求很弱甚至没有，绿色理念非常淡薄。薄弱的绿色消费与绿色投资理念导致绿色需求、投入与供给不足。

2. 创新文化缺失

创新文化的形成需要良好的土壤，如创新型人才教育与培养体制机制、可以自由表达和展现自我的舞台、宽容奇思妙想和创新失败的社会意识等。而且，创新文化的形成需要较长时日。中国自 2015 年才开始大力提倡创新，尚未营造创新文化形成所需的环境，创新文化还相当缺失，导致创新型经济主体发展严重不足，创新投入较少。

其一，企业创新文化缺失。改革开放以来，中国企业发展基本上是"拿来主义"和外延式发展模式——通过寻找、追随、模仿成功的先行者，以及国家政策导向决定进入哪个行业和生产什么，所以不管是生产还是出口都经常出现扎堆跟风现象。不利于创新的企业组织和激励机制②，以及行政化领导型管理模式也严重阻碍了企业创新文化的形成和发展。过多的政策和

---

① 例如，2016 年甘肃省祁连山国家级自然保护区生态环境问题问责 100 人，包括省部级干部 3 人、厅级干部 21 人、处级干部 44 人、科级及以下干部 32 人。

② 中国的企业组织机构一般采用科层制或近似的科层制，普通员工与高层管理者隔离比较严重，而且缺乏员工利益维护组织，以及企业发展的利益分享激励机制。

行政干预也是企业创新文化形成的另一大障碍。过去的40年里，中国通过长期自主研发、制度变革做大做强的企业寥若晨星，而假冒、仿冒、山寨版甚至堂而皇之地出现在淘宝、拼多多等知名电商平台，使为数不多的长期坚持自主创新、苦心经营的品牌企业深受其害。

其二，个人创新文化缺失。个人创新意识、创新能力的形成离不开良好的家庭和学校的创新文化，家长的过度呵护、学校的应试教育扼杀了中国青少年的创新精神与创新能力。中国的家长式家庭教育很普遍，家长习惯用命令而非平等沟通交流的方式引导孩子的思想和行为习惯，喜欢为孩子做出各种选择，一个小品中小女孩的一句台词很形象地道出了中国式教育——"有一种冷叫外婆觉得你冷"。习惯了听从家长安排的孩子在成长过程中逐渐丧失了判断能力和选择能力，怎么会有创新意识和创新能力？广大中小学在应试教育的路上越走越远，奇思妙想尚未出笼便被扼杀——学校以提高学生考试成绩为核心甚至唯一目标，老师的职责就是教会学生尽快掌握各种"标准答案""标准套路"，学生学习的唯一目标就是考高分，想象力因没有发挥和成长的空间而衰减甚至消失，学习兴趣和热情也在枯燥乏味中衰退，以致上大学后无心学习的学生越来越多，创新所需的想象力、学识、素养等普遍较差，高等教育难以培养大批创新型人才。

3. 创业意识不够

由于创业的机会减少、风险上升、预期收益下降以及商人的社会地位下降等原因，当前中国年轻人的创业意愿普遍不高，与20～30年前的下海潮以及10多年前的"海归"创业潮形成鲜明对比。尽管从事电商、微商、代购的人很多，但大部分人并未视此为创业（事业追求）。中国当前创业意愿最高的是在校大学生，但最终选择创业的大学生占比仅为3%左右，远低于美国的20%～30%。不少关于中国大学生就业的调查结果显示，大部分大学生在求职时希望能够找一份收入较高且稳定、工作环境与条件较好、离家较近的工作，越来越多的大学生青睐行政部门、事业单位、央企和知名地方国企，公务员和事业编制报考越来越火爆。社会对创业的评价也在发生变化：以前大部分人认为能创业的都是能人，而当前大部分人则认为找不到好工作才去创业。创业意识不足也是创新型主体发展不足的重要根源。

（二）法治不健全

良好的法治环境是绿色新动能经济健康发展的必要条件，尽管近年来中央大力推进法治建设，法治环境不断改善，但尚不健全，对绿色新动能经济主体及其投入的激励不足。

1. 立法不健全

首先，资源与生态环境保护立法不健全。中国现行的《矿产资源法》《水资源法》《国土资源法》《能源法》《公司法》等法律法规未能明晰矿产、水、土地、能源等自然资源的产权，而《环保法》《水污染防治法》《大气污染防治法》《海洋环境保护法》等对环境污染的惩罚不够严厉，不利于自然资源与能源的高效利用、保护性利用和节约利用。此外，《生态环境损害赔偿法》《土壤污染防治法》等重要法律尚未制定。

其次，激励创新发展的法律法规不健全。新动能必须依靠创新，从国外一些实现了创新发展的发达国家的经验来看，创新不仅需要良好的创新文化，而且离不开激励、引导创新活动和保护创新成果及权益的法律法规。中国促进创新主要依靠政策，而非法律法规。中国当前关于知识产权保护的法律有《知识产权法》《商标法》《专利法》《版权法》《著作权法》《反不正当竞争法》等，也有相关实施条例、实施细则等法规。但这些法律法规对知识产权所有者相关权益的保护力度有待加大，对侵犯知识产权的责任与惩罚也有待强化。此外，互联网高速发展给知识产权保护带来了众多挑战，不仅已有的法律法规需要与时俱进，而且需要出台《互联网法》严厉打击互联网领域的知识产权侵权行为，以推进"互联网＋"创新发展战略。

最后，司法与执法组织法律法规不健全。良好的司法与执法首先需要完善的立法保障、约束和规范。当前，中国的《人民陪审员法》《检察官法》《法官法》等法律尚未制定，《检察院组织法》《法院组织法》《行政诉讼法》等需要修改完善，以健全司法与执法组织，规范司法与执法人员的资格，约束司法与执法人员的行为。

2. 司法待改进

第一，司法组织有待改进。由于国家大力推进绿色发展、创新发展战略是近年来的事情，司法组织尽管也在尝试革新，但不能完全适应新的形势，难以为绿色新动能经济的发展提供充分的司法保障。最高人民法院最新发布的《中国法院知识产权司法保护状况（2017年）》白皮书显示，我国知识产权司法保护力度全面加大。2017年全国法院新收各类知识产权案件237242件，审结225678件，比2016年分别上升33.50%和31.43%；在推进北京、上海、广州3家知识产权法院建设的同时，最高法院又先后批复在南京、苏州、武汉、西安等15个城市设立跨区域管辖的知识产权专门审判机构。但是，知识产权管辖权以及法院上诉体制机制有待进一步完善，要更好地发挥中华全国律师协会在高效、低成本解决知识产权纠纷方面的作用①。

第二，司法人员素质有待提高。由于历史原因，当前我国不少司法人员在环境保护、知识产权保护等方面的法律知识、素养、能力与工作经验不足，司法工作容易出现疏漏，尤其是对台生态环境损害、知识产权侵害等需要扎实的综合知识与素养的案件审理。所以，需要大力推进法官、检察官正规化、专业化、职业化建设。

第三，司法活动的独立性有待提高。高效、廉洁、独立、公正的司法机构是法律法规发挥应有作用的关键。当前，中国的检察院、法院等司法机构的独立性相对较低，容易受地方保护主义影响和行政干预，判决经常出现明显的"赔偿低"问题，法律对生态环境污染行为、知识产权侵害行为的威慑力较弱。2000~2013年，全国环境公益诉讼案件竟然不超过10件，其原因不言而喻。

---

① 美国的专利纠纷一般由联邦巡回法院审理，联邦巡回法院的介入，减少了审理前的司法管辖权冲突，使专利制度更加稳定；律师间协商解决纠纷是美国处理知识产权纠纷案的一大特色，可以有效化解案件审理时间长、代理费和诉讼费高的问题，美国知识产权法律律师协会起到了重要作用。这些做法值得借鉴。

3. 执法不力

尽管近年来我国在"依法行政"方面取得了一定进展，但由于执法人员法律意识淡薄、法律素养不高、"长官意识"和"人情交易意识"广泛存在、执法权力难约束和监督等原因，越权执法、随意执法、粗暴执法、消极执法等现象时有发生，不少企业与个人的生态环境损害行为、知识产权侵害行为肆无忌惮，不利于激励环境友好、资源节约和创新性行为。

4. 守法意识淡薄

中国是一个比较典型的"人情社会"，一些社会成员的法律知识水平和法律素养较低，通过"人情交易"解决麻烦（包括违法犯罪行为暴露）也是目前存在的一种社会意识。而高效、廉洁、公正的司法和执法制度缺失强化了某些社会成员的"人情交易"意识和行为，个别企业与个人守法意识淡薄。尽管近年来我国的法治建设进程不断推进，但"人情交易"的社会意识具有强大的惯性，不那么容易消失，这不利于绿色发展、创新发展和绿色新动能经济的形成。

（三）机制未理顺

发展绿色新动能经济，离不开适宜的制度实施机制，即充分发挥行政、市场和社会三者的作用。绿色新动能经济是一种新模式，与此相适应的行政管理体制、市场机制、社会组织等短期内难以建立健全，使相应的非正式约束和正式制度难以较好地发挥其引导、激励和约束作用。

1. 行政管理体制不成熟

2018 年组建的生态环境部将统一行使生态和城乡各类污染排放监管与行政执法职责，主要意图是解决以前存在的"九龙治水"、多头治理、监管者和所有者区分不清等问题，但是资源整合、机构调整、职责分工等内部管理体制机制还需要较长时间才能理顺。此外，生态环境部执法部门与公安部等部门的联合执法机制还需要进一步探索完善。

推进创新发展涉及人大、科技、国资、工信、财政、发改等众多部门和机构，当前还没有一个成熟的体制机制来促使诸多部门和机构形成合力。高校、科研院所的行政化程度较高，科研活动的市场化程度较低等导致科技创新及其转化效率低下。

2. 市场机制发育不充分

为了利用市场机制解决生态环境损害的外部性问题，中国开展了水权交易、林权交易、污染排放权交易、碳排放权交易、碳汇交易、生态补偿交易等市场机制试点探索工作，并取得了一些进展，但上述市场机制还处于初步探索阶段，发挥的作用很微弱。

我国的创业投资市场、证券市场（创业板和新三板）等处于起步阶段，创新、创业融资相当困难。《2016中国大学生创业报告》显示，45.5%的中国大学生创业计划因资金问题难以付诸实践。新三板交易不活跃、主板和创业板上市审批制等导致创投的退出途径不通畅，创投市场的规模、成熟度与发达国家相比存在很大差距，金融市场对创新发展的支持力度有限。

3. 社会组织发展较缓慢

与发达国家相比，中国在环保、科技、创业等方面的社会组织力量相当薄弱且发展缓慢。2012年，中国共有7800多个民间环保组织，但有稳定经费来源、会员较多、影响力较大的民间环保组织极少。例如，中国民间环保组织领军者"自然之友"当前有2万多会员，而成立于美国的"地球之友"早在2002年全球就有超过100万会员和支持者。在中央推进生态环境大保护的背景下，中国民间环保组织在参政议政、环保立法、环保司法与执法、环保监督等方面发挥着越来越大的作用，但要真正成长为保护环境权益的基本力量，则还有很长的路要走。

本章执笔人：盛三化

第六章
发展绿色新动能经济面临的机遇与挑战

新中国成立以来有了近70年的经济发展，特别是改革开放之后40年的快速发展，中国创造了令世人瞩目的经济奇迹。然而，在经济快速增长的同时，也长期伴随着发展不平衡、不协调和不可持续等问题，特别是粗放式发展模式带来了严重的环境问题。这种发展模式或许在经济发展初期是可行的，因为它基本解决了人们的物质生活问题。但是，在我国经济规模已经达到全球第二的今天，既要满足人们对高质量生活的要求和对美好生活的向往，也要保障经济可持续快速发展，就必须主动进行经济动能转换。因此，绿色新动能经济成为必然的经济动能转换方向，是推进绿色发展及生态文明建设等战略的必然要求，也是绿色与发展协调推进的必然路径。

一　发展绿色新动能经济面临的机遇

（一）世界各国对绿色发展的共识为发展绿色新动能经济带来机遇

自工业革命以来，生产效率的快速提高直接推动了人类物质文明的极大丰富，同时也加速了对自然资源的掠夺和废弃物的排放，带来了各种严重的环境问题。全球气候变暖问题就是一个典型的综合性的环境问题。1992年6月，为了应对该问题，联合国通过了《联合国气候变化框架公约》（UNFCCC），确定最终目标是要把大气中的温室气体浓度稳定在一个安全水平，并降低至足够使生态系统自然适应全球气候变化，确保粮食生产不受威胁，使经济能够实现可持续发展。1997年12月，又通过了作为附件的《京

都议定书》，规定了 38 个工业化国家具有法律约束力的限排任务，承诺
2008～2012 年温室气体排放量比 1990 年的排放水平平均降低 5.2% 左右。
由于各个国家的发展程度存在差异和历史排放水平不同，该框架公约实行的
是"共同但是有区别的责任"原则，使各缔约国产生了较大争议。如 2012
年后美国和加拿大先后宣布退出该公约，但是长期来看，延缓气候变暖的方
向仍然是大势所趋。迫于国际碳减排压力，我国政府于 2009 年在哥本哈根
气候峰会上承诺，到 2020 年，我国二氧化碳排放总量比 2005 年下降 40%～
45%。

　　面对日益严重的环境问题，世界各国政府对绿色发展达成了广泛共识，
并采取了积极的应对措施，设计了各种各样的制度来干预经济行为以改善生
态环境。例如，在空气污染治理方面，美国 1955 年、1963 年和 1967 年分
别通过了《空气污染控制法》《清洁空气法》《空气质量法》，之后又三次
对《清洁空气法》进行了补充和修订，构建起保证清洁空气的长效机制；
英国 1956 年和 1974 年分别通过了《清洁空气法案》和《控制公害法》，囊
括了从空气到土地和水域的保护条款，使伦敦逐步摘掉了"雾都"的帽子；
中国自 2012 年以来先后发布了《重点区域大气污染防治"十二五"规划》
《大气污染防治行动计划》《国家应对气候变化规划（2014～2020 年)》等。

　　近年来，环境问题已经得到我国政府的高度重视，国家已经明确将
"生态文明"上升到与"物质文明"和"精神文明"同等的高度。同时，
国际应对气候问题的《京都议定书》建立了国际排放贸易机制（IET）、联
合履行机制（JI）和清洁发展机制（CDM）三个合作机制，为发展中国家
发展绿色新动能经济提供了较好的外部环境，可以通过碳税或碳关税、碳排
放权交易或碳汇交易、清洁技术创新等多种途径迫使产业转型和经济动能转
换，实现"绿水青山就是金山银山"的发展目标。

（二）新一轮技术革命和产业革命为发展绿色新动能经济带来机遇

　　随着世界各国对全球气候问题的重视和环境治理要求的不断提高，以及
互联网等信息技术的快速发展，与新能源、新材料等密切相关的新一轮技术

革命和产业革命正在酝酿之中。新技术方面。一是3D打印技术。将对制造业产生革命性影响的3D打印技术已经在多方面取得突破，如美国的药物打印、英国的高效石墨烯电池打印、澳大利亚的脑组织和太阳能电池打印、中国的金属直接烧结成型打印等。二是人工智能技术。机器人、新能源汽车、无人机等高端智能化产业获得了快速发展，这些产业将对人们现有的生产生活方式产生革命性的影响。三是新能源技术。可燃冰、页岩气、太阳能、风能等新能源技术的突破能够解决人类可持续发展的能源瓶颈问题，也是解决日益严重的环境问题的重要途径。新产业方面。一是互联网衍生产业。大数据、区块链、快捷支付、共享经济等新产业蓬勃发展，能够极大地节约资源、提高生产效率和生活品质。二是绿色环保产业。绿色产业、环保产业、低碳经济、循环经济等新产业模式的发展是绿色新动能经济发展的重要方向和载体。三是新能源产业。由新能源技术带来的新产业具有巨大的潜力和发展空间，可燃冰、页岩气、太阳能、风能等产业发展已经具有一定的规模，这正是未来经济可持续发展的新方向。

近年来，各种新技术和新产业层出不穷、日新月异，为发展绿色新动能经济提供了无限的空间和机遇。环境治理在污染预防、能源节约和末端治理等生产生活的各个环节都依赖于技术创新，很多国家纷纷推出了应对气候变化并向以低碳经济转型为核心的绿色发展规划，试图通过"绿色经济"和"绿色新政"，在新一轮经济发展进程中促进经济转型，实现自身的可持续发展。美国明确提出，要确保在清洁能源及能源效率等新兴工业中保持全球的领导地位，并承诺政府将支持科学家和工程师专注于解决清洁能源领域的难题，并称之为新时代的"阿波罗计划"。中国必须抓住这一千载难逢的历史机遇，发展绿色新动能经济，抢占新一轮全球竞争的"制高点"，以迎战决定未来国运的全球"绿色竞争"。2016年，我国制定的《"十三五"国家战略性新兴产业发展规划》明确提出，到2020年，使战略性新兴产业增加值占国内生产总值的比重达到15%，形成新一代信息技术、高端制造、生物、绿色低碳、数字创意5个产值规模为10万亿元级的新支柱，并在更广领域形成大批跨界融合新的增长点；到2030年，战略性新兴产业发展成为推动我国经济持续健康发展的主导力量，我国成为世界战略性新兴产业重要的制造中心和创新中心，形成一批具有全球影响力和主导地位的创新型领军企业。总之，新技术和新产业的出现为发展绿色新动能经济提供了重要的历史机遇，也是未来全球经济竞争取得成功的关键因素。

（三）确定建设美丽现代化强国新目标为发展绿色新动能经济带来机遇

党的十九大报告明确提出了"加快生态文明体制改革，建设美丽中国"的新要求。认为人与自然是生命共同体，必须和谐相处才能实现人类的可持续发展，所以人类在生产生活过程中要遵循自然规律，要学会尊重、顺应和保护自然。报告还指出，我们要建设的现代化是人与自然和谐共生的现代化，既要创造更多物质财富和精神财富以满足人民日益增长的美好生活需要，也要提供更多优质生态产品以满足人民日益增长的优美生态环境需要。

报告提出了以下四个方面的发展方向。一是推进绿色发展。加快建立绿色生产和消费的法律制度与政策导向，建立健全绿色低碳循环发展的经济体系。构建市场导向的绿色技术创新体系，发展绿色金融，壮大节能环保产业、清洁生产产业、清洁能源产业。推进能源生产和消费革命，构建清洁低碳、安全高效的能源体系。推进资源全面节约和循环利用，实施国家节水行动，降低能耗、物耗，实现生产系统和生活系统循环链接。倡导简约适度、绿色低碳的生活方式，反对奢侈浪费和不合理消费，开展创建节约型机关、绿色家庭、绿色学校、绿色社区和绿色出行等行动。二是解决环境问题。加快水污染防治，实施流域环境和近岸海域综合治理。强化土壤污染管控和修复；加强农业面源污染防治，开展农村人居环境整治行动；加强固体废弃物和垃圾处置，提高污染排放标准，强化排污者责任，健全环保信用评价、信息强制性披露、严惩重罚等制度；构建政府为主导、企业为主体、社会组织和公众共同参与的环境治理体系。三是保护生态系统。实施重要生态系统保护和修复重大工程，优化生态安全屏障体系，构建生态廊道和生物多样性保护网络，提升生态系统质量和稳定性；完成生态保护红线、永久基本农田、城镇开发边界三条控制线划定工作；开展国土绿化行动，推进荒漠化、石漠化、水土流失综合治理，强化湿地保护和恢复，加强地质灾害防治；完善天然林保护制度，扩大退耕还林还草；严格保护耕地，扩大轮作休耕制度试点，健全耕地、草原、森林、河流、湖泊休养生息制度，建立市场化、多元化生态补偿机制。四是改革生态环境监管体制。加强对生态文明建设的总体设计和组织领导，设立国有自然资源资产管理和自然生态监管机构，完善生态环境管理制度；构建国土空间开发保护制度，完善主体功能区配套政策，建立以国家公园为主体的自然保护地体系。坚决制止和惩处破坏生态环境的行为。

可以预见，随着建设美丽现代化强国新目标的推进，这些配套政策的不断实施，会极大地推动绿色技术和绿色产业的发展壮大。严格的环境治理和生态保护政策，迫使高污染、高耗能企业通过技术创新推动生产方式转型，在提供优质生态产品的过程中会产生新技术、形成新业态、培育新产业，进而推动绿色新动能经济的发展。

（四）打赢污染防治攻坚战为发展绿色新动能经济带来机遇

近年来，我国加大了环境保护和环境治理的力度，传统经济动能仍然使生态系统面临较大的压力。《中国统计年鉴 2017》数据显示，2016 年我国废水排放量为 711.09 亿吨，废水中主要污染物化学需氧量排放量为 1046.53 万吨，氨氮排放量为 141.78 万吨，总氮排放量为 212.11 万吨，废气主要污染物 SO_2 排放量为 1102.86 万吨，氮氧化物排放量为 1394.31 万吨，烟（粉）尘排放量为 1010.66 万吨；环境污染治理投资总额为 9219.80 亿元，城市环境基础设施建设投资额为 5412.02 亿元，工业污染源治理投资额为 841 亿元。根据《2017 中国生态环境状况公报》，2017 年全国能源消费总量为 44.9 亿吨标准煤，比 2016 年上升 2.9%；全国仍有 70.7% 的地级市空气质量超标。巨量的废水废气排放对我国空气、水系、森林、土壤等人类赖以生存的自然环境均造成了较为严重的破坏，环境治理和生态恢复是一个缓慢且复杂的过程，需要先进的环境科学技术、持久的巨额资金投入和有效的制度安排等，而且有些生态破坏是不可逆的，对人类的损失也是不可估量的，所以我国污染防治攻坚战的任务既迫切又艰巨。

党的十九大报告明确提出了要打赢污染防治攻坚战的战略要求，从国家层面到地方层面均出台了较多的应对政策。一是加强环境立法。2015 年国家修订了《环境保护法》，并明确"环境保护坚持保护优先、预防为主、综合治理、公众参与、污染者担责的原则"。在政府监管、信息公开、环境监测、跨区防治、公益诉讼、总量控制、从严处罚等方面做了系统的规定或修订。二是严格的排放监管和官员问责制度。国家正在建立严格的污染排放监管体系，探索自然资产负债表的编制和自然资源资产台账的建立，严格监管自然资源变动情况，将根据自然资源资产变动情况对政府官员进行离任考核和终身责任追究。三是广泛推动国际合作。如全面禁止洋垃圾的进口、建立绿色贸易保护壁垒、参与全球碳排放权和碳汇交易等。四是跨区域联防联控机制。环境问题需要跨区域合作，特别是空气和水的治理与保护。如河长制在全国范围内的全面推行，长江经济带发展战略提出要搞大保护、不搞大开发的发展思路。五是全国各地政府建立了不同类型的生态保护示范区。如两型社会示范区、低碳经济示范区、循环经济示范区、生态文明建设示范区、自然资源资产负债表核算试点城市、全国文明卫生城市等建设，可以探索污染防治及绿色发展的新制度和新方法。总之，针对打赢污染防治攻坚战的这些政策，可以极大地促进绿色新动能的形成，为发展绿色新动能经济带来新的机遇。

（五）明确推进经济发展动力变革为发展绿色新动能经济带来机遇

2017 年 1 月，国务院办公厅印发的《关于创新管理优化服务培育壮大经济发展新动能加快新旧动能接续转换的意见》指出，我国经济发展进入新常态，创新驱动发展战略深入实施，"大众创业、万众创新"蓬勃兴起，呈现技术更迭快、业态多元化、产业融合化、组织网络化、发展个性化、要素成果分享化等新特征，以技术创新为引领，以新技术、新产业、新业态、新模式为核心，以知识、技术、信息、数据等新生产要素为支撑的经济发展新动能正在形成。加快培育壮大新动能、改造提升传统动能是促进经济结构转型和实体经济升级的重要途径，也是推进供给侧结构性改革的重要着力点。为破解制约新动能成长和传统动能改造提升的体制机制障碍、强化制度创新和培育壮大经济发展新动能、加快新旧动能接续转换，分别从提高政府服务的能力和水平、探索包容创新的审慎监管制度、激发新生产要素流动的活力、加强支撑保障机制建设等方面制定了二十条保障措施。党的十九大报告指出，要瞄准世界科技前沿，强化基础研究，实现前瞻性基础研究、引领性原创成果重大突破。加强应用基础研究，拓展实施国家重大科技项目，突出关键共性技术、前沿引领技术、现代工程技术、颠覆性技术创新，为建设科技强国、质量强国、航天强国、网络强国、交通强国、数字中国、智慧社会提供有力支撑。深化科技体制改革，建立以企业为主体、市场为导向、产学研深度融合的技术创新体系，加强对中小企业创新的支持，促进科技成果转化。倡导创新文化，培养造就一大批具有国际水平的战略科技人才、科技领军人才、青年科技人才和高水平创新团队。总之，国家明确推进经济发展动力变革的一系列措施，会极大地提升我国技术创新的速度和规模，并通过创新驱动战略来推进经济动力变革，从而推动供给侧结构性改革和高质量经济发展。新技术的不断涌现也为绿色新动能经济发展奠定了基础并带来了机遇。

（六）各地经济转型为发展绿色新动能经济带来机遇

在国家"五位一体"的总体布局、"四个全面"的战略布局，以及"五大发展理念"的指导思想下，全国各地相继出台了促进经济转型发展的措施，加快体制机制创新，促进产业转型和技术创新，推动经济向高质量经济发展转变。如山东省成为国家首个新旧动能转换综合试验区。2018 年国务院《关于山东新旧动能转换综合试验区建设总体方案的批复》指出，以供给侧结构性改革为主线，以实体经济为发展经济的着力点，以新技术、新产业、新业态、新模式为核心，以知识、技术、信息、数据等新生产要素为支撑，积极探索新旧动能转换模式，推动经济发展质量变革、效率变革、动力变革，提高全要素生产率，着力加快建设实体经济、科技创新、现代金融、人力资源协同发展的产业体系，推动经济实现更高质量、更有效率、更加公平、更可持续的发展，为促进全国新旧动能转换、建设现代化经济体系做出积极贡献。试验区要加快提升济南、青岛、烟台的核心地位，以其他 14 个设区市的国家级和省级经济技术开发区、高新技术产业开发区以及海关特殊监管区域等为补充，形成三核引领、区域融合互动的新旧动能转换总体格局。近年来深圳、武汉、重庆等地区通过创新驱动战略，在发展绿色新动能方面取得了一定成绩，特别是长江经济带战略的实施为推动沿线各地向绿色新动能经济转型指明了方向。

　　另外，近年来爆发的"抢人大战"也将推动经济的协调平衡发展，为促进各地区绿色新动能经济发展提供智力支撑和人才保障。为了满足人民对美好生活的需要，各地区都在加快产业结构调整和经济发展转型的速度，创新驱动和绿色发展是必然的路径，因此也为我国发展绿色新动能经济带来了机遇。

二　发展绿色新动能经济面临的挑战

（一）中美贸易战等国际竞争加剧为发展新动能经济带来挑战

　　长期以来，中美贸易争端不断，特别是 2018 年以来，中美贸易战不断升级。2018 年 1 月 23 日，美国宣布将对进口太阳能电池和太阳能板以及大型家用洗衣机征收临时性关税。3 月 8 日，美国宣布将对进口钢铁和铝分别课以 25% 和 10% 的重税。3 月 22 日，美国宣布因知识产权侵权问题对中国商品征收 500 亿美元关税，并实施投资限制；同时，中国针对美国进口钢铁和铝产品 232 措施的中止减让产品清单，计划对价值 30 亿美元的美国产水果、猪肉、葡萄酒、无缝钢管和另外 100 多种商品征收关税。4 月 2 日起，中国对原产于美国的 7 类 128 项进口商品中止关税减让义务，在现行适用关税税率的基础上加征关税，对水果及制品等 120 项进口商品加征关税的税率为 15%，对猪肉及制品等 8 项进口商品加征关税的税率为 25%。7 月 6 日，美国开始对中国进口的价值 340 亿美元的 818 项产品征收额外 25% 的关税，另外 160 亿美元的 284 项拟征税产品将在公开通知和评论过程中进一步审查。同时，中国也对价值 340 亿美元的 545 项美国进口产品实施额外征税。8 月 23 日，美国对中国约 160 亿美元商品加征 25% 关税正式实施，中国同步实施了同等额度的反制措施。美国的征税清单侧重于工业部门对"中国制造 2025"产业政策有贡献或受益的产品，包括航空航天、机器人、新材料和汽车等行业，不包括美国消费者通常购买的商品，如手机或电视机。美国还威胁下一步可能会分别对中国 2000 亿美元和 3000 亿美元的进口产品征税，可见中美贸易战呈现激烈的趋势。

面对国际经济竞争日益激烈的局面，出口下降也会带来经济下行的压力，而美国加征关税的领域均是未来经济竞争的关键领域，高额的关税会限制我国高科技创新的速度。一方面，高额的关税会推高相关产品在美国市场的销售价格，降低中国产品的市场竞争力，进而导致市场份额降低，使相关企业利润减少，限制这些企业的发展速度；另一方面，技术创新需要长时期的高投入，市场规模缩小会增大技术创新产品的市场风险，极大地限制中国相关企业技术创新和转型升级的速度。绿色新动能经济依赖于新技术、新材料和新产业的推动，因此，中美贸易战对我国技术创新的遏制，必然会给绿色新动能经济的发展带来严重的挑战。

（二）美国退出巴黎气候协定为发展绿色新动能经济带来挑战

《巴黎协定》是《联合国气候变化框架公约》的近 200 个缔约方在 2015 年 12 月举办的巴黎气候变化大会上达成的，于 2016 年 11 月正式生效。《巴黎协定》的达成与快速生效，体现了世界各国共同应对气候变化的广泛共识和强烈政治意愿，成果来之不易。但是，2017 年 6 月 1 日，美国总统特朗普正式宣布退出《巴黎协定》。美国退出《巴黎协定》的直接后果如下：一是《巴黎协定》中确定"2020 年之前发达国家向发展中国家每年支付 1000 亿美元资金，用于发展中国家应对气候变化"的资金无法保障；二是美国不会再履行协定中确定的减排任务。就目前的形势来看，美国的退出受到世界多国的广泛谴责，虽然并未影响协定的继续执行，但是将来可能会带来非常不良的影响。一是气候问题需要全球各国的广泛参与，作为世界第一经济大国不仅不承担和履行自己的职责，反而希望搭其他国家付出努力控制气候变暖的"便车"，没有起到好的带头作用，进而可能会形成"囚徒困境"，最终令《巴黎协定》瓦解。二是美国的退出可能让人重新怀疑温室效应导致气候变化的科学性。人类行为的温室效应导致全球气候变暖的科学性一直存在反对的声音，气候变化的原因非常复杂，可能并未被科学家完全认知，世界各国既要发展经济又要保护环境，这是需要付出代价的，如果这种代价不能确定能否达成目标，可能会促使一些国家也退出《巴黎协定》。

对我国而言，美国退出《巴黎协定》会延缓国际联合减排进程，破坏低碳发展国际共识，使我国发展低碳经济的外部环境恶化。我国面对严重的环境问题，加强环境保护、加快经济转型刻不容缓，如果失去国际上的支持和援助，就会给国内经济转型造成更大的压力和负担。相对于其他发展中国家来说，我国可能需要承担大国责任，要给予其他发展中国家一定的经济援助，从受助国向援助国转变，这也会形成一定的经济压力。总之，美国的退出会给我国经济转型带来较大的压力，从而影响绿色新动能经济的形成和发展速度。

（三）中国经济继续面临下行压力为发展绿色新动能经济带来挑战

近年来，我国 GDP 增速总体呈现不断下降的趋势。2013～2017 年 GDP 增速分别为 7.8%、7.3%、6.9%、6.7% 和 6.9%，相对而言已经出现了较大幅度的下滑。随着国内供给侧结构性改革和绿色经济发展转型等战略的实施，以及中美贸易战等国际经济形势的变换，我国经济会继续面临下行的压力。当前，我国经济体量已经达到世界第二，原来低成本、低效率和高能耗的发展模式，使现有的资源环境难以继续支撑高速的经济发展。此时，适当放缓经济增速，培育新动能促进经济转向高质量发展，美化生活环境提高民众生活质量，也是比较好的时机。但是中国经济继续下行会不断暴露发展中隐藏的问题，可能会给发展绿色新动能经济带来一定的挑战。

经济不断下行会直接导致财政收入减少、企业破产增加、就业岗位减少、资金供应紧张等，进而可能迫使地方政府的政策出现反复。如经济继续下行超过一定范围，失业、财政赤字、民生、政府债务等问题就会凸显，各级政府就会有稳增长的压力，可能又会不断采用释放资本流动性、增加基础设施建设等刺激经济政策，传统动能会继续强化发展，从而阻碍新旧动能转换，在增长与绿色出现冲突时绿色可能就没有那么重要，毕竟满足民众"吃饱"比"吃好"的需求更迫切。总之，中国经济继续下行会给政府带来稳增长的压力，为了实现稳增长可能会采取刺激传统动能继续发展的方式，进而延缓了新旧动能的转换，也为发展绿色新动能经济带来了挑战。

（四）经济结构调整阵痛为发展绿色新动能经济带来挑战

我国经济正处在增长速度换挡期、结构调整阵痛期、前期刺激政策消化期"三期叠加"阶段，经济中高速增长将成为新常态。结构调整阵痛是导致当前经济下行的重要原因，除此之外，还会导致一些企业破产进而形成一定程度的失业潮，是一个利益重组和再分配的转型时期。在经济结构调整过程中不可避免地会形成阵痛期，通过关、停、并、转等方式迫使产业转型升级，将低效率、高耗能产业转向高效率、低耗能产业，将高污染产业转向绿色环保型产业，加强环境保护和生态修复，促进绿水青山和金山银山协调发展，是当前中央各项政策的目标，也是我国经济可持续发展的必然方向。

经济结构调整阵痛是供给侧结构性改革和新旧动能转换的必然阶段，也是发展绿色新动能经济的必经过程。在此期间，必然会引来利益受损者的怀疑和反对，形成对发展绿色新动能经济的阻碍因素。一是污染性企业可能转而用更为隐蔽的方式生产，造成对环境的深度破坏。二是污染性企业可能会对政府官员或检测机构行贿，通过寻租行为让污染行为合法持续。三是相关民众可能因暂时的失业对政府形成压力，影响政策的执行力度和效率。四是绿色新动能的形成和发展需要一个过程，如果新动能长期不能弥补旧动能衰退腾出的增长空间将会给政府带来极大的社会压力。总之，发展绿色新动能经济需要新技术、新业态、新模式、新产业等要素的支撑，这些新要素的形成需要时间，所以经济结构调整阵痛会成为发展绿色新动能经济的挑战。

（五）"高成本时代"的到来为发展绿色新动能经济带来挑战

中国经济已经进入"高成本时代"。一是生产要素成本全面上升。生产要素成本包括土地成本、原材料成本、能源成本、劳动力成本和资金成本等。二是节能减排成本增加。节能减排成本包括资源节约成本、环境保护成本、生态建设成本等。三是交易成本不断增加。交易成本主要包括物流成本、税费成本、知识产权保护和购买成本、其他无形交易成本等。"高成本时代"的到来带来了一系列挑战，如大量中小企业面临生存压力，许多高耗能、高排放行业面临转型升级压力，出口行业和产品面临国际竞争压力，现有发展模式面临转型压力。重点是"高成本时代"非常不利于创新创业的发展。一是高成本限制了中小企业的生存空间。高成本使企业利润下降，本来面对生存压力的众多中小企业的淘汰率必然上升，对新产业的发展会产生较为不利的影响。二是高成本提高了创业门槛。特别是一些处于初创期的科技型企业，虽然拥有技术，但是面对较高的劳动力等要素成本，创业压力和风险增大，如果缺乏创业平台，就没有技术创新的收益，也难以对新技术研发进行再投入，一些可能比较好的技术也会被扼杀在摇篮之中。三是高成本降低了研发投入并增大了创新风险。对于一般企业而言，高成本会使企业将更多的收益用于支付必要的生产要素投入，从而减少研发投入，而研发投入的减少会导致研发方向短视，研发出来的新产品可能难以达到市场预期，进而导致技术创新风险增大。四是高成本延缓了企业转型。企业转型升级是需要成本的，高成本会使企业用于转型升级的资金减少，进而放缓企业转型升级的速度。总之，"高成本时代"严重影响了创新创业的发展速度，对新旧动能转换造成了不利影响，也给发展绿色新动能经济带来了挑战。

本章执笔人：王俊

第三篇　案例剖析

第七章
国内区域案例：深圳

一　深圳市基本情况

（一）总体情况

深圳地处广东省南部、珠江三角洲东岸，与香港一水之隔，全市下辖 9 个行政区和 1 个新区，总面积为 1997.27 平方公里。2017 年末，深圳市常住人口达到 1252.83 万人，其中非户籍人口占比为 65.3%，实际管理人口超过 2000 万人。

深圳市的前身最早可追溯至东晋时的宝安县，1953 年因广九铁路而东迁，1979 年 1 月正式撤销宝安县，设立深圳市，当年成立经济特区。1988 年深圳获批国家计划单列市，被赋予省一级经济管理权限，此后随着经济的发展逐渐增设罗湖、福田、南山、龙岗和盐田等行政区。2015 年，中国（广东）自由贸易试验区前海蛇口片区正式挂牌启动；2018 年 2 月，国务院同意深圳市以创新引领超大型城市可持续发展为主题，建设国家可持续发展议程创新示范区。随着改革开放的不断深入和经济结构的持续优化，深圳市已经成为中国经济的中心城市之一，也成为中国大陆经济效益最好的城市之一，经济总量长期列中国大陆城市第四位。

2017 年，深圳市 GDP 达到 22438.39 亿元，同比增长 8.8%，人均 GDP 增长 4%，达到 183127 元，显著高于全国平均水平。目前全市已形成 0.1：41.3：58.6 的三次产业结构格局，金融业、物流业、高新技术产业和文化及相关产业成为四大支柱产业，四大支柱产业增加值合计为 14225.81 亿元，其中高新技术产业增加值达 7359.69 亿元，占比过半。此外，2017 年深圳市固定资产投资为 5147.32 亿元，同比增长 23.8%，其中第三产业占比为 82.29%；社会消费品零售总额为 6016.19 亿元，同比增长 9.1%；商品销售总额为 31486.79 亿元，同比增长 10.1%，其中文化办公用品和体育娱乐用品增长超过 15%，仅次于家电和音响器材的 56%，居民消费在快速变化；货物进出口总额为 28011.46 亿元，同比增长 6.4%，实现顺差 5057.67 亿元，25 年来出口总额一直居大中型城市首位。

（二）主要特点

1978 年以来，深圳一直作为中国改革开放的排头兵，也是最早遭遇城市化过程中环境恶化、资源约束趋紧、要素成本攀升等一系列问题的城市之一。凭借地理与先发优势以及自身的改革措施，深圳在经济转型、发展绿色新动能经济上也形成了自身的特点。

首先是文化包容开放，人才集聚，并形成以企业为主体的技术创新体系。深圳是全国最大的移民城市，吸引着来自五湖四海、观念背景各异的人不断融合，从而形成开放、包容和个性自由的文化环境。深圳市常住人口中超过 60% 是外来人口，其自身的发展优势和人才引进政策每年吸引了大量来自海内外的高校优秀毕业生，文化背景与人才集聚构成创新的软实力和硬实力。据猎聘网统计，2017 年深圳人才净流入率达 5.53%，仅次于杭州。相对于北京、上海和武汉等大中型城市，深圳缺乏高校和科研院所的研究力量，企业承担了大部分科技创新任务。2016 年深圳规模以上工业企业科技经费支出达到

1234.64 亿元，用于 R&D 经费支出、基础研究、应用研究和试验发展，其中 R&D 经费支出占主营业务收入的 2.84%，远高于全国同期 0.94% 的平均水平。2016 年全国规模以上工业企业新产品开发经费支出为 11766.3 亿元，其中深圳占 9.23%，这些企业中华为、中兴在 2017 年全国企业发明专利授权量中分别居第二位和第五位。事实上，民营企业是深圳技术创新的主要动力。

其次是依靠市场与科技建设生态文明，节约资源，保护环境，弱化经济增长的资源环境约束。绿色发展不是以降低经济增长速度和人民生活水平为代价的，深圳通过提高资源利用效率节约资源，依靠技术进步缓解环境压力。2016 年深圳单位 GDP 能耗为 0.394 吨标准煤/万元，单位 GDP 电耗为 694.22 千瓦时/万元，远低于同期国内单位 GDP 能耗 0.71 吨标准煤/万元和单位 GDP 电耗 1000 千瓦时/万元（见图 7-1）。随着经济体量的扩大、人民生活水平的提高以及大量人口的流入，工业与生活污染并没有形成环境问题。一方面，深圳通过"腾笼换鸟"等措施调整产业结构，使环境得到有效改善，2016 年工业 NO_2 排放量为 0.47 万吨，工业氮氧化合物为 1.14 万吨，工业固体废弃物为 142.13 万吨，显著低于国内平均水平。另一方面，深圳通过完善市政环卫设施以及发展环保产业和技术，2016 年全年灰霾天气仅为 27 天，空气、水质、噪声和辐射等环境质量均保持总体良好水平，远优于国内大部分城市，在 2010 年以来生活垃圾增加 100 万吨的背景下，饮用水水质达标率和生活垃圾无害化处理率均为 100%。

最后是小政府，大社会，高水平服务型政府。20 世纪 80 年代"经济特区"时代，深圳开始机构改革，初步形成了大系统管理体系，改革人事管理制度，引进竞争机制；20 世纪 90 年代，深圳转变政府职能，厘清政企关系、政事关系和部门关系，开启行政审批改革，建设法治政府；21 世纪初，深圳深化审批制度改革，推进公共事业市场化改革，基本完成了服务型政府的转型；2008 年以来，深圳遵循简政放权的思路持续推进改革，推行大部制改革，推广公务员聘任制，在创新行政管理体制的同时，通过政府购买提供公共服务，利用市场化手段解决社会管理问题。经过近 40 年的改革，深圳政府的公共服务受到广泛好评，行政改革一直走在全国前面。

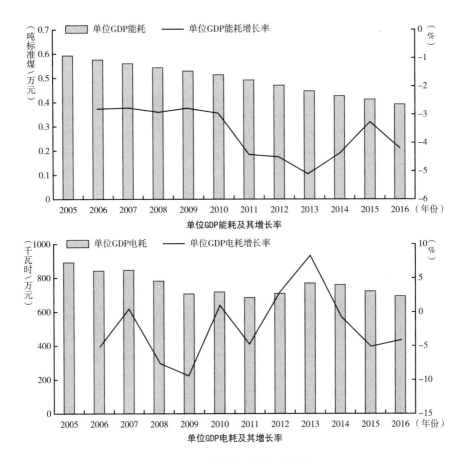

图 7-1　深圳市能源利用效率

资料来源：2017 年《深圳统计年鉴》和《深圳统计公报》。

二　深圳发展绿色新动能经济取得的成效

（一）综合经济实力达到发达国家水平，对旧要素的依赖持续弱化

首先，2017 年深圳综合经济实力达到发达国家水平。从经济质量来看，人均 GDP 达到 18.32 万元，约合 2.8 万美元，已经超过中等发达国家水平；第三产业占比达到 58.6%，已形成"三二一"的产业结构，尽管 2016 年人

口密度达到 5962 人/平方公里，但深圳的城市化水平为 100%；2016 年全员劳动生产率为 22.9 万元/人。从创新能力来看，深圳高新技术产品产值迅速增长，逐步成为支柱产业中的支柱，大中型企业的创新投入远高于全国平均水平，发明专利等创新成果一直位居前列，其中 PCT 国际专利申请量长期位居全国第一。从影响力来看，作为全国四大一线城市之一，2016 年深圳进出口总额为 3984 亿美元，占全国的 10.8%，对外资的依赖程度也在减弱。

其次，经济增长对劳动力和投资等旧生产要素的依赖持续弱化，人口与经济增长的关系趋于协调。2011～2013 年，尽管 GDP 增长速度有所下滑，但 GDP 人口弹性系数一直在 15 以上，这意味着 GDP 的增长速度远高于常住人口的增长速度。2014 年以来，深圳外来人口陡增造成 GDP 人口弹性系数迅速下降，但依旧大于 1，且随着人口流入速度的稳定而缓慢提高（见图 7-2）。一般认为该系数为 1～5 时社会在渐进协调发展，纵向来看，相比改革开放 20 多年前 2.24 的平均水平，深圳市人口与经济增长协调发展有明显的长期趋势。从长期来看，固定资产投资占 GDP 的比重也在持续下降，从 2000 年初的 30% 到 2016 年稳定在 20% 左右。自 2011 年以来，固定资产投资对 GDP 增长的影响在逐渐减弱，二者之间的正相关关系已不再那么明显，GDP 对固定资产投资的弹性较小，从 2011 年的 2.98 下降到 2016 年的 0.48。事实上，深圳的经济增长更依赖于信息技术、互联网以及文化创意产业等重视创新的轻资产行业的发展。

（二）创新赋能新经济，逐步实现绿色发展

新经济发展迅猛，新兴产业集中于信息技术与文化创意产业，但创新的质量略有下降。2017 年深圳市新兴产业增加值合计为 9183.55 亿元，同比增长 13.6%，占 GDP 的比重为 40.9%。2017 年新一代信息技术产业、互联网产业、新材料产业、生物产业、新能源产业、节能环保产业和文化创意产业七大战略性新兴产业增加值均以 12% 以上的速度增长，其中生物产业和互联网产业的增速超过 23%。随着高新技术产业的发展，高新技术产品的

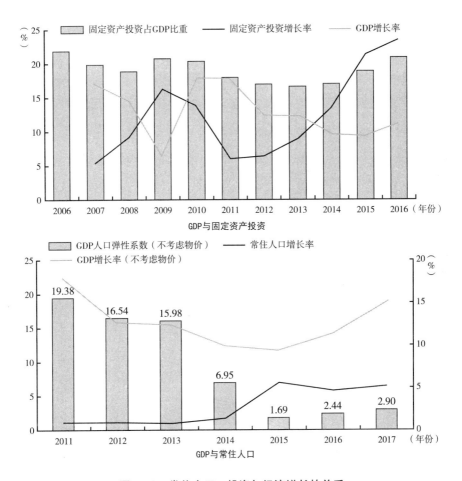

图 7 - 2 常住人口、投资与经济增长的关系

资料来源：2017 年《深圳统计年鉴》和《深圳统计公报》。

出口劣势逐渐弱化，尤其是自 2012 年以来，净进口从 2012 年的 334 亿美元缩减到 2016 年的 154 亿美元。新兴产业迅猛发展的背后是专利申请量的逐年增长，相较于国内其他城市而言深圳的优势明显。2016 年深圳 PCT 国际专利申请量为 19648 件，居全国首位，但无论是专利总申请授权比例还是发明专利授权比例均有所下降，而且在授权的专利中发明专利所占比重也在下降（见图 7 - 3）。

随着新经济和科技的迅速发展，深圳市近十年来能源利用效率持续提高，

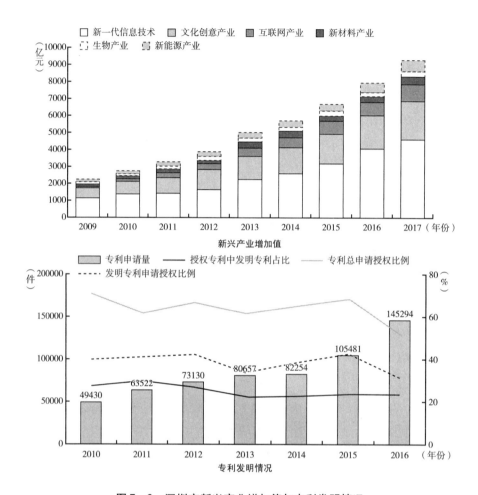

图 7 - 3 深圳市新兴产业增加值与专利发明情况

注：深圳市新兴产业增加值缺少节能环保产业数据。

资料来源：2017 年《深圳统计年鉴》和《深圳统计公报》。

逐步实现了绿色发展。火力发电的能源转换效率从 2005 年的 40.23% 增长到 2016 年的 43.1%，单位 GDP 能耗从 2005 年的 0.593 吨标准煤/万元持续下降到 2016 年的 0.394 吨标准煤/万元，降幅达 33.56%；单位 GDP 电耗从 2005 年的 889.1 千瓦时/万元下降到 2016 年的 694.22 千瓦时/万元，降幅达 21.92%。相应的，能源对经济增长的影响也在持续弱化，GDP 增长速度一直显著快于能源和电力消费的增长速度。2005～2016 年，能源消费弹性从 0.65

下降到 0.49，电力消费弹性则从 0.85 下降到 0.49。2010～2016 年，工业 NO_2 排放量从 3.3 万吨下降到 0.47 万吨，工业氮氧化物从 2.57 万吨下降到 1.14 万吨，工业固体废弃物从 184.42 万吨下降到 142.13 万吨。

（三）创新主体市场化，支撑绿色发展

2016 年，深圳市企业孵化器数量达到 90 个，其中国家级孵化器 12 个、市级孵化器 78 个，拥有公共技术服务平台 144 个。2016 年，以重点实验室、工程实验室、工程技术研究中心和企业技术认定中心为主体的创新服务载体总数已达到 1259 个，其中国家级、省级和市级分别占 14.5%、13.1% 和 72.4%（见图 7-4）。从投入来看，2009～2016 年，R&D 资金投入增长

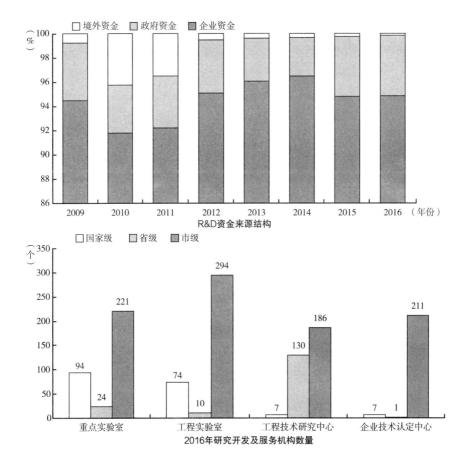

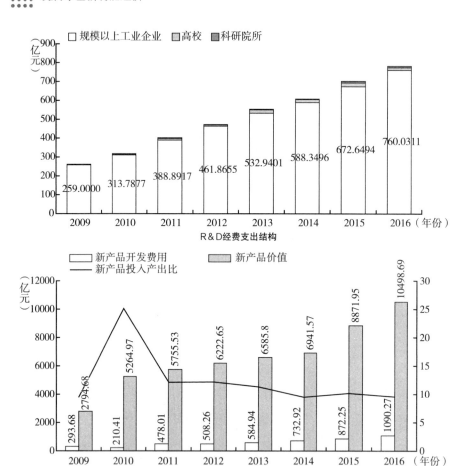

图 7 - 4   深圳市 R&D 现状

资料来源：2017 年《深圳统计年鉴》和《深圳统计公报》。

近两倍，企业是研究开发投入的主力军，资金占比一直维持在 94% 左右，政府资金占比为 4%～6%，少部分为境外资金。而这些资金主要通过企业研发支出，高校和科研院所对科技创新的投入较少。在创新主体的培育上，深圳主要通过补贴支持企业研发支出等鼓励措施引导企业提高自身的创新能力。事实上，企业自 2009 年以来不仅自发进行科研活动，而且开始设立专门的机构，2016 年设立有科研机构的企业逐渐超过了只有科研活动的企业，二者之和占深圳企业总数的 64.32%，企业在有意识地提高自身的创新能力。

新产品投入产出比自 2011 年以来维持在 10 倍左右，企业的创新效率也趋于稳定。这些创新行为的市场化有助于提高研究成果的转化效率，为新经济和绿色发展提供了支撑。

（四）新要素逐步汇集，PE 助力新经济

除了经济规模在国内领先外，深圳在吸引和利用新要素方面也有着突出的表现。从融资渠道来看，深圳私募基金的发展在全国领先。据基金业协会统计，2018 年 6 月私募基金管理人共 4583 家，占全国的 19.17%，平均每家管理公司管理 2.9 只基金，平均每只基金规模为 1.33 亿元，私募基金总规模占全国的 14.28%，这些私募基金在促进中小企业和新兴产业的发展方面意义重大。截至 2016 年，私募股权投资基金累计对广东的投资案例数量达到 4596 个，投资金额为 3850.61 亿元，分别占全国总量的 16.75% 和 13.53%，仅次于北京，而这些投资主要集中于深圳和广州，投资对象主要集中于扩张时期的中小企业和高新技术企业。创业投资基金的投资案例与金额相对较少，2016 年投资案例为 632 个，金额为 102.81 亿元，居全国前三位，主要投资于种子期和起步期的高新技术企业。从人才角度来看，作为人才净流入仅次于杭州的城市，深圳在自然和文化环境上对其他地区的优秀人才都有着十足的吸引力，尤其是中部地区的高校毕业生大量集聚在深圳。从创新企业来看，2017 年深圳拥有"独角兽"企业 14 家，占全国的 9%，估值为 3391 亿元，占"独角兽"企业总估值的 8%，仅次于北京、上海和杭州。事实上，这些"独角兽"企业迅速发展的背后都有机构的财务投资和资源渠道的帮助，而这些投资机构以私募股权投资基金为主。

新型的人才、技术等要素汇聚也反映在宏观经济层面，2009 年以来，深圳的高新技术等战略性新兴产业迅速发展，与发达国家的差距不断缩小，高新技术产品贸易逆差逐渐缩小（见图 7-5）。

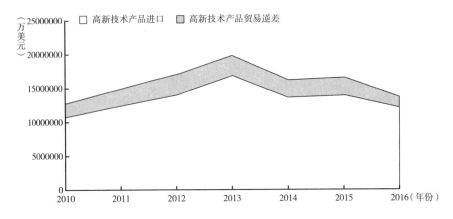

图 7 – 5　深圳市高新技术产品进出口情况

资料来源：2017 年《深圳统计年鉴》和《深圳统计公报》。

（五）品牌培育效果突出，总部经济正在起势

早在 2003 年，深圳就在全国率先开始了自身的品牌建设，当年颁布《批转市经贸局质监局关于推动我市工业企业实施名牌战略意见的通知》（深府〔2003〕64 号）。随着深圳经济的转型，新兴产业涌现了华为、中兴、腾讯、中国平安、招行、比亚迪等蜚声中外的一批知名品牌。截至"十二五"末，深圳拥有中国驰名商标 159 件、广东省著名商标 472 件、省名牌产品 140 件、深圳知名品牌企业 601 家，创建了内衣、服装、钟表、黄金珠宝等"全国产业集群区域品牌"和黄金珠宝、移动电话、时尚眼镜、时尚服饰等"全国知名品牌示范区"。据深圳知名品牌网统计，目前深圳拥有华为、中国平安、比亚迪、TP – LINK、华大科技、华讯方舟、顺丰、AAC 瑞声科技等国际信誉品牌 23 个，占全部知名品牌的 3.2%，深圳本地知名品牌有 662 个，占91.9%（见图 7 –6）。从区域层面来看，深圳已经成为开放包容、锐意创新、敢为人先的文化品格的代名词和人才技术的流入地。

正是在本土企业发展壮大、品牌影响力逐步扩大的背景下，随着深圳生产要素成本的攀升和新一轮的产业转移，深圳地区总部经济也逐渐成为经济

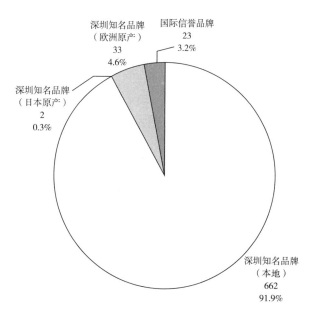

图 7 – 6　深圳品牌建设情况

资料来源：深圳知名品牌网。

发展的新模式之一。这也有赖于深圳 40 年来在经济水平、基础设施、开放程度、研发能力、专业分工和政府服务上实现的巨大跨越。产业环境、人才和创投体系成为诸多企业选择布局深圳的原因。2016 年 2 月，联想在深圳后海中心区拿下商业服务业设施用地，其国际总部落户深圳有了实质性进展；3 月，中国（深圳）IT 领袖峰会召开，百度华南总部、阿里巴巴国际运营总部相继落户深圳；4 月，金龙新能源汽车产业基地落户深圳坪山等，深圳总部经济发展前景可期。目前深圳 CBD（中央商务区）已在福田区投资建设，重点发展总部经济。

三　深圳发展绿色新动能经济的主要做法

深圳在综合经济实力和创新能力的跨越、新经济的迅速发展、创新主体和创新平台的扶持建设、吸引新要素的流入以及区域品牌的培育树立等方面取得了巨大成就，从一个小渔村发展成为今天的大都市。这一方面得益于改革开放中的特区地位及其历史优势、地理位置、世界范围内的产业转移浪潮等客观因素，另一方面也与深圳市政府举措得当分不开。

（一）改革行政管理体制，建设服务型政府

从 40 年的跨度来看，深圳一直处在改革行政管理制度、建设服务型政府、让市场充分发挥作用的过程之中。从 20 世纪 80 年代以经济特区的政治地位"去计划经济体制"机构改革开始，到 90 年代努力转变政府职能、改善行政行为，到 21 世纪初适应加入 WTO 后失去特区优势的局面，真正开始从管理者角色向服务型政府转变，再到 2008 年金融危机以来，在深化对政府与市场关系认识的基础上，进行大部制改革，完善政府组织架构。长期以来深圳连贯的政策保障了民营企业发展的独立性，吸引了大量的创业者（见图 7-7）。

"去计划经济体制"改革：
精简机构、简政放权
加强宏观调控改进咨询体系
减少管理层次
部门管理转型行业管理
厘清党政、大系统管理
公务员聘任制改革

"特区不特"改革新尝试：
服务型审批改革，减少流程
"行政三分制"改革
公共事业市场化改革
建立责任体系，提高执行力

20世纪90年代   2008年以来

20世纪80年代   转变政府职能：   21世纪初期   创新行政管理体制：
              厘清政企、部门关系   定位国家综合配套改革
              厘清政事关系、事业单位改革   试验区
              行政审批制度改革、减少审批   创建大部门管理体制
              建设法治政府、依法行政   机构整合、业务融合
                                          行政层级改革、特区一体化

图 7-7 深圳市改革历程

这些行政管理改革作为基础性工作，深刻影响了政府的工作方式和激励导向，为深圳在发展过程中的空间布局、发展定位、产业政策、环境政策等一系列举措奠定了制度基础。这既有赖于深圳的体制改革，反过来也促进了体制的进一步开放，使深圳在政府职能转变上一直走在全国前列。事实上，良好的市场经济和法治环境一直被视为深圳企业家成长的重要原因。

（二）前瞻布局，利用先发优势调整产业结构

20 世纪 80 年代，由于把握住了世界范围内的产业转移和改革开放的机遇，深圳通过"三来一补"（来料加工、来料装配、来样加工和补偿贸易）基础制造业实现了工业初期的飞速发展；随后在 20 世纪 90 年代，面对劳动密集型产业替代性强、创汇创新差、规模小和水平低等问题，深圳市第一次调整产业结构优化政策，颁布《深圳市近期产业政策实施办法》，确定产业发展的重点与原则，并在《深圳经济特区投资导向目录》上具体细分了鼓励、允许、限制和禁止四大类产业，其中对高新技术企业支持的导向尤为明显；21 世纪初，基于本地的产业基础和人力资源状况，深圳市在发展高新技术产业的基础上具体提出重点发展四大战略性支柱产业（高新技术、现代物流、金融服务和文化产业），并首次提出"区域创新体系"这一概念，将优化产业结构和提高创新能力作为发展方向；2008 年金融危机以来，深圳的方针政策不断完善，总体来说战略方向并没有发生实质性变化，第三产业占比优势也自此逐步稳定，到 2017 年已经达到 58%。广东省层面"腾笼换鸟"政策效果也比较显著，珠三角地区的劳动密集型产业向东西部和北部转移，深圳为新兴产业的发展腾出了空间。

与上述颁布产业发展政策相配套，深圳通过《深圳产业空间布局规划（2011～2020 年）》切实为产业发展提供支持。在这些区域中分布着服务导向、要素成本导向、科技导向和特色资源导向的行业，中心区主要分布金融和互联网等服务型产业，产业园区分布中试孵化和规模生产等要素成本型产业，特色资源区分布保税物流、部分科学研究和技术开发活动，并在不同区域之间留下过渡空间。

（三）引进人才，扶持引导民营企业发展

在人才方面，由于本地高等教育发展不足，深圳主要通过优惠政策吸引人才的流入。2014 年深圳市颁布《深圳市人才安居办法》，针对各领域不同层次的领军人才，在免租金住房面积、租房和购房方面都提供了补贴或者优

惠政策，同时对海内外高校本科、硕士、博士不同学历的应届或非应届毕业生也提供住房补贴。从政策实施力度来看，仅 2018 年 2 月深圳新引进人才住房补贴发放人数就达 189 人，平均年龄为 27 岁。2017 年深圳加大人才引进力度，"无限制"引进应届毕业生，并分层次细化人才引进规则，规定六类人才（高层次人才、留学回国人才、学历类人才、专业技术类人才、技能类人才、获得重大奖项或表彰的人才）直接由申办人引进。事实上，人口流动数据表明，政策效果十分显著，深圳常住人口数量增长率从 2013 年的 0.77% 猛增到 2015 年的 5.56%，近四年的年均复合增长率从小于 1% 上升到 4.2%。

在扶持引导企业发展方面，深圳秉承国务院的政策方针，对小微企业给予税收优惠政策，对应纳税所得额低于 20 万元的企业减按 50% 计税，所得税税率也由 25% 减至 20%，增值税、印花税等税种也有相应的优惠政策。在融资服务方面也制定了相应的配套政策，如科技创新委员会对银政企合作企业进行科技研发资金年度贴息，最高贴息比例为 100%；对于从事高新技术领域科技研发及其产业化工作、年销售收入在 5000 万元以下、在深圳市及深汕合作区依法注册的深圳企业，由科技创新委员会给予无息贷款，并对人才创办的种子期、初创期科技型企业予以优先推荐。除了这些税收与融资优惠政策以外，深圳还利用多层次的资本市场发展民营企业，目前深圳已成为私募基金的聚集地。深圳还通过设立政府引导基金，撬动社会资本投向天使项目，这些私募基金在推动科技创新和培育经济新动能方面发挥了积极作用。事实上，深圳 14 家"独角兽"企业中有 13 家具有机构投资者股东背景，平均每家"独角兽"企业有 9.7 家专业投资机构作为股东。

人才与民营企业的发展为深圳创新能力的提升提供了坚实的基础，从而为新兴产业的发展创造了条件。

（四）通过落实政策与民意反馈实现环境管理

2017 年深圳空气质量在 74 个重点城市中位列第七，PM2.5、PM10 等平均浓度都在 2 级以上，水质 100% 达标，总体环境质量良好。这些都有赖于深圳制定并落实了一系列政策，通过调动普通民众的积极性共同监督和治理。

在立法方面，近年来深圳启动或完成了噪声污染、水源保护、机动车排气污染等环境方面管理条例的修订，以市政府以及市政府办公厅名义发布涉及环保的 60 余项规范性文件的清理；在政策执行方面，率先试行强制责任保险，2017 年全市新保或续保企业共 277 家，保费约为 750 万元，保额逾 4 亿元，投保企业数量居全省首位；在建设项目环境管理方面，2017 年审批或备案 11044 个有环境影响的项目，从源头上严格控制新增污染源；在监督执法上，2017 年对 2283 宗环境违法行为实施行政处罚，罚款 2.42 亿元，罚款总金额与上年相比增长 59%；在环境监测能力建设上，完善监测网络覆盖，2017 年完成固定资产投资 4050 万元，环境质量监测点达到 1090 个，密度居全国首位，贡献数据 38.1 万条。

在民意反馈上效果比较突出，通过建立深圳人居与环境网，及时公开环境保护信息，提供线上办理和查询，环境保护的公众参与效果较好。2017 年网站注册用户有 1047 个，政府服务事项共 17 类，全年共办理 218 件事项，收到并处理留言 3824 条，移动端订阅用户超过 50000 人。通过鼓励公众参与环境保护执法活动，2017 年查办有奖举报案件 11 宗，共发放奖金 23.15 万元。

（五）培育本地品牌，积极"走出去"

在发挥品牌引领作用方面，深圳一直走在全国前面，主要通过"自上而下"的顶层设计和"自下而上"从企业、产业、区域和城市方面树立品牌。一方面，出台全国首个质量管理条例《深圳经济特区质量条例》，以质量为基础，通过设立奖项引导企业创立自身品牌，深圳市市场和质量监督管理委员会在标准、设计、质量、品牌和信誉方面展开工作，尤其是在科技创新和创意设计方面；另一方面，通过建立品牌建设促进中心，联合工会与市质量协会展开品牌评价和管理诊断，从而提高品牌培育的公共服务水平。企业自身的品牌意识和社会组织的积极推动也成为深圳品牌培育的重要动力之一。

随着深圳自身品牌建设的不断推进和品牌国际影响力的日益提升，2017 年深圳有 7 家企业进入世界 500 强，仅次于北京和上海，且上榜企业均为民营企业。2015 年以来深圳对外投资规模越来越大，2017 年对外投资 3657 亿元，涉及 130 个国家和地区，涵盖国民经济的 18 个大类行业。

四 深圳发展绿色新动能经济的启示

失败的举措往往具有普遍的警示意义，而成功的案例由于多种条件促成而难以模仿，深圳发展绿色新动能经济有其独特的背景，对国内其他城市发展的借鉴意义主要有以下几点。

第一，创新行政管理，引进优秀人才。清晰定位政府服务角色，通过创新行政管理提高政府服务水平，深圳近 40 年的行政改革是一个弱化政府干预，构建小政府、大社会的过程，营造了民营经济发达、对失败包容度高、鼓励创新的经济与文化环境。而大量优秀人才的流入是一个地区经济社会发展的重要活力来源，也是创新和绿色发展的重要动力。

第二，结合自身特点和产业转移背景阶段性地调整产业结构，发展区域品牌。绿色发展对技术创新、经济结构和企业环保负担能力等方面都有要求，其他城市应该结合自身基础，抓住现阶段产业转移的趋势进行招商引资，根据基础配套条件做好长期规划，阶段性发展绿色新动能经济。挖掘自身特色资源塑造区域品牌，在此基础上适度前瞻性地进行规划布局和间接引导产业发展，不宜一味模仿。

第三，设立产业基金，以市场化运作母基金的方式撬动社会资本促进当地中小企业地发展。利用母基金投资撬动社会资本，通过在合伙协议中设置地域或行业限制条款，借助专业的风险投资机构对创业项目进行筛选和投资，帮助本地中小企业发展。中小企业发展需要的不仅仅是资金支持，渠道与市场开拓等方面的帮助更重要，这方面私募股权投资基金及其背后的股东往往在各自领域具有资深的行业背景，对这些中小企业而言，通过股权投资绑定利益而获得的业务支持远比简单的财务投资意义更大。

本章执笔人：段志刚

第八章
国内区域案例：京津沪

——知识密集型服务业发展比较及其技术进步贡献率的测算

一 问题的提出与文献综述

2017 年 10 月 18 日，习近平总书记在中国共产党第十九次全国代表大会上提出为了实现"两个一百年"的奋斗目标，要"贯彻新发展理念，建设现代化经济体系"，指出"我国经济已由高速增长阶段转向高质量发展阶段"，"必须坚持质量第一、效益优先，以供给侧结构性改革为主线，推动经济发展质量变革、效率变革、动力变革，提高全要素生产率"，"在中高端消费、创新引领、绿色低碳、共享经济、现代供应链、人力资本服务等领域培育新增长点、形成新动能。支持传统产业优化升级，加快发展现代服务业，瞄准国际标准提高水平"。

知识密集型服务业（Knowledge Intensive Service Industry，KISI）具有高知识性、高技术性、高互动性、高创新性、高附加值性、强渗透与强辐射性等特点。知识密集型服务业是我国未来经济新的增长点和形成经济新动能的重要部分。而技术进步对推动我国知识密集型服务业快速发展、提高发展质量、提升发展效率有着举足轻重的作用，技术进步贡献率则是对这种作用的有效衡量。为此，我们选择了京津沪三个直辖市作为研究对象，对2004～2016 年的知识密集型服务业发展情况进行比较，并对其技术进步贡献率进行测算，以期深化对知识密集型服务业发展规律的认识，为政府部门制定长期发展战略和相关调控措施提供参考。

截至目前，关于知识密集型服务业的研究已经相当丰富，不少学者也对京津沪三市服务业的发展情况进行了研究。根据魏江、胡胜蓉（2007）对知识密集型服务业的分类以及《中国统计年鉴》和《国民经济行业分类》（GB/T 4754—2011）的行业分类，我们认为知识密集型服务业包括信息传输、计算机服务和软件业，金融业，租赁和商务服务业，科学研究、技术服务与地质勘查业，教育，卫生、社会保障和社会福利业，文化、体育与娱乐业等；柳卸林（2002）认为北京应大力发展知识密集型服务业，并将北京与上海的高技术发展战略进行了比较；申静等（2015）比较了北京与新加坡、伦敦、华盛顿的高端服务业发展水平；司马红、李岱松（2018）对打造首都核心区的科技服务战略进行了讨论；崔向林、罗芳（2017）和郭怀英等（2014）研究了上海市生产性服务业与制造业协调发展问题；张明喜、赵秀梅（2016）阐述了上海市建设科技金融中心的内涵和功能；李宁、韦颜秋（2016）研究了天津市生产性服务业与制造业协同发展问题；吴爱东等（2017）分析了京津冀协同发展背景下天津产业结构升级的空间与路径。

关于技术进步贡献率测算的研究方法也比较成熟，大多数学者基于柯布－道格拉斯生产函数进行计算。赵芝俊、张社梅（2006）探讨了近20年中国农业技术进步贡献率的变动趋势，罗卫平（2010）对广东农业与农村技术进步贡献率进行了测算，池仁勇、杨潇（2011）则分析了我国区域技术进步贡献率及其影响因素。另外，张汴生（2015）运用灰色系统理论对河南省科技进步贡献率进行了测算。本章将在以上学者的研究基础之上进一步探讨京津沪三市知识密集型服务业的发展趋势，并对其技术进步贡献率进行测算，以期为三市知识密集型服务业的发展提供决策参考。

二 京津沪知识密集型服务业发展情况

（一）总量情况

2004～2016年，京津沪知识密集型服务业增加值分别从2232.5亿元、

421.3 亿元、1757.8 亿元增加到 13802.0 亿元、4864.6 亿元、10705.5 亿元，年均增速分别为 16.39%、22.61% 和 16.25%。知识密集型服务业的总体情况是三个城市中北京一直遥遥领先，上海位列第二，天津位列第三（见图 8-1）。

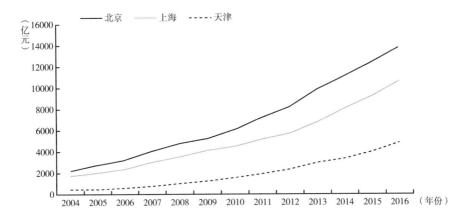

图 8-1 2004~2016 年京津沪知识密集型服务业增加值

资料来源：笔者根据《北京统计年鉴》（2005~2017 年）、《天津统计年鉴》（2005~2017 年）、《上海统计年鉴》（2005~2017 年）数据加工整理后得到，下同。

（二）GDP 占比及服务业增加值占比

2004~2016 年，京津沪知识密集型服务业增加值占 GDP 比重分别从 36.2%、13.4%、21.5% 上升到 53.8%、27.2%、38.0%（见图 8-2）；知识密集型服务业增加值占第三产业增加值比重分别从 53.0%、31.7%、42.5% 增加到 67.0%、48.2%、54.4%（见图 8-3）。

（三）从业人员情况

2004~2016 年，京津沪知识密集型服务业从业人员数量分别从 149 万人、38 万人、74 万人增加到 366 万人、72 万人、192 万人，年均增长 7.78%、5.47% 和 8.27%（见图 8-4）。

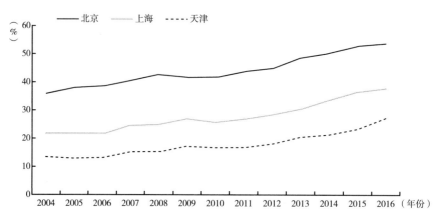

图 8 - 2　2004 ~ 2016 年京津沪知识密集型服务业增加值占 GDP 比重

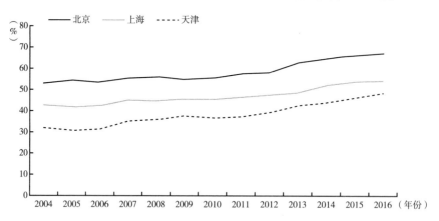

图 8 - 3　2004 ~ 2016 年京津沪知识密集型服务业增加值占第三产业增加值比重

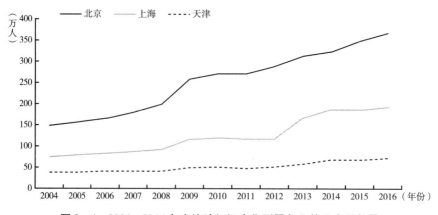

图 8 - 4　2004 ~ 2016 年京津沪知识密集型服务业从业人员数量

2004~2016年，京津沪知识密集型服务业从业人员数量占全社会从业人员总数的比例分别由17.5%、7.2%和8.8%上升到30.0%、8.0%和14.1%（见图8-5）。

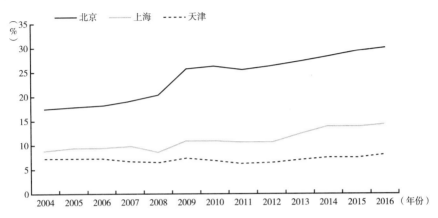

图8-5　2004~2016年京津沪知识密集型服务业从业人员数量占全社会从业人员总数的比例

（四）京津沪知识密集型服务业内部各行业的比较

我们将京津沪知识密集型服务业包含的七个行业分别进行比较，得到以下结论。

从图8-6可以看出，北京市信息传输、计算机服务和软件业占有绝对优势，发展态势良好，上海市居中，天津市最弱。

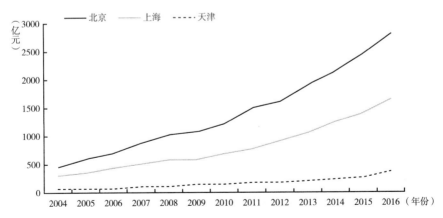

图8-6　2004~2016年京津沪信息传输、计算机服务和软件业增加值

从图 8 - 7 可以看出，北京市和上海市的金融业在 2004 ~ 2016 年几乎不分伯仲，但自 2014 年以来上海市金融业增加值超过了北京市，发展成为我国的金融中心已成趋势。

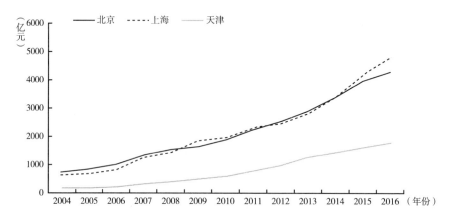

图 8 - 7　2004 ~ 2016 年京津沪金融业增加值

从图 8 - 8 可以看出，北京市租赁和商务服务业增加值仍然居于首位，上海市紧随其后，发展态势也不错；而天津市虽然体量最小，但近年来发展迅速，是其发展的一个亮点。

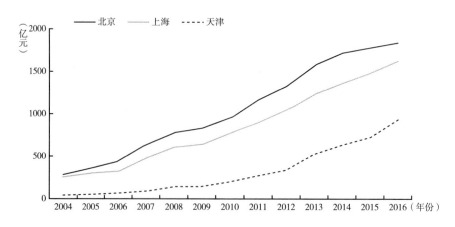

图 8 - 8　2004 ~ 2016 年京津沪租赁和商务服务业增加值

从图 8 - 9 可以看出，北京市科学研究、技术服务与地质勘查业的发展一枝独大，北京市科技中心的地位名副其实；上海市在这一领域的增加值略高于天津市，且两市发展基本同步，需要进一步加强。

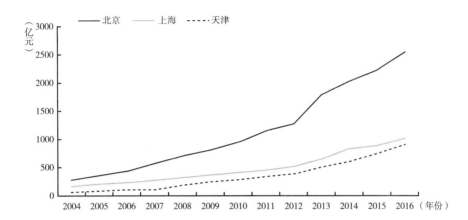

图 8 - 9　2004 ~ 2016 年京津沪科学研究、技术服务与地质勘查业增加值

从图 8 - 10 可以看出，整体上教育产业发展比较平稳，北京市和上海市教育产业增加值在 2004 ~ 2007 年的趋势几乎相同，但 2007 年以后差距逐渐拉开。

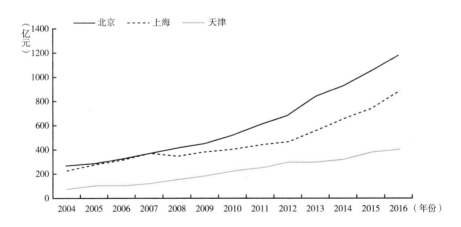

图 8 - 10　2004 ~ 2016 年京津沪教育产业增加值

从图 8 - 11 可以看出，2010 年以前上海市卫生、社会保障和社会福利业体量最大，北京市和上海市的发展几乎同步；2010 年以后，北京市赶上并超过了上海市，天津市在 2015 ~ 2016 年发展速度很快。

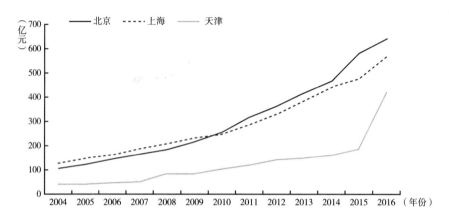

图 8 - 11 2004 ~ 2016 年京津沪卫生、社会保障和社会福利业增加值

从图 8 - 12 可以看出，北京市文化、体育与娱乐业也是一枝独秀，与其全国文化中心的地位相匹配；上海市和天津市的发展较为平缓，需要加速。

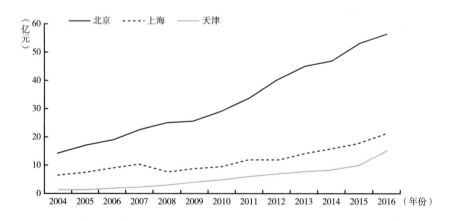

图 8 - 12 2004 ~ 2016 年京津沪文化、体育与娱乐业增加值

三　京津沪知识密集型服务业技术进步贡献率的测算

通过对京津沪知识密集型服务业技术进步贡献率的测算，以期了解各地知识密集型服务业发展的质量和效率。

（一）模型的设定

关于技术进步的经典理论是柯布－道格拉斯（C－D）生产函数 $Y = A_0 e^{mt} K^\alpha L^\beta$ 和索洛增长速度余值 $Y = A(t) f(K, L)$。

这两个模型把促进经济增长的因素归纳为资本（K）、劳动力（L）和技术三大方面。假定 C－D 生产函数中规模报酬不变，即 $\alpha + \beta = 1$，则有：

$$\ln\left(\frac{Y}{L}\right) = \ln A_0 + mt + \alpha\ln\left(\frac{K}{L}\right)$$

我们可以根据历史数据，运用最小二乘法估算各个城市的 A_0、m、α、β 等参数。由索洛模型得：

$$\frac{\Delta Y}{Y} = \frac{\Delta A(t)}{A(t)} + \frac{\Delta Y/Y}{\Delta K/K} + \frac{\Delta Y/Y}{\Delta L/L}$$

即

$$y = \alpha + \alpha k + \beta l$$

也就是产出增长率 y 是资本产出弹性 α 与资本增长速度 k 之乘积、劳动力产出弹性 β 与劳动力增长速度 l 之乘积、技术进步速度三项之和。由此可得技术进步对经济增长的贡献率为：

$$E_\alpha = \frac{\alpha}{y} \times 100\%$$

同时，也可分别得到资本增加和劳动力增加对经济增长的贡献率，即

$$E_K = \frac{\alpha \cdot k}{y} \times 100\%$$

$$E_L = \frac{\beta \cdot l}{y} \times 100\%$$

（二）数据的选取

本章将知识密集型服务业的增加值作为产出。由于从年鉴上得不到资本投入的精确数据，而系列年鉴中都有较详尽的"固定资产投资额"数据，而"固定资产总额"可以看作由每年的"固定资产投资额"累积后扣除折旧所得，因此，我们假设固定资产投资折旧率为每年的1/15，对"固定资产投资额"进行计算后所得的"固定资产总额"作为资本投入。对于劳动力的投入，我们将这些行业中的"从业人员工资总额"作为知识密集型服务业的劳动力投入来进行测算。

（三）生产函数的确定

对表8－1中的数据进行回归分析，得到2004～2016年京津沪动态C－D生产函数。

表8－1　2004～2016年京津沪知识密集型服务业投入产出情况

单位：亿元

年份	北京			天津			上海		
	增加值	固定资产总额	从业人员工资总额	增加值	固定资产总额	从业人员工资总额	增加值	固定资产总额	从业人员工资总额
2004	2233	1450	581	421	699	96	1758	1401	252
2005	2713	1602	701	508	740	113	2031	1517	315
2006	3214	1779	996	599	787	142	2377	1641	447
2007	4114	1976	1215	791	852	177	3105	1753	600
2008	4828	2153	1673	1049	978	227	3552	1892	766
2009	5213	2346	2040	1283	1207	266	4106	2103	956
2010	6037	2588	2240	1569	1598	317	4539	2247	1084
2011	7263	2844	2694	1964	2254	343	5261	2364	1271
2012	8216	3121	3228	2384	3015	425	5849	2649	1396
2013	9897	3510	3764	2977	3794	523	6800	2892	2233

年份	北京			天津			上海		
	增加值	固定资产总额	从业人员工资总额	增加值	固定资产总额	从业人员工资总额	增加值	固定资产总额	从业人员工资总额
2014	11090	3943	4285	3453	4913	576	8069	3141	2619
2015	12517	4335	4982	4032	5939	681	9322	3365	2865
2016	13802	4695	5528	4865	7354	808	10706	3563	3159

资料来源：根据《中国统计年鉴》（2005~2017年）、《北京统计年鉴》（1991~2007年）、《天津统计年鉴》（1991~2017年）、《上海统计年鉴》（1991~2017年）数据，经笔者加工整理后得到。

北京市的 C - D 生产函数为：

$$Y = 2.1947e^{0.0191t}K^{0.6186}L^{0.3814}$$

天津市的 C - D 生产函数为：

$$Y = 1.2281e^{0.0286t}K^{0.1088}L^{0.8912}$$

上海市的 C - D 生产函数为：

$$Y = 2.2099e^{0.0231t}K^{0.6631}L^{0.3369}$$

（四）模型的检验

我们采用产出模拟值的相对误差绝对值平均值 $\bar{\varepsilon}$、拟合优度 R^2 检验、F 检验、t 检验（t_1 对系数 m 和 t_2 对系数 α）来衡量模型的质量（见表 8-2）。

表 8-2 京津沪 C-D 生产函数模型的检验值

城市	$\bar{\varepsilon}$	R^2	F	t_1（对系数 m）	t_2（对系数 α）
北京市	0.0235	0.9989	5418.96	13.221	22.439
天津市	0.0247	0.9146	65.19	7.599	6.803
上海市	0.0327	0.9753	237.53	13.105	43.794

由表 8-2 可以看出，模型的相对误差绝对值平均值均小于 0.05，即模型精度都大于 95%，精度很高；模型拟合优度 R^2 均大于 0.9，拟合度良好；

F 值均大于 $F_{0.5}$（2，10）= 4.10；t 值绝对值均大于 $t_{0.025}$（2，10）= 2.228。因此，模型可用。

（五）技术进步贡献率的测算

根据京津沪 C－D 生产函数模型、索洛增长速度余值模型，得出各市 2005～2016 年知识密集型服务业技术进步贡献率及其平均值（见表 8－3）。

表 8－3　2005～2016 年京津沪知识密集型服务业技术进步贡献率及其平均值

年份	北京市	天津市	上海市	年份	北京市	天津市	上海市
2005	0.334	0.154	0.100	2012	－0.035	－0.178	－0.011
2006	－0.238	－0.301	－0.147	2013	0.313	0.060	－0.590
2007	0.455	0.289	0.477	2014	－0.071	0.237	0.372
2008	－0.148	0.184	0.286	2015	0.039	－0.098	0.492
2009	－0.746	0.199	－0.602	2016	0.093	0.064	0.503
2010	0.362	0.076	0.143	平均值	0.056	0.102	0.120
2011	0.318	0.540	0.417				

根据计算结果，做出 2005～2016 年京津沪知识密集型服务业技术进步贡献率的趋势变动图（见图 8－13）。

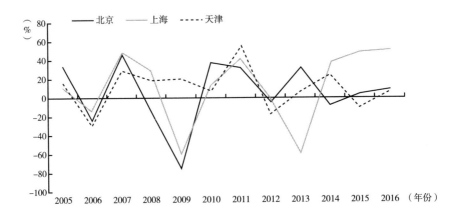

图 8－13　2005～2016 年京津沪知识密集型服务业技术进步贡献率

四　结论

（一）总体发展情况

京津沪三座城市的知识密集型服务业无论从增加值、增加值占 GDP 比重、增加值占第三产业增加值比重、从业人员数量、从业人员数量占全社会从业人员总数的比例来看，还是从知识密集型服务业各行业的发展情况来看，除上海市的金融业最为发达外，北京市的知识密集型服务业整体实力最强，上海市居第二位，天津市最弱。

（二）技术进步贡献率情况

2004～2016 年，京津沪三大直辖市知识密集型服务业技术进步贡献率平均值由高到低依次为上海市（12.0%）、天津市（10.2%）、北京市（5.6%）。上海市知识密集型服务业技术进步贡献率表现最好，在 2014～2016 年都大于 35%，发展势头非常好。每个城市都表现出了明显的周期性波动，2004～2016 年北京市、天津市分别有 3 个年份的技术进步贡献率小于 0，上海市有 4 个年份的技术进步贡献率小于 0；北京市最大值为 2007 年的 45.5%，天津市最大值为 2011 年的 54.0%，上海市最大值为 2016 年的 50.3%，这可能与宏观的经济周期有关；相比之下，北京市的技术进步贡献率平均最低，2014～2016 年平均仅为 2%，需要进一步加强。

（三）对京津沪城市发展的建议

北京市的战略定位为全国的"政治中心、文化中心、科技创新中心、国际交往中心"，因此，需要优先发展科学技术服务业与文化产业，以及与科技文化密切相关的教育和信息产业，并且在发展中要充分利用已有优势，注重信息技术与卫生、商务服务、金融等其他产业的融合发展，不断提高技术进步贡献率。上海市应优先发展金融业和商务服务业，促进制造业和服务业深度融合，以互联网为基础，创新金融和商务服务业的服务模式，为培育新动能创造条件。天津市应优先发展信息产业和商务服务业，以信息化带动其他产业，促进现代产业技术创新和进步，充分利用自贸区、京津冀一体化等系列优惠政策，不断推动"互联网＋"与现代服务业加速融合，促进产业向价值链微笑曲线两端延伸。

本章执笔人：郭红莲

第九章
国内企业案例：滴滴出行

一　滴滴出行基本情况

（一）企业简介

滴滴出行科技有限公司（以下简称滴滴出行）是全球领先的"一站式"移动出行平台，正在为全国 430 个城市的 5.5 亿用户提供出租车、快车、专车、豪华车、公交、小巴、代驾、共享单车、共享汽车、外卖等全面的出行和运输服务，日订单量已达 3000 万个，相当于全球其他市场（包括美国）所有移动出行订单总量的 2 倍多。滴滴出行平台每日新增轨迹数据超过 106TB，每日处理数据超过 4875TB，每日路径规划请求超过 400 亿次。2017 年滴滴出行完成 74.3 亿个订单（不包括单车及车主服务），年运送人数超过 100 亿人次。运送总量约为全国民航运送旅客的 20 倍、铁路系统运送旅客的 3 倍。

目前，滴滴出行拥有员工近 1 万人，其中近一半为大数据科学家和工程师。同时，仅在 2017 年 6 月至 2018 年 6 月，滴滴出行平台就创造了 3066 万个灵活收入机会。

在全球范围内，滴滴出行与 Grab、Lyft、Ola、Uber、99、Taxify、Careem 七大移动出行企业构建了触达全球超过 80% 的人口、覆盖 1000 多座城市的合作网络。2018 年，滴滴出行在墨西哥和澳大利亚上线了自有品牌的出行业务，并在日本与软银集团成立合资公司，提供网约出租车服务。

（二）历史沿革

滴滴出行成立于 2012 年 6 月，同年 9 月正式上线运营出租车叫车服务。通过"互联网＋交通"思维，滴滴出行运用大数据匹配人们的出行需求，改变了人们只能路边扬招的现状，让人们的出行更加便捷、高效，同时也帮助出租车司机提高了收入。

2014 年 8 月，滴滴打车上线专车产品，以高端车型、优质服务，为乘客提供品质出行体验，充分考虑高端客户的用车场景和需求，提供预约及接送机预约等服务，满足用户对高品质出行的追求。2015 年 2 月，滴滴打车与快的打车合并，成为国内最大的移动出行平台。同年 9 月，滴滴打车更名为"滴滴出行"。2016 年 8 月，滴滴出行并购优步中国，依托强大的科技实力，为用户提供简单便捷、稳定的出行服务。

二　滴滴出行通过共享经济模式发展绿色新动能经济取得的成果

共享经济最早是由美国得克萨斯州立大学社会学教授马科斯·费尔逊（Marcus Felson）和伊利诺伊大学社会学教授琼·斯潘思（Joel. Spaeth）在 1978 年发表的论文（*Community Structure and Collaborative Consumption：A Routine Activity Approach*）中提出的，距今已有 40 年，但为人们所熟知并快速扩张，却是最近几年的事。近年来，共享经济从最初的汽车、房屋等迅速渗透到空间、教育、医疗、金融等多个领域和细分市场，未来还会继续向生产、城市建设等领域扩张。共享经济的崛起催生了大量市场估值超过 10 亿美元的"独角兽"企业。

2016 年国家信息中心信息化研究部发布的《中国分享经济发展报告（2016）》对"共享经济"的定义是：分享经济是指利用互联网等现代信息技术整合海量的分散化闲置资源，满足多样化需求的经济活动总和。2017年我国共享经济继续保持高速发展态势，新业态、新模式持续涌现，技术创新应用明显加速，在培育经济发展新动能、促进就业方面发挥了重要作用，国际影响力显著提升，成为新时期中国经济转型发展的突出亮点。

2017 年我国共享经济市场交易额约为 49205 亿元，比上年增长 47.2%，其中交通出行、生活服务和知识技能领域共享经济的融资规模位居前三，分别为 1072 亿元、512 亿元和 266 亿元，同比增长 53.2%、57.5% 和 33.8%。2017 年我国参与共享经济活动的人数超过 7 亿人，比上年增加 1 亿人左右，其中参与提供服务者人数约为 7000 万人，比上年增加 1000 万人。2017 年我国共享经济平台企业员工数约为 716 万人，比上年增加 131 万人，约占当年城镇新增就业人数（1354 万人）的 9.7%，意味着城镇每 100 个新增就业人员中就有约 10 人是平台企业新雇用员工；而 2016 年共享经济平台企业新增员工数（85 万人）占当年城镇新增就业人数（1314 万人）的比重约为 6.5%。共享经济对扩大就业的作用进一步凸显。

滴滴出行作为国内共享经济的代表性企业，始终坚持利用互联网等现代信息技术整合海量、分散化的闲置资源，满足多样化的出行需求。

（一）创造共享出行模式，推广绿色共享生活方式

工业革命以来，随着城市化的推进，城市交通呈现典型的"潮汐"性特点，上下班早晚高峰期出行需求极其旺盛，平峰期出行需求又急剧减少，两者差距极大。为避免城市道路拥堵不堪，政府往往对传统城市交通采取数量管控的方式进行监管：以标准化全职运力为特点的传统城市交通行业在面对"潮汐"现象时往往处于两难的境地，如果放宽数量管控，将造成平峰期大量运力浪费，司机收入不足；如果收紧数量管控，又会造成高峰期运力严重不足，无法满足市民的出行需求。因此，依靠传统城市交通无法解决城市"潮汐"交通问题，城市"出行难、出行贵"成为老大难问题（见图9-1）。

针对城市交通"潮汐"现象，滴滴出行平台充分发挥共享经济的优势，利用互联网大数据技术，通过灵活的动态运力调度机制，创造性地利用了闲置的私家车资源，将私家车主转变成兼职运力。在高峰期，平台调动兼职运

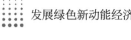
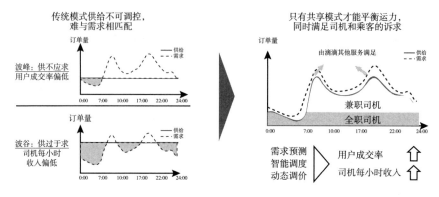

图9-1 传统出行方式和共享经济模式解决"潮汐"问题的方案对比

力补充；而在平峰期，平台主要依靠全职运力满足需求。这样既满足了高峰期急速增长的出行需求，又避免了平峰期运力的大量浪费。而且，由于滴滴出行利用社会闲置运力资源，而非大量新增车辆，并没有对城市交通运行造成较大影响，创造性地解决了传统交通行业无法解决的城市出行矛盾。根据统计，滴滴出行平台上的多数司机有本职工作，司机构成多元，以企事业单位从业者、打零工或散工以及自雇/自由职业者为主（见图9-2）。

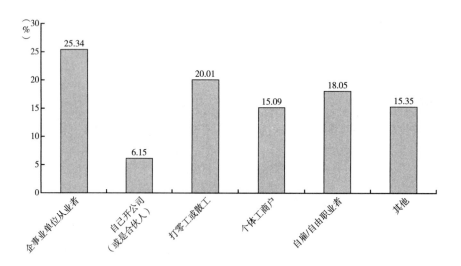

图9-2 滴滴平台司机来源分布

资料来源：2017年滴滴出行平台就业研究报告。

随着共享经济理念越来越深入人心，滴滴出行正在引领一种绿色环保的轻资产的生活方式。移动互联网技术的发展让人们可以并愿意参与分享，"无须拥有，只需使用"的绿色轻资产生活方式悄然兴起，越来越多的都市青年青睐共享出行方式，选择放弃购买私家车。随着参与人群的不断扩大，这种节约型、绿色环保的生活方式日渐形成风尚。

（二）创造灵活就业机会，助力新旧动能转换

一方面，随着数字技术的进步，新增就业机会对劳动者技能和知识水平的要求较高，而其替代的传统产业岗位多数为一般性简单重复劳动岗位，这些岗位对劳动者知识水平的要求不高，因此传统产业的失业劳动者难以满足数字经济带来的新增就业机会的要求，从而造成结构性失业；另一方面，我国正在进入经济新常态，去产能行业存在开工不足、经济效益下滑等问题，收入下滑形成隐性失业。

在社会数字技术相关职业培训和教育尚未完全衔接与配套完成的情况下，新就业的缓冲器和蓄水池作用显得尤为重要。以滴滴出行为代表的共享经济平台带来了新型就业模式，其就业方式灵活自由、门槛较低，为就业结构调整起到了良好的润滑作用。调查统计显示，滴滴出行平台上的网约车司机多数有本职工作，具有典型的共享经济特性，而且网约车司机的本职工作构成呈现多元化特征，行业类型非常广泛，集中分布在传统行业尤其是传统制造业。从行业类型看，网约车司机在传统制造业（如纺织、机械制造、化工、水泥、铝业等）的占比最大，达到25.69%；其次是传统服务业（如住宿、零售、餐饮等），为18.36%（见图9-3）。

（三）提升拼车出行服务体验，推广绿色共享出行方式

2015年12月，滴滴出行上线快车拼车服务，通过大数据算法，将同方向、路线相近的乘客即时匹配，实现了共享出行。2017年5月，滴滴出行将快车拼车升级为站点拼车，站点拼车是通过结合滴滴平台的人工智能和大数据及时挖掘、匹配出更加合理的上车地点，使司乘双方更加容易地找到对

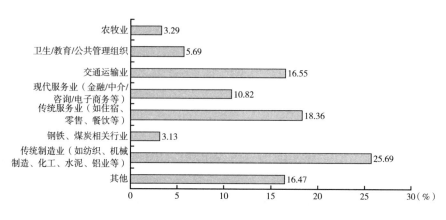

图 9 - 3　滴滴平台司机所属行业统计

资料来源：《2017 年滴滴出行平台就业研究报告》。

方，减少等待时间，从而解决了拼车过程中司乘定位差异的体验痛点。同时，通过倡导"每人多走一小步，全程更顺路"的理念，提升了乘客拼车的出行体验，让乘客更加容易接受拼车出行方式，从而达到推广拼车的目的，提高了出行效率，降低了能耗。

自 2015 年 12 月上线到 2018 年 4 月，快车拼车产品已经在北京、杭州、成都、广州、深圳等 60 个城市累计服务超过 13 亿人次，滴滴出行平台上超过 50% 的乘客都愿意接受拼车。全国平均拼车成功率已经超过 70%，在一些拼车文化流行的城市，高峰期平均拼车成功率可达 80% 以上。按照一次成功拼车可以直接减少 2～3 辆车上路来计算，自 2015 年 12 月上线到 2018 年 4 月，滴滴拼车累计分享了 3.6 亿个闲置座位，相当于减少了 1.2 亿辆车上路。

（四）布局新能源汽车产业，推动新能源汽车普及

在国家及地方政府配套政策的支持下，我国新能源汽车实现了产业化和规模化的飞跃式发展。2011 年我国新能源汽车产量仅 0.8 万辆，占全国汽车产量的比重不到千分之一；2016 年我国新能源汽车产量达到 51.7 万辆，占全国汽车产量的比重达到 1.84%；2017 年我国新能源汽车产量达到 79.4

万辆。2014 年、2015 年我国新能源汽车产销量同比增长均超过300%。

目前，滴滴出行已经携手全球能源互联网发展合作组织（GEIDCO）合资成立全球新能源汽车服务有限公司，构建充换电体系、储电、电池再利用等新能源汽车配套支持服务产业，提供新能源汽车服务。滴滴平台上的车辆大概有 40 万辆是新能源汽车。在 2020 年之前，滴滴出行平台将推广超过 100 万辆新能源汽车。按照每辆车每天行驶 200 公里计算，每年将减少约 600 万吨碳排放，相当于提供了 833 个北京奥林匹克森林公园（见图 9 – 4）。

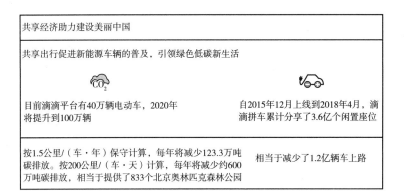

图 9 – 4　滴滴环保：分享出行，让生活更美好

可以预见，未来将会在交通基础设施、交通工具和共享出行三个层面发生剧烈变革，共享、智能和新能源化将是未来趋势，而滴滴出行也已经在这些关键领域布局。2018 年 4 月，滴滴出行联合北汽、博世、比亚迪、宁德时代、长安汽车、奇瑞、联通智网、车和家、大陆集团、东风、东风悦达起亚、一汽、广汽、丰田、大众汽车集团（中国）等 31 家来自汽车制造、零配件制造、新能源、数字地图、车联网等领域的企业共同成立洪流联盟。未来 10 年，滴滴出行将与合作伙伴一起共建汽车运营平台，在全球范围内服务 20 亿用户，满足用户 50% 的出行需求，并推广超过 1000 万辆共享新能源汽车。

过去新能源汽车主要依靠家庭购买，每个家庭要自己建充电桩，成本高、效率低，性价比并不高。但在滴滴出行体系中，新能源汽车能节约更多能源成本。滴滴出行正在搭建新能源汽车充换电体系"小桔充电",期望通过开放合作实现全国范围的"桩联网",为平台上的新能源汽车司机带来环保、便捷的充电服务。

三 滴滴出行发展绿色新动能的启示

滴滴出行在 6 年多的时间,从初创公司成长为国际知名的"一站式"出行平台运营公司,其发展速度和成就离不开我国大力支持与鼓励绿色新动能经济发展的大环境。

(一)顺应时代潮流,引领企业快速发展

近年来,中国经济已由高速增长阶段转向高质量发展阶段,正处在转变发展方式、优化经济结构、转换增长动力的攻关期,技术进步和结构优化成为经济发展新的增长基础。"绿色"和"共享"已经成为国家"十三五"规划提出的五大发展理念的重要组成部分。滴滴出行的极速发展正是顺应时代发展潮流、紧随国家发展战略的典型案例。

在当前中国社会经济发展的新时代,人人拥有一辆车的不可持续的消费方式已经使城市交通和生态环境越来越难以承受。共享出行使人们无须购买私家车也可便捷舒适地出行,使人们对汽车的需求从"拥有"走向"使用",减少了对资源的依赖和对能源的无谓消耗,让出行更加绿色环保,从而使城市减少车辆保有量,将停车场改成绿地或广场,优化人们的生活空间。滴滴出行正是利用大数据和人工智能技术,不断创造新的出行产品和服务,满足当下人们对更高层次的绿色生活方式的追求,顺应时代发展潮流,才取得了令人瞩目的发展成就。

(二)数据驱动城市发展新动能

"绿色"和"共享"的发展理念日渐深入人心,不仅促进了共享经济企业快速发展,而且使越来越多的人群聚集在共享经济平台之上。借助共

享经济平台的海量数据资源，共享经济平台企业能够运用先进的互联网大数据和人工智能技术，不断创造新产品、新服务和新的商业模式，为经济发展新动能创造了条件。越来越多的人使用共享经济平台进行生产和生活，集中生产和服务，集中运营和消费，积累了大量数据，共享经济平台的服务由此得以升级，通过数据的挖掘、分析，实现更有价值的二次甚至多次共享。

滴滴出行通过大数据的挖掘和分析运用，构建了一套智慧交通调度体系，合理调度交通运力，提高了整个城市的效率，让出行变得更高效、便捷、绿色。滴滴出行已经建立了人工智能大脑，在国内20多个城市陆续落地了智慧信号灯、智慧诱导屏、智慧公交等多个应用项目。

未来，滴滴出行等共享经济平台企业或将成为城市新的"数字基础设施"，将数据与技术资源运用到更广阔的社会公共服务中，使每一位城市居民和城市管理者对自身和城市的认知变得更清晰和更深刻，可以更好地规划自己的生活与城市的运行，让城市机体更灵动、顺畅，形成城市绿色发展新动能。

本章执笔人：吴浩 缐伟华

第十章
国内企业案例：碧水源

一　碧水源的基本情况

（一）国内水处理膜技术的领军企业

北京碧水源净水科技有限公司（以下简称碧水源）属于中关村国家自主创新示范区高新技术企业，该公司具备产业链膜技术（微滤、超滤、纳滤、反渗透）的自主产权，是目前中国最大的集膜研发、制造、应用于一体的企业。该公司凭借 350 多项专利技术迅速发展，2010 年 4 月在深圳证券交易所创业板上市，2012 年成为创业板首只入选深证 100 指数的股票，2015 年国家开发银行旗下国开创新资本投资有限公司（以下简称国开资本）以 54.34 亿元获得碧水源 10.48% 的股份，成为第三大股东。碧水源发展进程见图 10-1。

碧水源主营业务包括污水处理整体解决方案、市政与给排水工程以及净水器三部分。该公司通过技术创新和商业模式创新，营业收入从 2010 年的 5.00 亿元增加至 2016 年的 88.92 亿元，年均复合增长率为 61.56%。碧水源污水处理整体解决方案是指采用先进的膜技术为客户提供建造给水与污水处理厂、再生水厂、海水淡化厂以及城市生态系统的整体技术解决方案，同时制造和提供核心膜组器系统与核心部件膜材料。污水处理整体解决方案是碧水源最主要的毛利来源，2016 年毛利为 21.39 亿元，占总毛利的 76.64%。

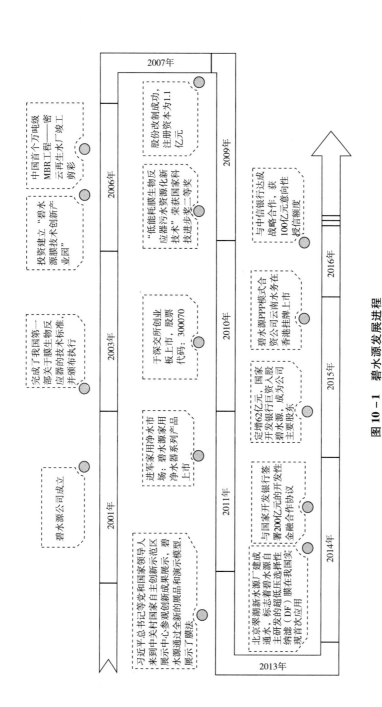

图 10 - 1 碧水源发展进程

2010年碧水源获得市政公用工程施工总承包一级资质，市政与给排水工程业务于2013年实现快速增长。2016年市政与给排水工程营业收入为41.62亿元，毛利为5.40亿元，同比分别增长244.28%、160.14%。碧水源于2011年进入家用净水领域，开始研发、生产与销售家用及商用净水器产品。2016年碧水源净水器销售收入为2.33亿元，毛利为1.12亿元，同比分别增长6.50%、7.88%。

（二）以新技术为核心竞争力的资本之路

碧水源作为国际上少数拥有自主知识产权，拥有"膜材料生产、膜设备制造和膜应用工艺"完整产业链的企业，旗下有碧水源云南水务、武汉控股等100多家子公司。碧水源依托膜生物反应器（MBR）污水资源化技术，为客户提供污水处理和污水资源化的整体解决方案，先后承接1000多个项目。上市后，凭借资金和技术优势，采用合资模式迅速从北京向全国扩张，布局六大区域，从区域龙头迅速蜕变为全国领跑者。目前，碧水源已经在江苏、云南、山东、湖北、湖南、内蒙古、新疆等多个省份建立了30多家合营公司，垄断了我国市政MBR大部分市场。碧水源股权结构见图10-2。

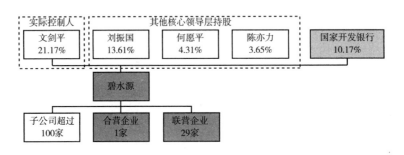

图10-2 碧水源股权结构

（三）凭借过硬的核心技术快速占领膜处理市场

2006～2009年膜生产企业尚处于自由竞争状态，至2010年碧水源异军突起。在国内，大部分制膜企业起步晚，运营时间较短，各项经营尚不完善；在国际上，外企具有高水平的制膜能力，因此费用高。而与此相比较，碧水源具有价格优势，能够提供一体化服务，再加上碧水源与各地政府建立合资企业的开创性商业模式，其竞争优势逐步显现。2014 年碧水源在国内 MBR 市场的占有率位列第一，MBR 在我国污水治理领域的应用也趋向大型化的趋势，如昆明第九污水处理厂工程（15 万吨/日）、昆明第十污水处理厂工程（15 万吨/日）、乌鲁木齐市米东区再生水厂工程（15 万吨/日）、南京城东污水处理厂三期工程（15 万吨/日）、武汉三金潭污水处理厂改扩建项目（20 万吨/日）等。

二 碧水源发展绿色新动能经济取得的成绩

（一）膜技术及产品推动中国水处理品质高标准化

膜法工艺是 21 世纪高级的水处理技术，水领域应用范围广。水环境作为循环链，包括给水环节、污水处理环节和再生水环节。具体来说，给水环节在上游，水源地的水经处理后提供给用户，用户可分为市政和工业，根据来源可分为淡水和海水，使用后进入污水处理厂进行处理；污水处理环节处于中游，分为市政污水和工业污水，经过达标处理后部分再生回用，部分排放自然水体中；再生环节处于下游，经水环境循环链返回上游，再生水分为低质再生水利用（一级 A，如农业灌溉、市政杂用、景观、工业冷却水等）、中质再生水利用 ［地表Ⅳ类，河道补充水源、环境容量友好型水体（污染物含量尽量低）］、高质再生水利用（地表Ⅲ类，补充饮用水水源）。目前我国再生水利用主要是指低质再生水利用。水处理循环见图 10-3。

2014 年，膜技术在我国的应用主要集中在市政、工业污水处理环节和低质再生水利用环节，其他领域的膜技术应用相对较少。但考量污水直接处理成饮用水在国际上的应用已经可细分为间接饮用水（达标出水排入饮用水水源）和直接饮用水（直接进入供水管网）。如新加坡的

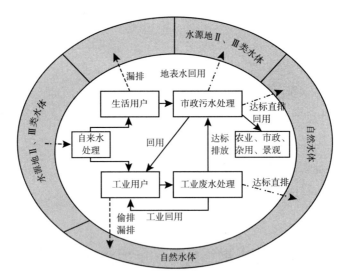

图 10 - 3　水处理循环

NEWater 项目即深度处理污水处理厂出水后排入自然水库；2013 年澳大利亚宣布珀斯市 20% 的供水将来自回收污水，回收污水经过处理后将注入珀斯的地下饮用水供水层；纳米比亚的温得和克从 1968 年开始建立再生水厂；2011 年后，美国、南非、澳大利亚等国家也开始考虑将污水处理成饮用水。

2014 年 9 月，碧水源建立示范工程将双膜工艺成功应用在北京翠湖新水源厂，出水水质达到补充饮用水水源标准地表水 II 类标准。2015 年 10 月，碧水源再次中标青岛豆金河污水处理厂中水回用设备集成及安装项目。此项目成为中国最大的采用超低压选择性纳滤膜技术的再生水厂，每天生产 1 万吨再生水。

（二）复合型人才管理团队的水平决定企业的综合竞争力

碧水源除核心技术能力外，商业开创能力和资源整合能力是使其在行业中脱颖而出的重要因素，而这些都归因于碧水源核心管理团队的多元复合型人才背景。

市政领域项目具有封闭性、垄断性的特征，需要考虑公共利益和安全，市政领域的严谨从另一层面可以理解为僵化，创新少、技术水平低、民营企业话语权小。在环保领域，企业管理层背景分化严重，多为政府、技术、市场单一背景，或缺乏技术，或缺乏客户，或缺乏市场。而碧水源的管理层具备打通政府、高校、资本市场等的多元化能力，这种复合背景从一开始就决定了碧水源具有有别于其他企业的综合竞争力。

市政项目的业主是地方政府，民营企业参与需进行单体项目公关，难度很大。碧水源团队的优势在于能够找准关键问题，从规模化发展、可复制的商业模式入手，与地方政府合作，成立合资公司。政企合作的模式既为地方政府解决了水环境问题，又为地方政府带来了税收和就业，在有效调动地方政府积极性的同时，也使碧水源获得了异地扩张、提高市场占有率的空间。

（三）运筹资本市场，获取广泛多元的融资渠道

2015 年碧水源成功获得国开资本战略入股后，市场开拓呈现破竹之势，仅 2 月就获 30 亿元新订单，包括中标水处理项目、海水淡化项目、工业甲醇废水治理项目、工业园区第三方治理项目、市政全地下式 MBR 项目、双膜工艺应用项目、有机废水处理回用项目。

在国际资本市场方面，碧水源通过控股港股上市公司打通国际资本通道。2016 年 11 月，碧水源以 12.09 亿港元认购盈德气体公司非公开发行的 3.78 亿股固废，加上之前持有的 4.21% 的股份，碧水源共持有盈德气体公司 21.17% 的股份，成为盈德气体公司第一大股东。该笔收购的意义在于：为涉足能源和大气污染治理领域做铺垫，打造水处理和气体治理一体化大平台；为碧水源打开海外收购市场和开展国际市场业务埋下伏笔，盈德气体公司将明显提升碧水源的海外融资能力及整体实力；为企业贡献投资收益，通过战略投资获取稳定的投资收益。

在国内金融创新方面，2016 年 11 月碧水源与用友网络公司等 10 家公司共同投资发起设立北京中关村银行股份有限公司，注册资本达 40 亿元，

其中碧水源出资额为 10.8 亿元，占 27% 的股权，为第二大股东。碧水源通过金融创新，建立行业与金融联通的综合化服务平台，尤其是通过网络金融手段，创新性地打造 PPP 融资与网络金融的链接。上述收并购一方面有利于发挥其客户化经营与创新优势，另一方面能够为 PPP 业务发展提供金融创新方案和融资基础。

2017 年 6 月，碧水源以 7500 万元收购定州冀环危险废物治理有限公司和定州京城环保科技有限公司 100% 的股权，以 8.5 亿元收购良业环境 70% 的股权；2017 年 12 月，碧水源以 5.2 亿元收购德青源 23% 的股权，以 9600 万元收购中兴仪器 40% 的股权（转让部分股权给西藏必兴，转让后持股 20%）。碧水源通过拓展危废、光环境、农村治理、环境监测等领域，布局环保大平台。

碧水源在膜技术异地扩张之初就选择本土化，形成垄断格局，使国际企业逐渐失去中国市场。主要做法包括与地方水务平台合作，帮助未上市地方水务公司短时间上市，如云南水务；通过增发入股已上市地方水务公司，共享收益和风险，如武汉控股。碧水源此商业战略具备极强的综合竞争力，对地方政府的吸引力大，效果显著。

三 碧水源发展新动能经济的主要做法

（一）保持技术优势，实现高水平增长

碧水源从工程承包公司起家，MBR 工程经验丰富，模组器设备技术和 MBR 工艺技术一直处于行业领先水平。其生产设备具有低成本、低能耗、大通量、运行稳定和抗污染能力强等显著优点。

由于膜材料占 MBR 投资成本的 50%，需 5~8 年更换一次，因此膜材料制造是碧水源的关键技术壁垒，也是降低成本的关键所在。碧水源在膜材料制造方面已成为国内技术一流、规模最大的膜制造企业，实现了膜的自供应，因此其毛利率和净利率维持在较高水平（见图 10-4）。

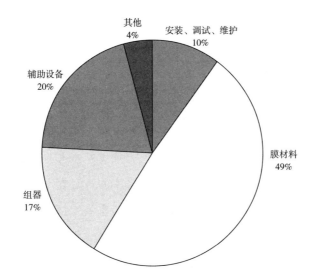

膜材料是MBR工程系统成本的主要组成部分

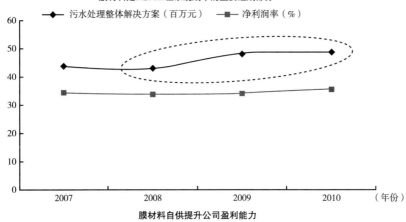

膜材料自供提升公司盈利能力

图 10 - 4　膜材料情况

专栏 10 - 1　碧水源的"护城河"——膜技术

北京举办奥运会、广州举办亚运会、太湖流域发生严重的水体富营养化现象成为国内 MBR 应用发展的契机，以碧水源、GE、西门子、联合环境为代表的环保企业共同推动了我国市政领域万吨级以上 MBR 的应用。截至 2010 年 12 月 31 日，膜产品厂商的万吨以上投运项目按处理规模排序，分别为碧水源（22 万吨/日）、旭化成（17.5 万吨/日）、三菱丽阳（13.5 万吨/日）、美能（13 万吨/日）、GE（6.1 万吨/日）、西门子（6 万吨/日）。

碧水源在膜材料制造技术、膜组器设备技术和工艺技术三大关键领域拥有核心技术与自主知识产权，并成功投入大规模生产与应用，关键性核心技术处于行业领先水平。碧水源参与了"膜生物反应器组器""中空纤维微滤膜组件"等产品标准的制定，是《一体化膜生物反应器污水处理应用技术规程》的唯一标准参与制定者。

膜材料制备技术。碧水源自 2008 年开始采用自产膜，其膜材料的制备水平迅速提升，并超过国内其他企业。目前碧水源膜材料的主要竞争企业为国外公司，其性价比和售后水平远高于国外企业：碧水源是世界上少数可大规模生产 PVDF 带衬增强型中空纤维膜的公司之一，且产量位居国际前列；碧水源开发用于给水处理的膜材料和设备系统 OW－UF 取得成功，并用于工程实践；其开发的 3AMBR 工艺技术在除磷脱氮功能与运行成本上均处于行业领先水平，在国内多个大规模项目上得到成功应用；其开发应用于污水资源化的 RO 反渗透膜生产技术已完成中试，正在准备规模化生产。

碧水源与清华大学等合作研发的"低能耗膜——生物反应器污水资源化新技术与工程应用"获国家科学技术进步奖二等奖；碧水源研发的污水资源化膜生物反应器组器先后荣获"国家重点新产品证书"；其膜生物反应器技术核心设备产业化研发荣获"国家火炬计划项目证书"；其多项超/微滤膜产品与设备被列入北京市中关村自主创新产品目录。

2018 年碧水源技术能力建设获得重大突破，成功研发低压反渗透膜技术，该技术可用于高盐水净化（应用于工业污水淡化）、生活污水净化、海水淡化，并实现进口替代。未来碧水源将获得工业高浓度盐水净化市场以及海水淡化市场。

（二）全产业链拓展降低成本，提升议价能力

碧水源以膜法水处理的核心业务为基础，2017 年先后并购良业环境、德青源、中兴仪器股权，在膜法水处理业务的基础上，拓宽城市生态环境、灯光景观、环境监测、危废、工业废水、净水、农村污染治理等全方位的环保业务。

1. 收购久安，布局土建领域，最大限度地分享项目利润

2011 年 4 月，碧水源以 5100 万元收购久安碧水源 50.15% 的股份。虽然土建毛利率相对较低，但涉足土建一方面可利用碧水源作为总包商能够拿到土建项目的优势，最大限度地分享项目收益；另一方面有利于控制项目风险，保证项目顺利实施。碧水源与管理层签订对赌协议锁定收益：原始股东承诺新久安在 2011 年税后净利润不低于 4500 万元，同时保证 2014 年、2015 年税后利润比上一年增长不低于 20%。2011 年久安共享净利润约 1000 万元，占归属母碧水源股东净利润的 3%。

2. 拓展工业水处理领域

冶金行业。碧水源瞄准冶金行业水处理市场，于 2011 年 12 月出资 1.47 亿元与武钢成立合资公司，持股 49%，预备进入冶金行业废水资源化行业。冶金行业用水量大，膜技术应用空间广。碧水源借助武钢在国内钢铁行业的知名度，进一步拓展钢铁行业业务。其目标为：在合资公司成立 1 年内，率先在内部完成武钢北湖及工业港排口闭环利用脱盐和港东水厂升级改造两个示范项目的建设。

石化行业。2011 年 2 月碧水源以 2000 万元增资普瑞奇，成立北京碧水源环境工程有限公司，持股 51%，标志着碧水源开始进军石化行业水处理领域。石化行业客户盈利状况优良，水处理市场空间大，是碧水源新的利润增长点之一，同时碧水源与管理层签订对赌协议以保障收益；新公司在 2011 年税后净利润达到 1000 万元，2012 年税后净利润达到 2000 万元，2013 年税后净利润达到 3000 万元，同时保证 2014 年、2015 年税后净利润比上一年增长不低于 30%。

（三）多元合资模式快速抢占市场先机

碧水源在技术行业领跑的基础上，借助合资模式快速抢占具有刚性需求的市场（缺水地区、对环境标准要求较高的经济发达地区、污染严重的重点环境保护区），在非刚性需求市场主动创造需求。污水处理行业下游往往是地方政府和市政公司，在财政状况允许的情况下，对价格的敏感度较低。因此，对于有能力使用 MBR 技术的区域，碧水源采用合资模式促使当地政府提高排放标准，改善水环境。政府与合资方有动机保证给予碧水源项目合理的价格，及时付款，维护合资公司的利益，这样既能锁定市场，又能保证新项目的获得并实现盈利。

一方面，碧水源用技术和资金换市场，互利互惠、锁定市场。与当地城投公司或水务公司建立合资公司，由碧水源负责提供技术和资金，而合作方负责协助其获得当地政策优惠和拿到项目。另一方面，碧水源放弃控股权，引入民营机制，赚取投资收益。碧水源的合资模式大多采用让当地城投公司或水务公司拥有绝对的控制权，碧水源不控股，委派总经理负责合资公司的日常经营。将市场化的和民营的运行机制引入合资公司，保证碧水源的盈利能力，同时分享收益。对地方政府而言，应分享收益，带动当地就业，促进经济发展，贡献财政收入。通过合资模式，碧水源已快速布局了全国五大区域，快速抢占了刚性需求市场，如经济发达或有污水治理专项基金的区域，以及缺水或者环境排放要求高的地区。

（四）以股权激励为基础的组织和业务构架保障企业高增长

碧水源的高管技术过硬、背景丰富，其创始人、董事长、碧水源的实际控股人为留学归国博士，专业技术水平高，曾在中科院、国家科委等政府部门任职，对行业理解深刻，并实际控股 25.4%。

碧水源的期权激励方案覆盖面广，有利于管理团队保持凝聚力。2010年碧水源制订股权期权激励计划，对 105 名员工授予 864.6 万份股票期权，占碧水源总股本的 2.4%，除去 3 位总经理，人均授予 6.3 万份。首期期权行权日为 2015 年 4 月 25 日。从碧水源 2011 年的业绩来看，距离行权条件的 13 年承诺已不远。碧水源股权分析见图 10 - 5。

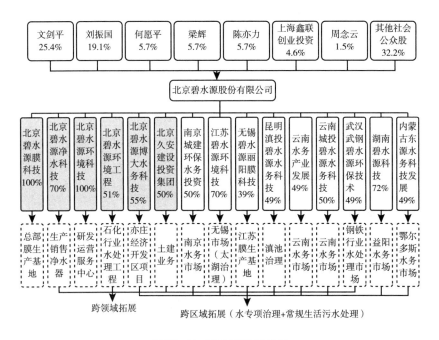

图 10 - 5 碧水源股权分析

（五）利用技术优势，打造战略品牌

我国处于 MBR 技术应用推广初期，碧水源依托与北京市政府的良好关系，率先在北京市场打开局面。2005 年以来，碧水源在北京先后成功建设密云再生水工程、怀柔再生水厂、北京北小河污水处理改建厂、北京顺义温榆河"引温入潮"工程、平谷再生水厂、门头沟再生水厂及延庆再生水厂等一系列大型 MBR 项目。碧水源通过增资扩股的方式与北京排水集团共同持股京建水务公司，弥补后者不具备生产膜材料及膜组件能力的不足，大力拓展京城再生水市场，碧水源品牌也得以逐步建立。2014 年碧水源在我国具有重大战略意义的水源点——"三河三湖"中的环太湖地区、环滇池地区、海河流域亦取得成绩，污水治理经验成为碧水源最好的广告牌，为公司在全国范围内攻城略地增添了重要砝码。

对于地方政府而言，在选择服务提供商时对品牌和过往业绩的敏感度很高，而碧水源正是依靠不断强化的品牌优势及资金实力，先后在云南、江苏、内蒙古、湖北、湖南、新疆、山东等地跑马圈地，利用"小碧水源"占领市场，然后以此先发优势获得的对地方市场的垄断地位进行二次开发，并源源不断地提供成套MBR设备，获得产业链条上多个环节的利润，最终在全国范围内实现对国际污水处理巨头的全面替代，打造水务市场的航母级企业。

碧水源凭借过往业绩以及上市带来的品牌优势，令其技术优势、资金优势和市场优势互相强化，创造出垄断性市场权力，碧水源的"护城河"越拓越宽，目前在MBR的市场份额超过70%。碧水源作为国内膜技术和污水处理的行业王者，逐步参与行业准则和相关政策的制定，品牌优势得到进一步强化。

四　碧水源发展绿色新动能经济的启示

（一）技术是发展绿色新动能的破局点

在碧水源成立之初，先进的MBR污水处理技术基本上掌握在GE、Siemens、旭化成等国际巨头手中，随着民众对水标准的要求不断提高，地方政府在很大程度上只能购买外资企业垄断的技术以及依此所开出的高价格，动辄上亿元的污水处理费用也让很多地方"望水兴叹"。碧水源正是在这种环境中成长起来的，董事长文剑平放弃公职赴澳大利亚留学，带领团队研发拥有完全自主知识产权的PVDF增强型微/超滤膜、低压反渗透膜以及MBR技术，攻克"膜材料研发、膜设备制造和膜应用工艺"三大国际技术难题，使碧水源成为我国唯一一家、国际上少数几家同时拥有上述三项技术的自主知识产权的企业。

对地方政府而言，碧水源产品的性价比和工程技术的本土化成为膜技术污水处理行业内的首选合作者。此外，碧水源联通MBR污水处理应用的全产业链，形成了"以资本带项目，以项目带产品"的盈利模式。市政项目的投资额都比较大，地方政府在水处理项目中通常采取建设－移交（BT）或者建设－运营－移交（BOT）的方式进行，因此项目承揽方前期投入大。碧水源通过上市融资获得资金优势，在行业竞争中形成天然优势。以碧水源滇池项目为例。按照昆明市政府的安排，由滇投公司作为项目业主，负责昆明第九和第十污水处理厂项目的融资建设。根据招标要求，投标方既要在水处理行业有雄厚的技术优势，又要能接受 BT 模式。碧水源脱颖而出，成为污水处理厂建设工程的 BT 投资人，负责工程建设资金的筹措，合同总额为 11 亿元。这既满足了地方政府"有心无力"治理水污染的需求，又为公司自身的 MBR 技术和成套设备找到了市场。

（二）资本为绿色新动能关键技术提供引擎

碧水源公司作为民营企业，并不具备北控水务、首创股份等国有大型水务企业所拥有的强大的政府资源，但是其凭借强大的技术研发能力和资金实力，打造核心技术，吸引了充足的资金，同时在 PPP 模式推动下形成了以"技术＋资本"为核心的扩张模式。

碧水源的业务模式以工程和设备销售为主，其工程类业务回款周期通常都不长，这使其在扩张期可充分发挥资金的使用效用。碧水源的自有资金较充足，具有很强的融资能力，利用政府、资本市场、项目等融资渠道筹集了大量资金。作为 A 股市值环保类的头部公司，对投资者有强大的吸引力。国家开发银行为其提供的 200 亿元授信，不仅是与公司业务发展相匹配的市政公用类业务贷款，而且利率低于基准利率水平。因此，碧水源能够快速扩张的保障是其较低的融资成本、雄厚的资金实力。

（三）创新人才是发展绿色新动能经济的基础

2007 年，碧水源率先成立内部创新工作室，聚集了一批青年才俊与归国博士，包括北京市劳动模范代攀博士、首都劳动奖章获得者李天玉博士、北京市海外高层次引进人才丑树人博士、中关村十大海归人才夏建中博士等。

每当有高端研发人才加入碧水源，公司都会单独为其成立创新工作室，并且提供人力、资金和场地的支持。除此之外，碧水源还与清华大学联合在怀柔的碧水源膜技术创新产业园设立了膜技术研发中心，中心共有20多名博士、200多名硕士，还有院士工作站和2名进站院士，以及博士后工作站和5名在站博士后。与一般科研院所不同，碧水源所有的科研团队都围绕产业化难题，在各自领域开展膜材料研发、膜设备制造与膜工艺应用等技术创新。以李锁定创新工作室为例，该工作室开展的项目研发，一方面着眼当前，开发自来水处理新工艺，用纳米过滤膜处理自来水，彻底去除水中污染物，保障饮用水安全；另一方面放眼未来，研发深度处理市政污水技术，使其出水水质主要指标达到地表水Ⅱ类标准，可以作为饮用水水源，从而获得"新水源"。其终极目标是打造"未来水厂"，把污水处理厂变为"三源厂"，即通过能源、资源与水源回收，真正实现生态循环。

碧水源倡导的敢为人先、敢冒风险、宽容失败的精神，使科研人员的创新愿望得到鼓励、行动得到支持、成果得到尊重，形成了创新优先的鲜明导向。在事业方面，公司为人才设立创新工作室，给予其资金、人力和场地的支持，让他们有用武之地；为其提供具有市场竞争力的薪资待遇，并授予期权，或纳入公司高管基金激励等；在生活上，为人才及其家属协调住房问题等。碧水源将技术创新激励作为公司发展的灵魂，所有科研创新人员在碧水源都将得到最大限度的尊重。

本章执笔人：涂莹燕

第十一章
国内企业案例：华为

一 华为的基本情况

（一）公司简介

华为技术有限公司（以下简称华为）是一家生产销售通信设备的民营通信科技公司，于1987年正式注册成立，总部位于中国深圳市龙岗区坂田华为基地。

华为是全球领先的信息与通信技术（ICT）解决方案供应商，专注于ICT领域，坚持稳健经营、持续创新、开放合作，在电信运营商、企业、终端和云计算等领域构筑了端到端的解决方案优势，为运营商客户、企业客户和消费者提供有竞争力的ICT解决方案、产品和服务，致力于把数字世界带入每个人、每个家庭、每个组织，构建万物互联的智能世界。2013年，华为首超全球第一大电信设备商爱立信，排名《财富》世界500强第315位。

（二）历史沿革

华为的发展历史可分为四个阶段①。

一是创业初期求生存阶段。最初的华为在市场竞争中采取单一产品的持

---

① 《特稿：任正非，"血洗"华为（万字长文）》，正和岛微信公众号，2016年10月7日，https：//mp. weixin. qq. com/s/vTWE7qRmJkGiS9ngMtQQOw。

续开发与生产，通过低成本迅速占领市场，提高市场占有率，同时扩大企业规模。然后坚持集中化发展战略，抵制住外部股市与房地产的高利润诱惑，持续专注于通信设备制造业战略目标，进一步提高市场占有率，突破国外通信设备一统天下的局面。

二是迈向国际化阶段。这是华为各方面都处于规范化时期的阶段。在产品战略上，由单一集中化向横向一体化变革。在地域上，从聚焦国内市场向放眼国际市场变革。在市场拓展上，沿用"农村包围城市"的战略，从发展中国家起步，逐步将产品打入发达国家市场。在职能管理上，将原本的集权式管理变革，分组出不同的事业部及地区部，形成二维矩阵式结构。这一系列变革让华为走向海外，真正成为国际化公司。

三是商业模式变革阶段。此阶段华为在产品开发上采取了纵向一体化、多元化和国际化并举的战略。在市场竞争方面，采取与"合作伙伴"共赢的战略。公司也由全面通信解决方案电信设备提供商向提供端到端通信解决方案和客户或市场驱动型的电信设备服务商转型。

四是组织转型阶段。华为做出面向客户的战略调整，其创新从电信运营商网络向企业业务、消费者领域延伸，协调发展"云、管、端"业务，积极提供大容量和智能化的信息管道、丰富多彩的智能终端以及新一代业务平台和应用，给世界带来高效、绿色、创新的信息化应用和体验。

二 华为发展绿色新动能经济取得的成绩

（一）品牌效益得到提升

经过 30 年的发展和积累，华为已经排名中国民营企业 500 强首位，手机出货量排名世界第三。华为凭借技术主导、研发投入、创新驱动等策略，全球品牌影响力不断提升。在 2018 年全球知名品牌影响力榜单上，华为排在 BrandZ 百强榜第 48 位、Brand Finance 500 强榜单第 25 位、福布斯全球品牌价值榜第 79 位。

2017 年，华为运营商、企业、消费者三大业务实现全球销售收入 6036 亿元，同比增长 15.7%（见表 11 - 1），实现纳税 1100 亿元。截至 2017 年，累计纳税超过 3000 亿元，为全球超过 18 万人提供就业。

表 11 - 1　华为公司五年财务概要

单位：百万元

指标	2017 年	2016 年	2015 年	2014 年	2013 年
销售收入	603621	521574	395009	288197	239025
营业利润	56384	47515	45786	34205	29128
营业利润率（%）	9.3	9.1	11.6	11.9	12.2
净利润	47455	37052	36910	27866	21003
经营活动现金流	96336	49218	52300	41755	22554
现金与短期投资	199943	145653	125208	106036	81944
运营资本	137576	116231	89019	78566	75180
总资产	505225	443634	372155	309773	244091
总借款	39925	44799	28986	28108	23033
所有者权益	175616	140133	119069	99985	86266
资产负债率（%）	65.2	68.4	68.0	67.7	64.7

30 年来，华为不断刷新自己的成绩单。在新品研发上不断创新前行，对待产品质量始终持严苛的态度，同时也在努力将华为品牌带到世界每个角落。

（二）核心技术实现突破

1. 人工智能技术

华为把人工智能定位为一种使能技术①，希望把人工智能技术与华为公司的产品和解决方案融合起来。华为已经在无线领域的 SingleRAN Pro、网络领域的 IDN 以及运营商服务领域的 AUTIN 等解决方案中使用了 AI 技术，给网络部署、运营和运维装上"大脑"。面向全行业应用开发者，华为打造

---

① 《解读华为的 AI 战略：覆盖"云、管、端"》，《通信世界》2018 年第 13 期。

了 HiAI 平台，共同创造更丰富、更强大的 AI 应用。华为还打造了 EI（企业智能）平台，让企业基于该平台实现效率提升和价值创造。华为已将 EI 应用到自身全球供应链，进行端到端流程优化，打通从供货预测到物流、仓储，再到报关、运输、签收等各个环节，实现物流的智能化转型。

2. 芯片技术

2015 年 5 月，发布中低端芯片麒麟 650 SoC 芯片，这是全球第一款采用 16nm FinFET Plus 工艺制造的中低端芯片，是海思旗下第一款集成了 CDMA 的全网通基带 SoC 芯片，集成自研的 Prime ISP 和音视频解码芯片，是一款集成度非常高的 SoC 手机芯片。

2015 年 11 月，发布麒麟 950 SoC 芯片，采用 16nm FinFET Plus 工艺制造，集成自研的 Balong720 基带，首次集成自研的双核 14 – bit ISP，首次支持 LPDDR4 内存，集成 i5 协处理器，集成自研的音视频解码芯片，是一款集成度非常高的 SoC 手机芯片，也是全球首款采用 A72 架构和采用 Mali – T880 GPU 的芯片。

2016 年 4 月，发布麒麟 955 SoC 芯片，把 A72 架构从 2.3GHz 提升到 2.5GHz。

2016 年 10 月，发布麒麟 960，这是又一颗突破历史的芯片，因为它大幅提升了 GPU 性能，同时也是第一款解决了 CDMA 全网通基带的旗舰芯片。

2018 年 8 月，在德国 IFA 2018 展会上正式揭晓了新一代移动 SoC 处理器——麒麟 980。它是世界第一个 7nm 工艺 SoC、世界第一个 ARM A76 架构 CPU、世界第一个双 NPU、世界第一个 Mali – G76 GPU、世界第一个 1.4Gbps Cat.21 基带、世界第一个支持 LPDDR4X – 2133 内存的芯片。

3. 5G 技术

截至 2018 年 6 月 14 日，从声明的 5G 标准专利持有者看，持有超过 1000 族 5G 新空口标准专利的专利权人包括华为、爱立信、三星。其中，华为以 1481 项声明专利（占比为 28.90%）排名第一。在 5G 新核心网领域，目前仅有华为、LG、ETRI 三家企业声明持有相关标准专利，总数为 277 族。其中，华为以 214 族（占比为 77.26%）声明专利排名榜首。在 5G 标准 eMBB 场景上，华为主导的 Polar 成为信令信道编码方案，成为 5G 标准 eMBB 场景上的主要奉献者之一。华为等中国企业主导的 Polar 码的胜出，打破了欧美特别是美国企业在通信技术上的垄断，体现了中国通信在国际上被认可。华为 2018 年全球商用上市的 5GNR 产品顺利通过欧盟专业认证机构 TV 南德意志集团的认证核查，获得全球第一张 5G 产品 CE－TEC（欧盟无线设备指令型式认证）证书。华为面向全球发布了首款 3GPP 标准的 5G 商用芯片巴龙 5G01，以及基于该芯片的首款 3GPP 标准 5G 商用终端——华为 5G CPE（用户终端）。巴龙 5G01 是全球首款投入商用的基于 3GPP 标准的 5G 芯片，支持全球主流 5G 频段，包括 Sub6GHz（低频）、mmWave（高频），理论上可实现最高 2.3Gbps 的数据下载速率（骁龙 X24 2Gbps）。

4. 云技术

截至目前，华为云已发布 14 大类 99 个云服务超过 50 个解决方案，用户数、资源使用量双双实现 300% 的增长，云服务伙伴数量超过 2000 家。华为云在中国香港以及华东、华南大区等多个区域的数据中心节点已经上线，海外站点也已启动建设。IDC 的报告显示，2017 年，华为云在中国私有云新增市场份额上排名第一，中国政务云市场排名第一，大数据中国市场表现第一。在 Forrester 的公有云报告中，华为云被评为强劲表现者。

华为 FusionCloud 包括三个主要产品（见图 11－1），具体如下。

FusionSphere。华为云操作系统，提供完整的水平整合和云化企业异构 IT 基础设施的能力，能够支持数据中心内或跨数据中心的资源弹性调度和统一管理，帮助客户通过服务器整合、数据中心虚拟化或桌面虚拟化构筑云计算基础架构和运营模式，显著提高企业的 IT 效率水平。

FusionCube。极具创新的融合一体机产品，通过垂直整合经过优化的计算、存储、网络，FusionSphere 云操作系统以及统一的管理界面，为用户提供一个极其简化但又能够满足企业业务和性能要求的"一站式"融合基础设施，并通过创新的分布式存储引擎，提供无可比拟的超高性能和弹性扩展。

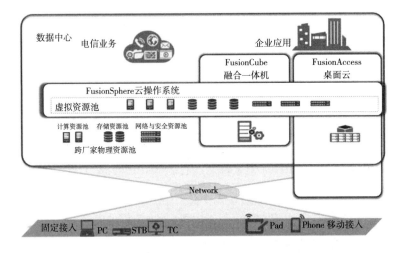

图 11－1　华为 FusionCloud 云计算解决方案架构

FusionAccess。华为桌面云软件、FusionSphere、华为 IT 硬件平台一起组成华为 FusionCloud 桌面云解决方案，能够提供固定和移动融合的云接入能力，帮助客户对固定办公和移动办公环境下的桌面、应用及数据进行统一管理、发布和聚合。FusionCloud 桌面云解决方案将桌面计算机的计算和存储资源（包括 CPU、硬盘、内存）集中部署在云计算数据中心机房，通过虚拟化技术将物理资源转化为虚拟资源，并按需向企业用户提供虚拟桌面服务。FusionCloud 桌面云解决方案在提升企业信息安全、提高运维效率和实现企业全方位的移动化办公方面为客户提供最全面、最优化和最经济的解决方案。

5. 石墨烯锂电池技术

与传统锂离子电池相比，华为石墨烯锂电池的优势非常明显，它主要有耐高温、寿命长两大特点。华为通过在电解液中加入高温抗分解添加剂，配合高温稳定的大单晶正极，大幅提升了电池的热稳定性。与此同时，利用石墨烯高效散热的特点，在同等工况下，能使电池温度降低5℃。

石墨烯锂电池技术主要解决了三个难题：第一，电解液加入特殊添加剂，避免高温分解；第二，选大单晶三元材料做正极，增强热稳定性；第三，石墨烯的加入，实现高效散热。

6. 铁路通信系统技术

华为 GSM – R、Hybrid MSTP、区间多业务宽带接入等方案，能够为铁路行业打造可靠、灵活、可演进的铁路运营通信网。

GSM – R 无线网络。业界最全网元冗余备份、多种独有技术及保护机制，有效抵御单点故障，保障业务安全可靠，提升系统容灾能力。采用业界唯一商用分布式基站和独有 AFC 专利算法，提升山区、隧道、枢纽站和编组站等复杂环境下的无线覆盖质量，并且通过 6 RRU 共小区技术降低切换概率83%，避免掉话引起的调度通话中断、信号设备降级或停车。

Hybrid MSTP 传输网络。OTN/MSTP 构建骨干层、汇聚层、接入层 ASON，采用 MSP 复用段保护、SNCP 子网连接保护、50ms 电信级传输倒换保护等多重保护机制，提供设备级、网络级、业务级等多个层面的全方位的可靠性保护，抵御因自然灾害或人为事件引起的网络单点甚至多点故障。

区间多业务宽带接入。通过 FXS/磁石/FE/GE/RS232/RS485 等接入方式，实现应急救援、防灾监控、区间电话、行车安全监测、电力远动、平交道口监控等 10 余种区间语音、数据和视频业务的接入。通过先进的 PON 技术，为区间通信提供可靠、高带宽的传输通道，满足大数据业务的发展需求。

（三）市场开拓取得进展

1. 智慧城市领域

华为协同超宽带网络、云计算、大数据、物联网等设施和技术，为城市打造"神经系统"，实现万物感知、万物互联、万物智能。通过"一云二网三平台"的智慧城市解决方案在全球广泛参与智慧城市项目并广受认可。华为积极参与智慧城市标准建设，在已立项的 20 余项智慧城市中国国家标准中，华为主笔 9 项。2016 年华为智慧城市解决方案已经成功应用于全球 40 多个国家的 100 多座城市。华为智慧城市解决方案总体架构见图 11 –2。

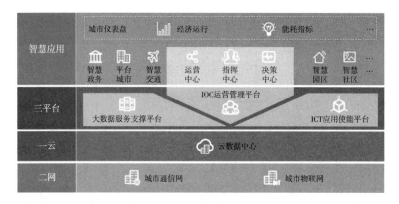

图 11 - 2 华为智慧城市解决方案总体架构

2. 公共安全领域

华为持续把云计算、大数据、移动宽带集群、物联网、人工智能等新 ICT 技术深度应用于公共安全领域，与合作伙伴携手打造融合、可视、开放的平安城市"一站式"解决方案，助力城市和公共安全数字化转型，让城市更安全。2016 年正式面向全球进一步发布融合通信平台，打通各异构系统间的通信壁垒，让现场可视、指挥可达、跨部门协同更便捷，决策更精准。目前华为平安城市解决方案已服务于欧洲、非洲、亚太、拉美等全球 80 多个国家 200 多座城市 8 亿多人口。

3. 金融领域

华为数字银行解决方案在 300 多家金融机构商用，包括全球 TOP 10 银行中的 6 家。华为与全球 10 多家顶尖金融机构和独立软件供应商开展联合创新，研究基于云计算与大数据的银行下一代 IT 基础架构，帮助金融企业应对互联网时代的创新挑战。华为数字银行解决方案见图 11 - 3。

4. 交通领域

华为服务全球超过 22 万公里的铁路和高速公路，解决方案应用于 15 家客流量超过 3000 万人次的机场。城轨 LTE - M 解决方案全面应用，市场占有率超过 70%。华为智慧机场解决方案为迪拜国际机场打造预制模块化数据中心，城轨综合监控云解决方案为温州地铁打造城轨行业首个城轨云项目。华为轻量化铁路运营通信解决方案见 11 - 4。

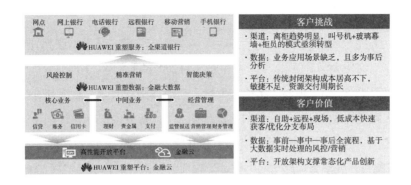

图 11 – 3 华为数字银行解决方案

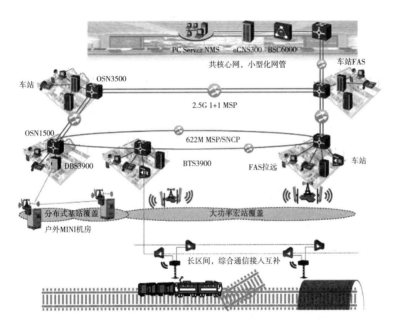

图 11 – 4 华为轻量化铁路运营通信解决方案

5. 能源领域

华为全联接电网解决方案助力泰国 PEA 电力公司建设高速安全生产网络，为全面实现电力智能化保驾护航。华为电力物联网方案帮助尼日利亚 IE 电力公司打造智能用电系统，大幅度降低非技术线损，实现高效运营。华为全联接电网解决方案广泛应用于全球 65 个国家，服务 170 多个电力客户。

6. 教育领域

华为智慧校园解决方案已广泛应用于麻省理工学院、苏黎世联邦理工学院、林肯大学、清华大学等 70 多个国家和地区的 200 多所大学；HPC 高性能计算方案助力波兰 PCSS 超算中心、多伦多大学、新加坡国立大学、意大利 INFN 等全球 100 多家高校或科研机构提升科研信息化水平；智慧课堂解决方案已经服务于中国、美国、西班牙、土耳其、南非、马其顿等多个国家的基础教育；在全球 140 多所院校开展华为信息与网络技术学院项目合作，培养学生超过 5000 人。

7. 媒体领域

华为媒体云解决方案已广泛应用于西欧、中东、亚太等区域的 10 多个国家的影视传媒集团。在西欧，华为助力法国 TF1 电视台构建融合媒体云平台，提升节目制作效率；在迪拜，华为和 du 共建媒体行业云，为其提供基于云端生产、归档、分发、播出的全流程服务，降低客户运维成本；在中国，华为媒体云解决方案已在中央电视台、北京电视台、江苏卫视等 100 余家电视台成功商用。

8. 制造领域

华为和库卡（KUKA）进行战略合作，通过云计算、物联网、大数据、无线技术等方面的合作，共同推动制造产业的升级，帮助更多的客户实现"智能制造"。华为与 ABB 签订合作备忘录，开展共同研发，将基于 4G LTE 的华为 OneAir 产品和技术应用到 ABB 的机器人和工业自动化解决方案中，实现机器人的远程无线监控管理、配置、运维以及大数据应用和可视化智能生产。华为还与全球领先的电梯供应商迅达集团签署物联网全球合作协议，合作开发智能物联网（IoT）解决方案以实现迅达对全球百万部电梯的统一联网和管理。

三 华为发展绿色新动能经济的主要做法

（一）培育新理念

华为从创立之日起到今天，关注的核心点是其价值观的形成、实施以及长期不懈的传播。华为的"核心价值观"体现在以下四个方面。

第一是以客户为中心，价值创造目的。除了客户以外，没有任何人、任何体系可以给公司持续地带来价值。

第二是长期坚持艰苦奋斗，并且华为选择了"以奋斗者为本"的价值评价和分配的理念。在某种程度上，这一理念是重大的经济现象的创新，牵引了华为30年的快速发展。

第三是不在非战略机会点上消耗战略竞争力量，华为没有做过资本化的运营，既不是上市公司，也没有做过任何规模性的并购。

第四是把能力中心建立在战略资源聚集的地方，进行开放式创新，站在巨人的肩膀上发展。依据不同国家或地区的能力优势，在美国、欧洲、日本、印度、新加坡等国家或地区设立了16个研究所、28个创新中心、45个产品服务中心。

（二）实施新战略

成为智能社会的使能者和推动者是华为现阶段的新战略，目标在于持续扩大企业优势，实现万物互联。在万物感知方面，华为只聚焦其中的连接和边缘计算、分布计算，持续构建并巩固优势；在万物智能方面，是行业知识和信息技术相结合的结果，华为聚焦云计算和大数据人工智能平台、On - Device AI、使能电信网络智能化及各行各业智能化，也用于内部管理的智能化。华为已开启万物互联主航道，努力成为智能社会的使能者和推动者。华为公司战略核心框架见图11-5。

（三）开展新业务

探索智能社会行业变革是华为新的业务方向，华为将加速5G预商用测试，建设以数据中心为核心的全云化网络和数字化运营运维系统，为个人、家庭、企业用户提供视频、IoT、云通信等极致体验的业务，实现新增长。

同时，华为着力于加速全球企业数字化转型进程，不断强化云计算、企业园区、数据中心、物联网等创新产品和解决方案，并在智慧城市、平安城

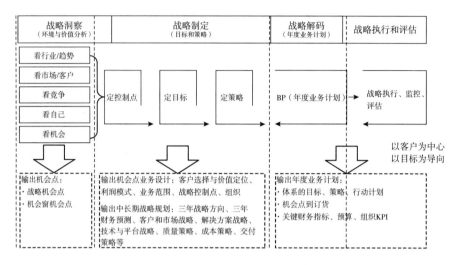

图 11 - 5 华为公司战略核心框架

市以及金融、能源、交通、制造等行业得到广泛应用。

华为通过领先的"端、管、云"全栈式 ICT 解决方案,帮助客户进行 ICT 基础架构的顶层设计,同时基于"平台 + 生态"战略,与合作伙伴共同打造企业数字化转型所需的生态链。

华为重点打造"芯、端、云"智慧服务新产品,麒麟 970 芯片率先推出提供人工智能运算的 NPU,领先行业提前进入人工智能时代。同时,华为的产品线不断丰富,包括笔记本电脑、路由器、智能硬件、移动互联网服务等多种产品都将通过华为终端云服务实现互联互通,逐渐实现以体验为中心的智慧服务分发,打破应用和应用之间、服务和服务之间的壁垒,真正地根据用户的需求完成服务的推荐,让用户可以通过各种各样的终端设备,随时随地地体验华为终端云的数字化服务。

(四)布局新市场

在运营商业务市场,华为占据的市场份额逐年提升,虽然增速在放缓,但市场体量逐步增大。华为与全球超过 50% 的运营商都有合作,并且合作越来越深入,华为提供的运维和服务逐渐增多。华为未来的运营商网络业务中，服务比重将大大超过销售硬件设备的收入。面对运营商市场的数字化转型，华为致力于协助运营商打造极致体验的连接和云网融合服务，一方面，通过"视频 3.0"以及"精品网 3.0"解决方案，协助运营商面向公众用户提供体验更好的服务；另一方面，通过云网协同解决方案，协助运营商面向政企用户提供"一站式"融合服务。

在企业业务市场，华为的销售收入比重最小，但增速较快，且是华为内部认为增值潜力最大的业务。华为依托强大的研发和综合技术能力，将充分利用云计算、SDN、大数据、物联网等技术，在企业市场打造一个开放、弹性、灵活、安全的平台，构筑合作多赢的新生态。面对数字化转型的浪潮，华为聚焦 ICT 基础设施，发挥自身在云计算、大数据、物联网、人工智能等领域的技术优势，为客户提供开放、灵活、安全的"端、管、云"协同 ICT 基础设施平台，成为培育数字化转型的"黑土地"。华为坚定不移地与生态伙伴"共生、共赢"，向合作伙伴最大限度地开放 ICT 平台、全球营销平台、培训和服务平台，共赢市场。同时，华为推动行业标准，降低数字化转型成本，为客户创造价值，与客户携手做大产业蛋糕，从而实现可持续增长。

在消费者业务市场，华为在手机、PC、平板、智能穿戴、智能家居、车联网等领域进行布局。在人工智能、AR/VR 等核心技术领域不断创新，构建"芯、端、云"协同发展的端到端能力，以逐步实现智能终端到智慧终端的跨越，为全球消费者带来用户体验的颠覆式提升，引领行业变革。

华为各业务市场收入情况见表 11 – 2。

表 11 – 2 华为各业务市场收入情况

单位：百万元，%

业务类别	2017 年	2016 年	同比增长
运营商业务	297838	290561	2.5
企业业务	54948	40666	35.1
消费者业务	237249	179808	31.9
其他	13586	10539	28.9
合计	603621	521574	15.7

（五）探索新制度

华为是一家完全意义上的民营企业，经过不到30年的发展，华为成长为全球通信行业的领导者之一，这在很大程度上得益于其独特的制度体系。华为的制度可以称为合作－分享制度，主要体现在以下几个方面。

1. 财富共享的制度设计

华为从创立之初就开始探索一种劳动者普遍持股的制度，截至2016年6月底，华为拥有8.45万名员工股东，占有98.6%的股份，创始人任正非仅占有1.4%的股份，无任何外部财务股东。华为的股东具有"劳动者＋资本人"的双栖特征。华为的领导层认为，资本短缺时代形成的"股东利益最大化"的企业理念，在过去对人类有巨大贡献，但在资本过剩时代，劳动者尤其是知识劳动者是企业长期价值创造的第一竞争力，因此企业的价值分配要先于和优于向劳动者倾斜。过去28年，华为员工平均年收入之和（含工资、奖金和福利）与股东所得的比例是3:1。

2. 权力分享的制度设计

华为是一家知识密集型企业，95%以上的员工接受过良好的大学教育。校园是培植雄心、野心的地方，因此，知识劳动者在追求财富自由度的同时，也有着强烈的掌控欲、权力欲，权力是他们实现个人成就感的工具和拐杖。华为是一家权力充分释放、充分开放的公司，一大批20～30岁的年轻知识分子占据着华为从下到上的权力走廊。

华为合作－共享制度设计的最高层面，是使命与愿景的认同。任何卓越的组织都必然有宏大的组织使命与愿景，华为给自身设定的愿景是：丰富人类的沟通与生活。华为的分享制度是有清晰定义的，即以奋斗者为本。奋斗者与一般意义上的劳动者是有区别的，华为概念上的奋斗者是有方向的，这个方向就是客户，客户是企业价值创造的唯一源泉。华为合作－共享制度的前提是分享，目的是促进人与人、个体与组织的紧密合作，合作奋斗的方向是客户，结果是实现资本与劳动者的共赢，这是一个动态的闭环系统。

华为在过去的 30 年，依靠合作 – 共享的制度创新，构建了一个 18 万人的利益 – 责任共同体，并在此之上逐步形成了一个以中高层核心骨干为基础的命运共同体和一个由一批高层管理者、科学家组成的使命共同体，这是华为赖以成功的根本要素。华为新的探索是，将这种普遍共享的模式扩展到整个生态圈，以实现包括客户、供应商在内的多方共赢。

（六）引进新模式

新科技带来办公的变化，而高科技的创新更需要脑洞大开，这一时刻不仅要有大师级的创新、集团模式，而且要有普通员工在灵活机制下的积极能动性。因此，华为提出了自己的模式——全球创新蜂巢：一群蜜蜂没有领袖发号施令，而朝同一个方向飞。

蜂巢结构是严格的六角柱型体，这是一种用最少耗材制成最大菱形容器的科学结论。任正非一直坚信，企业的成功必须遵循损耗最低、效用最大的原则。基于学习 IPD 的经验，华为逐步将整个企业管理的重点放在了团队分工与协作上：制定高度统一的目标，以此激发团队的动力，集思广益，最终实现创新。同时，华为选择主攻简单而高度集中的产品，并力求在简单中实现精准的突破。

蜂群模式的特征是没有强制的中心控制，次级单位具有自治的特质，次级单位之间彼此高度连接，点对点间的影响通过网络形成非线性因果关系。蜂群思维是一种群体共同做选择的思维，是由许多独立的单元高度连接而成的一个活系统。

在华为的蜂巢组织模式中，有着同样的特点。华为的组织架构就是去中心化的管理模式，利用数字化链接，汇聚全球员工的智慧，使公司更开放、自由、高效。

华为蜂巢式创新的另一个特点就是华为的轮值 CEO 制度。华为有 3 位轮值 CEO，每 6 个月轮换一次。这就是华为著名的轮值 CEO 制度：依靠集体民主决策而非一人独裁。

（七）探索新管理

华为实施铁三角管理模式，主要包括两个方面：一是项目铁三角团队，二是系统部铁三角组织。华为公司管理体系架构见图11-6。

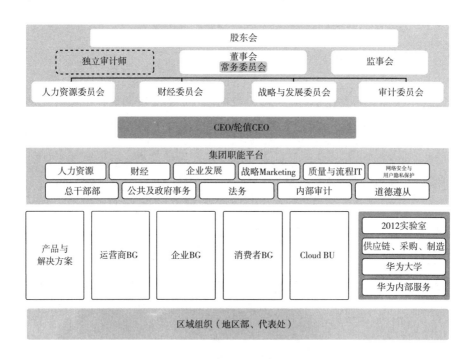

图11-6　华为公司管理体系架构

项目铁三角团队聚焦客户需求，成员体系包括核心成员、项目扩展角色成员和支撑功能岗位成员。项目铁三角团队的第一责任由客户经理担任，解决方案经理和交付经理共同协助完成，三者的任务目标一致，可以根据流程进度和实际需求进行调整。同时，也要与客户组织匹配，熟悉相关流程，了解客户链和业务流程，能够快速梳理流程相关工作。

系统部铁三角组织是项目铁三角的支撑平台。系统部铁三角组织由销售业务部、解决方案部和交付与服务部构成，作为服务客户的部门而存在，具有相对稳定的职能组织形式。系统部铁三角组织的作用巨大，负责公司系统部的整体经营等相关工作，主要作用是为项目铁三角团队提供支撑和角色资源，以及加强业务能力建设等；而地区部和代表处平台建设直接支持系统部铁三角组织，也间接支持项目铁三角团队的运作，三者之间形成一个立体、高效的铁三角运营体系，从而实现各部高效工作。

四　华为发展绿色新动能经济的启示

30 年的时间，华为凭借中国通信市场快速发展的外部环境，由弱小成长壮大，从中国的农村一步步走向城市、走向世界，成为全球化运营的世界级公司。华为是中国企业的楷模、典范和标杆，其发展的轨迹，为发展绿色新动能经济带来诸多启示。

（一）践行蓝海战略，做大做强做尖

1. 专注核心领域

华为坚定不移地只对准通信领域这个"城墙口"冲锋。坚持只做一件事，在一个方面做大。密集炮火，饱和攻击，最终在通信领域成为世界的领导者。首先，企业应聚焦关键的核心能力，只有专注才能持续在核心技术和服务上创新，通过成功的经验和失败的教训，调和公司的目标与愿景，以构建企业永续成长与市场领导地位。其次，企业必须进一步运用自身在核心领域的专注与深度等优势，以全球化为杠杆，输出产品与扩张企业版图，进一步维持和提升企业的市场领导地位。

2. 拓宽业务空间

企业首先要放眼全球市场，发掘领域内市场的空白点和盈利点。制订可行方案，获得先发优势，迅速积累客户，占领市场。其次要秉持客户思维，满足新业务发展的需求。遇到客户提出问题，可为其量身定制产品，这样不仅可以满足客户需求，而且可以衍生新产品及专利。最后要延长产业链条，把握行业信息化新机遇。要建立技术和模式双重优势，不断向产业链上下游延伸，持续拓展新的业务领域，陆续涉足尖端领域和相关产业。

（二）重视人才建设，推进科研攻坚

1. 实施人才战略

华为总裁任正非的一句话很好地彰显了其对人才的看重，"什么都可以缺，人才不能缺；什么都可以少，人才不能少；什么都可以不争，人才不能不争"。人才是推动华为迅猛发展的力量源泉，人才战略是贯穿华为成长的指路明灯，人才对成就华为辉煌起到了关键作用。在人才的选择上应实行"外部引进"与"自己培养"双法并举。自己培养的人才，会深刻理解本企业文化，了解企业发展情况，认同企业价值观，而且充分的了解可以把人才的"道德风险"降到最低；而外部引进的人才，会在短时间内达到企业当时业务和技术的要求，满足企业最急迫的需求，而且会为企业带来某些独特、创新的东西，为企业注入活力。只有在合适的时间运用合适的人才选聘方式，才能使企业在人才储备上立于不败之地。

2. 构建研发体系

企业应在掌握核心技术的基础上构建研发体系，形成完整的自主研发平台。应在建设研发流程和管理制度、制定产品及版本的总体规划、追踪相关核心技术、培训研发管理干部等方面加强对业务部门的技术管理和支持，持续向产品线输出管理、技术、产品及产品化的优秀经验和管理工具，改善业务部门产品质量的稳定性，提升研发工作的可控制性、可继承性和可管理性，提高新产品的研发效率。学会站在"巨人"的肩膀上创新，在已有技术成果的基础上加快产品的推出速度。

（三）深耕企业文化，加强团队协作

1. 制定"企业基本法"

企业应当总结自身发展经验，明确自身的观念、战略、方针和基本政策，构筑公司未来发展的宏伟架构。应当强化企业战略意识，阐述企业发展使命、愿景以及核心价值观，统一员工的思想，确立企业基本的管理体系。强调坚持均衡发展，在公司核心竞争力不断提升的条件下，鼓励员工优化工作，提高效率。结合企业自身业务的实际情况，实现从需求到服务最简洁、规范、非情绪化及可控高效的联通。持续推动管理体制变革，引导企业逐步蜕变。确保员工人人平等，制定相应的奖惩制度，增强员工的法治意识，保证公司战略的有效实施。

2. 奉行客户至上

一是要把客户的服务做透，提供切实可行的完整的解决方案。不仅仅是提供问题的答案，还要提供系列衍生问题的综合解决方案。二是要时刻把握客户需求导向，进行产品创新，提供综合解决方案，为客户省钱。三是要及时响应客户需求，替客户着想。对于客户提出的建议，要快速响应、及时解决，不能一拖再拖。

3. 加强群体协作

不仅要树立奋斗目标，让员工具有共同的奋斗特质，创立员工认同的核心价值体系，而且要建立行之有效的管理模式，促进企业内部各个部门相互配合。另外，还应建立强有力的保障机制，为团队协作提供有力的支撑。

本章执笔人：张志冉

第十二章
国外区域案例：美国加州

新动能经济是指以新制度为引擎、以新主体为支撑、以新要素为手段、以新产业为核心、以满足新需要为目的的经济形态，内容包括新制度、新主体、新要素、新产业和新市场五个方面。绿色新动能经济则是指符合绿色发展要求的新经济形式，其主要特征是"四低"〔低消耗（指资源能源消耗）、低污染（指大气、水、土壤等污染）、低排放（指二氧化碳排放）、低破坏（指生态破坏）〕、"四高"（高效率、高效益、高循环、高碳汇）。绿色发展的途径是降耗、减排、止损、增绿、提效、改制。从社会生态和环境保护视角出发，综合考虑全人类福祉，保护能源和生态环境、注重社会公平与发展经济并举，在自然可承受范围内实现经济可持续发展。在经济新常态背景下推动绿色经济发展，是实现我国经济效益、生态效益与社会效益和谐统一的必经之路。

本章以著名的"南加州空气质量管理区"为例，分析地方行政单位如何通过制度创新，以及培育新能源产业等空气污染区域治理方案，有效实现节能减排、降低能耗，从而推动绿色经济发展。这一跨越半个世纪的动态过程，为绿色新动能经济发展研究提供了一个不可或缺的案例。

一　加州发展绿色新动能经济的概况

（一）加州环境质量概况

加利福尼亚州（以下简称加州）位于美国西海岸，是美国经济最发达的州，在全球经济排名中列第 5~8 位。州内发达城市如旧金山、洛杉矶、圣地亚哥等都位于海边，气候变化导致的海平面上升对加州影响巨大。加州拥有十分发达的农业，森林覆盖率高，且气候干旱，常常为山火所侵扰，一旦气温升高，加州的山火威胁将会加大。因此，对于全球变暖而言，加州既敏感又脆弱。

加州空气污染的主要来源为交通部门41%、工业23%、电力21%、农业8%、住房5%、商业3%。发达的工业和汽车文化对环境造成了极大的损害。据统计，加州是全球居于前20位的碳排放者，占全世界排放量的1.4%、全美排放量的6.2%。根据加州南海岸空气质量管理区（SCAQMD）收集的数据，南海岸空气盆地的人口数量不到世界总人口的0.1%，占美国人口的4%左右，但二氧化碳排放量占世界的1%、美国的2%。虽然自1970年以来加州采取了相当严格的汽车尾气排放控制措施，但空气污染问题仍然是加州面临的最严重的环境问题，特别是南海岸盆地的空气污染问题。在6600平方英里的南海岸空气盆地内，发电厂化石燃料的燃烧、大量机动车尾气的排放、自然山脉的屏障，使该区域的空气质量不断恶化。铅、二氧化硫、一氧化碳、氮氧化物和臭氧在太阳强光下所形成的光化学烟雾，伤害儿童的肺部发育，强烈刺激人的眼睛，直接引起头痛和成人呼吸问题，造成植物、树木和其他生命体死亡。长期接触这种光化学烟雾，还会导致肺气肿。据统计，每年有超过18000名加州居民因空气污染而过早死亡。

（二）加州绿色新动能经济发展历程

1941年洛杉矶发生了著名的烟雾事件，这起事件直接引起了加州政府对环境的重视，并由此开始了长达半个多世纪的区域性气候治理行动。行动大致分为三个阶段。

治理空气污染阶段（1945~1988年）。主要行动是针对空气污染进行治理。研究表明，1941年烟雾事件的原因在于化石燃料的使用，因此1945年洛杉矶启动了空气污染控制项目，并在洛杉矶卫生部之下建立了烟雾控制局，开始了加州历史上最早的气候治理。1947年颁布了《空气污染控制法令》，在州内建立"空气污染控制区"。1959年制定了首份全美空气质量标准条例。1976年在洛杉矶和湖滨等地区成立了南岸空气质量管理区。1984年加州烟雾检测项目开始执行，其目的是检测汽车的排放控制系统。此阶段加州仍处于气候意识觉醒阶段，主要任务是应对环境污染，特别是汽车尾气污染。

应对气候变化阶段（1988~2006年）。主要依靠行政立法手段进行治理。治理重点主要在汽车尾气排放以及开发可再生能源等方面。1988年以后，加州的环境保护运动大规模展开，并开始走向法治化道路。1988年加州能源委员会起草了针对全州各种排放行为体的温室气体排放清单。同年，《加州洁净空气法令》（Clean Air Act）签署生效，该法令为加州空气管理设立了一个全面框架。随后的10年间，加州政府资助建立了应对气候变化的科研机构，这些来自全球的顶级科研工作者先后起草并发布了多份温室气体构成及影响报告。2002年的众议院法令要求加州空气质量管理局采取措施限制汽车的温室气体排放。2005年设立总量控制标准。

成熟治理阶段（2006年至今）。主要以2006年全美第一个全面减排的总量限制和碳交易机制行动框架（AB32）的通过为标志。2009年加州正式通过了实现全面减排计划的适应性战略（Climate Change Adaption Strategy）。除执行计划外，还通过了一系列极具影响的排放标准，如世界上第一个针对交通燃料的低碳标准、日用品能耗标准、可再生能源的使用比例等。同时期也通过了"绿色建筑倡议"和"可持续发展社区战略"计划，旨在打造绿色交通网络和绿色生活社区。

（三）加州绿色新动能经济发展特点

作为联邦制国家，美国联邦空气污染治理政策是非强制性的，在治理空气污染方面，20世纪60年代以前几乎没有任何政府间的合作。加州在先期治理过程中发现，单独依靠一个地方政府的努力根本不可能解决区域空气污染问题，由于空气具有流动性，治理空气污染需要地方政府间的横向合作，同时也需要中央政府与地方政府间的纵向合作。这种共识成为制订后续空气治理方案的认识前提，政府间关系被正式纳入制定空气污染政策的考量中。

加州空气质量管理计划（AQMP）是到目前为止影响最深远的空气污染控制法案，显著地影响了美国联邦政府乃至全世界清洁空气法案的制定。项目中大量存在的地方政府间合作、区域合作以及各州政府部门之间的合作，对于统筹空气污染治理过程中的政府间关系、推动区域空气污染治理有着巨大的借鉴作用。

概括地说，加州绿色新动能经济发展的特点体现在依靠制度创新促进环境立法，从而成功培育绿色新动能经济，提升区域环境质量，因此成为著名的绿色经济发展典范，打造了世界级的"绿色先锋"品牌。

二　加州发展绿色新动能经济取得的成效

加州空气管控计划的制订和实施，不仅取得了满意的治理绩效，而且为加州经济和社会发展带来了明显的经济效益。虽然第一阶段的措施花费了近50亿美元，但产出的可量化收益超过了60亿美元。在第二和第三阶段的控制中，仅健康收益一项就高达900亿美元，远远超过实施控制的230亿美元。进入21世纪以来，加州发展绿色新动能经济取得的成效突出表现在以下几个方面。

（一）绿色能源经济迅猛发展

加州在绿色能源投资方面目前高居全美第一。主要包括研发可再生新能源和提高能源使用效率两个方面。自2006年颁布防止气候变暖法案后仅两年，加州在绿色能源领域的投资就高达66亿美元，比名列第二的马萨诸塞州多出约5倍。仅法案颁布后的第一年，加州就有1万多家清洁能源企业开张。在所有可再生能源中，加州特别重视太阳能的开发。作为太阳能技术的发祥地，加州太阳能技术可以追溯到20世纪初。2007年，加州能源委员会起草并通过了一项4亿美元的预算支持"新太阳能住宅伙伴计划"，目标是为新修建的住宅装设太阳能系统。加州的新能源计划取得了显著的效果，根据加州公共事业委员会发布的报告，加州2008年使用的可再生能源产能比

2007 年翻了两番。"新太阳能住宅伙伴计划"发布之后仅一年时间，太阳能发电投标就增长了 30%，而传统风电计划则下降了一半，地热能投标申请变得极为稀少。自此以后，加州的气候治理越来越聚焦在能源上。

（二）绿色交通网络优化升级

加州的汽车文化历史悠久且发达，交通在加州碳排放中占了最大的份额（41%）。"绿色交通战略"对交通工具和交通燃油设定了诸多标准以限制排放，并禁止大排量汽车和高碳燃料在加州出售。此外，加州还大力提倡使用城市公交系统和轻轨系统，减少道路的使用以达到减排的目的。2009 年 4 月，加州能源委员会通过了一项 1.6 亿美元的绿色交通计划。该计划投资 1.76 亿美元推进绿色交通项目，这些投资主要包括：4600 万美元用于纯电动汽车、公共充电站、制造工厂，4300 万美元用于天然气汽车、加注站和生物甲醇工厂，4000 万美元用于氢燃料加注站，1200 万美元用于先进乙醇燃料工厂和 E85 加注站，600 万美元用于先进可再生生物柴油工厂，200 万美元用于丙烷汽车。

（三）绿色社区建设已成规模

旨在全加州打造绿色社区的加州州长执行令 S375，要求加州空气资源局研究加州各个地区的排放状况，并提出加州居民住房建筑的区域规划，即"加州可持续发展社区战略"。该战略的核心是力所能及地减少人们对道路的使用，以减少排放。2004 年，加州州长令 S－20－04 要求推行一项"绿色建筑倡议"的计划，大力发展节能住房。提倡节约住房耗能，修建更加密闭的屋顶和窗户，更新家用供暖系统，使用节能灯。该执行令要求至 2015 年加州住房节能 20%。此外，加州还实行了一项"百万太阳能屋顶规划"，截至 2018 年 1 月，加州已经完成投资 2.9 亿美元为 100 万住户安装太阳能系统。与此同时，加州也是全美第一个通过立法限制电视机耗电上限的州，其要求是所有电视机在处于待机状态时，耗电量不得超过 1 瓦特。

（四）"绿色先锋"品牌成功打造

加州通过积极参与国际气候合作，既帮助自身的减排行动，也在国际上努力树立其"绿色先锋"的形象，扩大了加州气候治理的影响力。2008年开始的"加州州长全球气候峰会"旨在通过会议讨论的形式促进共识和气候项目合作。2008年峰会通过了《全球气候解决方案宣言》，呼吁全球各个国家和地方政府建立"伙伴关系"共同应对全球气候问题。此外，加州还与英国签署了气候变化协议，与冰岛签订了关于分享地热技术的环境合作协议，与加拿大不列颠哥伦比亚省签订了"太平洋海岸合作计划"，共同开发清洁技术。在2009年10月举办的第二届州长全球气候峰会上，加州与我国江苏省签署了《新能源与生态环境合作协议》，这是中美之间第一个省州之间达成的气候合作框架协议。根据江苏和加州的气候合作协议，双方将进一步加大政府对新能源和环保领域的支持与服务力度，推动这些领域的技术交流合作、标准化建设、企业创新能力提升。双方还商定以后每年定期举行高层会晤，审查协议的进展情况。江苏与加州的合作成为中美能源合作和气候合作的范本。

三　加州发展绿色新动能经济的主要做法

制度治理是现代治理的主要手段。制度新动能包括新的法律法规、新的评估标准、新的体制机制以及新的政策组合等。加州在气候治理和绿色新动能经济发展方面一直走在美国乃至国际社会的前沿，这得益于其不断的制度创新。其治理经验集中体现在组织机构、法律机制和激励机制等方面。

（一）创新组织机构

加州环境保护局（California Environmental Protection Agency）的主要职能是评估大区内气候变化的影响并组织各级政府相关机构全面应对，直接对州长负责。其下属机构中，影响最大的主要有三个：加州能源委员会、加州公共事务委员会和加州空气质量管理局。其中，加州能源委员会主要负责可再生能源的研发、气候变化研究及应对策略；加州公共事务委员会主要负责短期电能利用计划以及与公共生活相关联的节能减排事务；加州空气质量管理局主要负责制定针对汽车尾气的排放标准和交通燃油标准，推广混合动力汽车的使用。由于气候问题的跨部门性，加州政府于2005年设立了气候行动小组（Climate Action Team），并由加州环境保护局组织领导。气候行动小组几乎囊括了加州所有主要的政府部门，对全面应对气候问题具有积极作用，被称为"合作型的联邦主义"。

南加州政府协会（SCAG）是南加州的区域规划机构，负责在南加州6个城市实施联邦政府和加州授权的规划职能，整合6个城市在土地使用、交通、经济和环境方面的问题及需求。南加州政府协会在前期调查研究和筹划准备草案中发挥了主要作用，负责起草方案中交通运输、增长管理和土地使用要素等方面的内容。南加州政府协会由一个19人执行委员会领导，其成员均由南加州各县和市选举产生。

加州空气资源委员会（ARB）由州长任命的9名兼职成员构成，主要负责制定全州机动车排放标准、燃料规范和消费类产品标准。它主要为空气治理制定机动车排放污染控制措施。继加州南海岸空气质量管理区、南加州政府协会、加州空气资源委员会各自负责的内容得到通过后，加州空气质量管理计划（AQMP）随即生效。

（二）创新法律机制

加州气候治理的法治建设覆盖广、密度高。气候治理法令几乎覆盖到全州的各个产业部门，特别是交通部门和电力部门。法治建设的三个主要方向：一是减少排放，控制污染；二是节能，提高能源利用效率；三是发展可再生能源。自1945年以来，加州在气候治理领域颁布了大约50条法令。1988年以前，加州已开始出台关于治理空气污染的法规。1988年以后，气候法规出台更加密集，几乎每一年都会有新的法令出台。这些法令法规涉及联邦政府的立法与统筹、加州政府的立法与监管以及特别区政府的立法与规制，主要有参议院法令SB（Senate Bill）及众议院法令AB（Assembly Bill）

两种，各级行政主体相互磋商协调并严格执法。

气候治理过程中一个十分突出的特征就是标准化建设与法治化相挂钩，如 2007 年在 SB1078 中通过的《加州可再生能源一揽子标准》明确要求加州可再生能源占能源生产和消费的比例在 2010 年达到 20%，在 2020 年达到 33%。同时期还颁布了《加州低碳燃料标准》和《汽车尾气排放标准》等法定标准。标准化与法治化相挂钩的结果是使气候治理变得有法可依，从而大大提高了执行力。

（三）创新激励机制

2000 年加州气候行动登记处（Climate Action Registry）的成立是加州气候激励机制的开端。这个非政府组织旨在帮助加州各行为体建立二氧化碳排放基线，同时为参与自愿减排的行为主体记录其年度排放清单和减排清单。气候登记犹如光荣榜一样可以激励减排行为体实行更进一步的减排，并为其他行为体加入减排行列注入精神动力。此外，2006 年颁布的一项早期行动（Early Action）计划则旨在检验实质性减排（2012 年 1 月 1 日起实施）之前的环境治理效果，主要涉及垃圾填埋、摩托车燃油、汽车冷冻系统等，由此为全面治理气候打下了基础。早期行动计划的实施有利于及时调整或深化战略，并激励随后采取的各项减排行动。加州在气候治理过程中引入激励机制，有效地激发了参与者的创造力，调动了各部门减排的积极性。

四　加州发展绿色新动能经济的启示

在加州空气质量管理计划（AQMP）历时 5 年的制订过程中，包含着大量的政府间合作。这种合作不仅存在于南海岸空气质量管理区中 3 个州政府与 9 个县政府、城市政府之间，而且存在于南加州政府协会中 6 个城市政府之间，也存在于南海岸空气质量管理区、南加州政府协会、加州空气资源委员会之间。此外，这种合作还体现在政府搭建合作平台、丰富合作方式、调动参与者积极性等方面，加州空气污染治理过程中举办了几十次地方研讨会和演说会、10 次公众听证会，给出了 10 个月的公众反馈期，超过 50 个城市和各种环保社团、社会团体参与了方案的制订和出台。政府间的合作为加州空气污染治理政策的制定和顺利实施提供了极大的推力。

（一）设立区域性污染防治机构

空气的跨区域污染性决定了有效管理不能采取分而治之的治理格局。从美国空气污染监管的实践不难看出，设立一个跨行政区域的独立的、专门的公共机构负责跨界范围内政府、企业和公众的全面协调与合作，且能够参与政府的综合决策和能源、交通、城市规划、产业布局等方面的规划，对综合治理空气污染至关重要。加州南海岸空气质量管理区作为一个区域性管理机构，其最主要的职责是加强区域跨界和跨部门合作，与地方政府和其他社会团体共同制订和实施合作计划，并将研究的跨区域管理政策向美国国家环保局（EPA）和州政府提出，以便制定出使整个国家受益的空气环境政策。

我国目前跨区空气污染长效治理所面临的障碍之一，就是缺乏拥有指令权的区域污染防治机构。现行空气污染防治法规定空气质量由当地政府负责，将空气污染控制条块化，缺乏区域控制的内容，既无区域空气质量管理主体，也无具体的控制措施，无法解决多重行政层级下监测评价区域空气复合污染、区域间相互影响、协调和监督区域内空气污染控制等问题。同时，属地管理权限约束甚至使地方政府滋生保护主义。因此，我国生态环境保护"十二五"规划已经明确提出，要"制定实施京津冀区域大气污染联防联控规划，落实京津冀城市群大气污染防治统一规划、统一监测、统一监管、统一评估、统一协调的总体要求"。作为空气污染重灾区，京津冀地区不论是在工业发展还是污染程度上都应该且能够借鉴加州空气治理经验。以环保大部制改革为中心，建立生态环境保护部，选择大区环境治理改革试点，制定区域性空气法案并严格执法。

（二）鼓励地方政府进行政策创新

我国地域广阔，鉴于不同地区空气质量状况存在差异以及开展区域空气污染防治的紧迫性不同，可以鼓励各区域根据实际情况在中央政府的指导下进行探索性的政策创新。中央政府在区域空气污染控制及目标的制定和实施上，也需要统筹考虑区域内各主体发展不平衡的实际，按照责任共担、权责对应、利益共享、协商统筹的原则推进区域合作。

地方政府的政策创新，可以对中央政府在更大范围内的政策制定提供经验支持。加州空气污染的治理在替代燃料、排放控制标准、鼓励拼车三个方面取得了令人满意的政策绩效，美国联邦政府从加州经验中汲取了这些成功做法，并在1990年《美国清洁空气法案》中制定了类似的相关规定。地方政府无论是成功的政策措施还是失败的试错教训，对于负责全面范围的中央政府而言都是巨大的经验财富。因此，鼓励地方政府在空气污染治理中进行政策创新，对于中央政府在更大范围内的政策制定以及中央政府与地方政府的良性互动，都颇有裨益。

（三）建立长效合作机制

控制区域性的空气污染，在全国范围内建立长期的区域合作机制，需要法规、管理机制以及机构等多方面的支持和保障。可以从以下几个方面构建区域合作的管理制度和政策体系：克服地方保护主义，形成整体决策机制；整合传统条块关系，构建区域统调、部门合作、行业跟进的矩阵式管理模式；构建包括统一监测、统一标准、统一法规、统一考核、统一监管、统一规划在内的管理支撑体系；促进环境信息公开、引导公众参与、促进多利益主体参与的区域空气环境质量管理体系建立。

具体表现为：完善区域合作管理机制；充分发挥和强化区域空气污染防治联席会议的协调机制；完善环境信息共享平台与机制；推行区域空气污染联防联控的经济激励机制；深化污染减排的激励手段；推行主要空气污染物排污权有偿使用与交易机制；建立联防联控基金，不断完善联防联控的督查、核查和信息公开机制等。

本章执笔人：韦文怡

第十三章
国外企业案例：美国特斯拉

在全球能源短缺和环境危机日益突出的背景下，世界各国大力发展绿色新动能经济，力图实现经济效益、生态效益与社会效益的和谐统一。绿色新动能经济是以新制度为引擎、以新主体为支撑、以新要素为手段、以新产业为核心、以满足新需要为目的，符合绿色发展要求的经济形态。传统的汽车产业具有高耗能、高污染、高排放的特点，对生态环境产生了极大的危害，违背了绿色新动能经济的发展理念。为推动绿色新动能经济的发展，世界汽车产业发展的首要任务是降低人类对石油等不可再生能源的依赖，减少温室气体排放，这催生了新能源电动汽车的发展。

特斯拉作为电动汽车领域的领跑者，通过坚持绿色发展的理念、追求卓越的设计理念、打造全新的技术模式、开创新的营销模式等做法，有效实现了经济效益和环境效益的和谐统一，促进了经济绿色发展。

一　特斯拉的基本情况

（一）公司简介

特斯拉是美国的一家电动汽车及能源公司，设计、研发、生产并销售纯电动车、太阳能板及储能设备等。2003 年，马丁·艾伯哈德和马克·塔彭宁在美国加利福尼亚州硅谷的帕罗奥多创立了电动汽车公司，并为公司取名为"特斯拉汽车"，用以纪念物理学家尼古拉·特斯拉。特斯拉自成立以来共推出了四代电动汽车产品：第一代产品 Roadster 的问世揭开了先进电池技术和电动动力总成的神秘面纱；第二代产品 Model S 是全球首款纯电动豪华轿车；第三代产品 Model X 是一款高性能、安全、智能的全尺寸 SUV；第四代产品 Model 3 是价格更亲民的适合大批量生产的纯电动汽车。为了打造可持续发展的完整能源生态系统，特斯拉还设计了由 Powerwall、Powerpack 和 Solar Roof 等组成的独特的能源解决方案，使居民、企业和公共事业单位能够管理可再生能源发电、存储和消耗。特斯拉工厂版图不断扩张，现已遍布德国、荷兰、中国内地、中国台湾、中国香港、日本、韩国、澳大利亚等国家和地区。

（二）历史沿革

1. 初创发展时期

2003 年 7 月，马丁·艾伯哈德与他的长期商业伙伴马克·塔彭宁合伙成立特斯拉汽车公司。2004 年 2 月，艾龙·穆思科投资 630 万美元，出任公司董事长，拥有所有事物的最终决定权。同时，艾伯哈德出任特斯拉 CEO，带领特斯拉开始开发高端电动汽车 Roadster。2007 年 6 月，Roadster 未能按时交货且平均成本超过 10 万美元。2007 年 11 月，投资人穆思科以公司创始人艾伯哈德产品开发进度拖延、成本超支为由撤销其 CEO 的职务，两位创始人先后离开公司，特斯拉陷入了前所未有的困境之中。

2. 快速发展时期

2008 年 2 月，特斯拉交付第一辆 Roadster。2008 年 10 月，实现产量 1000 台，售价在 10 万美元以上。2009 年，美国能源部批准给特斯拉 4.65 亿美元低息贷款（ATM 项目）。2010 年，Tesla 在美国纳斯达克股票市场成功上市。2012 年 6 月，全球首款纯电动豪华轿车 Model S 正式在美国地区发售，Model S 的火爆销售带动了公司营业收入猛增近 4 倍，公司转亏为赢。2013 年 11 月，特斯拉北京体验店开始营业，特斯拉业务正式进入中国。2015 年，特斯拉正式发布第三代产品 Model X——一款高性能、安全、智能的全尺寸 SUV，成为首款美国国家公路交通安全管理局双五星安全评级的 SUV 车型。

3. 转型发展时期

2016 年，特斯拉发布了价格更亲民的大批量生产的纯电动汽车 Model 3，并于 2017 年开始大量生产。2018 年 5 月 28 日，Model 3 在美国和加拿大实现正式交付。特斯拉汽车的整车及绝大多数零部件在位于美国加州的弗里蒙特工厂生产。随着特斯拉产品线的持续扩容，特斯拉的生产计划也提高到 2018 年完成年产量 50 万辆。

二　特斯拉发展绿色新动能经济取得的成绩

（一）特斯拉取得巨大的经济效益

2008 年，特斯拉开始生产第一代纯电动跑车 Roadster，每年限量销售 2500 台。2012 年，特斯拉 Model S 正式发售，销量突破 3100 辆。广受市场欢迎的 Model S 使特斯拉 2013 年的销售量高达 22292 辆。随着特斯拉 Model X 和 Model 3 的相继推出以及全球市场的不断开拓，特斯拉销售量持续快速增长，2017 年特斯拉销售量已达到 101312 辆（见图 13 –1）。

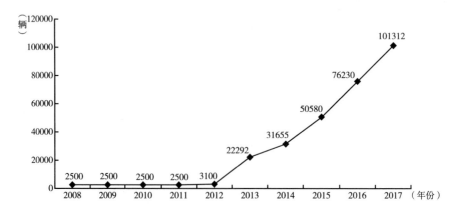

图 13 –1　2008 ~ 2017 年特斯拉汽车公司销售量

资料来源：http：//ir. tesla. com. /financial – information/quarterly – results。

随着特斯拉销售量的持续扩大，特斯拉总体的营业收入和毛利润都不断增长，但是净利润一直都是负值。2008 年，特斯拉营业收入仅有 1474.2 万美元，由于经营和生产的成本过高，其毛利润为 –114.1 万美元，净利润为 –8278.2 万美元。从 2009 年开始，特斯拉毛利润转为正值，营业收入保持稳步增长的趋势。2013 年，Model S 的火爆销售带动了特斯拉营业收入突破 20 亿美元，同比增长 387%。从此，特斯拉走上了快速发展的道路，经济效益持续提高。2017 年，特斯拉营业收入高达 117.6 亿美元，毛利润也达到了 22.2 亿美元（见图 13 – 2）。特斯拉市值现已达到 520.67 亿美元，在所有汽车公司中位居前列，特斯拉在未来将会取得更大的经济效益。

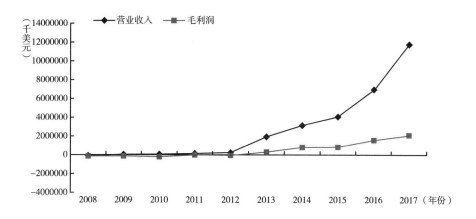

图 13 – 2　2008 ~ 2017 年特斯拉汽车公司营业收入及毛利润情况

资料来源：http：//ir. tesla. com. /financial – information/quarterly – results。

（二）特斯拉取得显著的环境效益

相比常规的燃油车，电动汽车具有节能和减排两个方面的优势。一方面，电动汽车省去了燃油汽车烦琐的"石油开采"环节，而且由于电动机的效率远高于内燃发动机，再加上现代电力系统的综合发电效率相比过去有了较大提高，因此电动汽车的总体能耗要显著低于传统燃油汽车，具有显著的节能优势。另一方面，在使用的过程中，电动汽车相较于燃油汽车是

"零排放",有助于缓解城市空气污染问题,具有突出的减排优势。此外,电动汽车还可以利用自身充电需求的可引导性,发挥分布式储能作用,有效提高电力系统接纳可再生能源的能力与常规电源的运行效率,从而取得更为显著的间接节能减排效益。

因此,特斯拉生产的纯电动汽车具有零排放、低噪声、结构简单、技术成熟等优点,为全球节能减排事业做出了巨大的贡献。截至 2018 年 7 月 25 日,特斯拉车主的 CO_2 减排总量已达到 3259200 吨。表 13-1 和表 13-2 分别是全球各国和中国各城市特斯拉车主的 CO_2 减排情况。

表 13-1 全球各国特斯拉车主 CO_2 减排情况

排名	国家或地区	车主减排 CO_2 量(公斤)	CO_2 人均减排量(公斤)
1	美国	1968321289	6.34
2	中国内地	305433762	0.23
3	挪威	273167354	54.53
4	荷兰	120006301	7.21
5	加拿大	112429990	3.34
6	中国香港	97050445	14.07
7	英国	83016151	1.33
8	德国	82486891	1.01
9	瑞士	65714801	8.67
10	丹麦	57177705	10.43
11	比利时	40366255	3.88
12	瑞典	37962059	3.86
13	法国	33091811	0.51
14	奥地利	23245003	2.83
15	澳大利亚	21282931	0.99
16	日本	17159733	0.13
17	意大利	7969047	0.13
18	芬兰	6400004	1.22
19	卢森堡	4315666	8.67
20	西班牙	3236420	0.07

资料来源:https://www.tesla.cn/carbonimpact。

表 13 – 2 中国内地各城市特斯拉车主 CO_2 减排情况

排名	城市	车主减排 CO_2 量(公斤)	CO_2 人均减排量(公斤)
1	北京	53977893	0.04
2	上海	44698578	0.03
3	深圳	23323738	0.02
4	广州	12496267	0.01
5	杭州	10137170	0.01
6	成都	7142135	0.01
7	南京	4035681	0
8	西安	2669220	0
9	天津	2627386	0
10	郑州	2104362	0
11	佛山	2053805	0
12	厦门	2669220	0
13	青岛	2004960	0
14	武汉	1883279	0
15	宁波	1795747	0
16	苏州	1789160	0
17	东莞	1744062	0
18	重庆	1711011	0
19	温州	1222956	0
20	沈阳	813562	0

资料来源：https：//www.tesla.cn/carbonimpact。

由表 13 – 1、表 13 – 2 可知，美国特斯拉车主的 CO_2 减排量远远高于其他国家，CO_2 减排量高达 1968321289 公斤，这是因为特斯拉汽车在美国的销售量最大。中国内地和挪威特斯拉车主的 CO_2 减排量则分别居世界第二位和第三位。总体来说，欧洲国家的特斯拉汽车保有量较大，因此欧洲国家特斯拉车主的 CO_2 减排量普遍较高。中国内地特斯拉汽车保有量不断上升，北京、上海、深圳、广州等发达城市特斯拉车主的 CO_2 减排量远远大于其他城市，特斯拉电动汽车为我国一线城市的节能减排做出了巨大的贡献。随着特斯拉全球营销策略的不断深入，特斯拉在全球取得了显著的环境效益。

（三）特斯拉实现技术的飞跃

特斯拉的核心竞争力来源于其极致的创新能力，特斯拉取得的技术成就主要体现在强大的电池系统和超级充电网络。

1. 强大的电池系统

（1）电池。特斯拉采用 18650 镍钴铝单体小型电池，全球的量产新能源汽车只有特斯拉采用该种镍钴铝（NCA）电池材料体系，该电池的优点在于技术成熟度高、生产经验丰富、成本低、安全性能可控，且能量密度高达 170 瓦时/公斤，是磷酸铁锂电池的两倍。

（2）电池管理系统。特斯拉建立了卓越的电池管理系统（BMS），包含电池老化、健康状态预估技术，诊断与预警技术，电池状态检测技术，电池平衡管理技术，电池电热管理技术以及电池残电管理技术。例如，Roadster 电池组共包含 6831 枚松下 18650 电池，排布按照单电池→电池包→电池组的方式进行构架；Model S 系列则将电池数量增加至 7104 枚，排布按照单电池→电池砖→电池片→电池包的方式进行架构。

（3）快充系统。特斯拉的快充系统主要采取以下两种方式保证了其电池的使用寿命：一是 50%～0 循环模式使电池寿命延长一倍；二是深度循环模式使电池在 900 次循环之后，放电容量衰减至 50%。

（4）电池温度冷却系统。温度控制是特斯拉设计中的另一个核心创新点，因此设计中采用电池温度冷却系统使特斯拉电池能够在恒温的条件下工作，这有利于延长电池的使用寿命。从特斯拉测评的不同放电温度下的电池寿命角度分析，稳定的电池使用温度（约 30℃）可以大幅延长电池组的循环寿命，也不会影响电池组的放电容量。

2. 超级充电网络

特斯拉现已建立了遍布全球的 1261 座超级充电站、10021 个超级充电桩，每个充电站能够提供 220V、70A 的快速充电服务，可在 45 分钟内充满。特斯拉建立的超级充电桩使用了高压充电技术，充电峰值可以达到 90 千瓦/小时，仅 30 分钟便能充到可行驶 240 公里的电量。超级充电网络最大限度地减少了电动车停靠充电站的次数，从而为驾驶汽车长途出行的人士提供了极大便利。

三　特斯拉发展绿色新动能经济的主要做法

（一）坚持绿色发展理念

在成立之初，特斯拉站在科技、汽车、能源的交叉口，确定了"零妥协、零排放"的绿色发展理念。"零妥协"确保从性能、安全、制造工艺、动力表现等各方面衡量特斯拉生产的汽车都是优异的产品，"零排放"则意味着特斯拉生产的纯电动汽车不会排放任何有害气体，从而为推动全球节能减排事业进程添砖加瓦。

（二）追求卓越的设计理念

特斯拉电动汽车不仅在造型上独树一帜，而且在整车上也运用了很多新材料和新技术。

1. 汽车由电机驱动，采用"底盘＋车身"的突破性结构

特斯拉创造性地将电池平铺在底部以降低车辆重心、增强操控性能，同时电池组由三层护甲保护，这一结构使车辆底盘更加安全。

2. 采用全景玻璃车窗能够使车内视野更加开阔

采用全景玻璃车窗使车内空间显得更大，还增加了全车的炫酷感。整个车顶全部采用轻质安全玻璃，能阻隔80％的太阳光热量和100％的紫外线，起到了遮阳棚的作用。

3. 车身结构采用高等级的铝合金

相比钢材料，铝合金的强度更高且重量更轻，它使车身强度变高且不易变形，既减轻了车身重量，又提高了车辆的安全性。全车使用了大量的碳纤维材料，大大减轻了汽车自身的重量，吸引了消费者的眼球。

4. 在车辆设计中融入了众多独创功能

车辆的流线型设计有效地减小了行驶阻力，使车辆的超强加速性能如虎添翼，让车主充分感受到"推背感"。此外，车门把手在车主携带钥匙靠近时会自动伸出，在车辆行驶时会自动嵌进车身，这会减小空气阻力，减少电量消耗。

（三）打造全新的技术模式

1. 采用"家用充电桩 + 移动充电器 + 超级充电桩"的充电方案

为解决纯电动汽车的充电难题，特斯拉完美组合了三种充电方式：第一种是家用壁挂式墙充充电模式，充电速度快，仅需 3.5 个小时即可充满，能够满足暂时性的充电需要；第二种是移动充电器充电模式，采用 110 V 和 240 V 并用的普通电源插口进行充电，充电便捷但速度较慢，充满需要 30 个小时，能够满足日常行驶的需要；第三种是超级充电站充电模式，充电速度极快，40 分钟就能充到电池电量的 80%，专为长途旅行研发。

2. 采用"NCA 电池 + 单电池更换 + 保险装置"的续航里程方案

特斯拉的电池是松下生产的 18650 镍钴铝小型电池，是由 6000~8000 个电池构成的电池总成，保证了电动汽车 400 公里以上的续航里程。若干个电池组装成电池砖，电池砖再组装成电池片，最后由电池片组装成电池总成，整个电池包能够以"片"为单位进行便捷的更换。电池片之间和电池砖之间分别以串联的方式连接，这样汽车不会因某节电池出现问题而出现抛锚的现象；每一节电池、每个电池片和电池砖也都有保险装置，一旦某一单位内部出现问题，保险装置将切断其与其他电池单元的联系，从而保证汽车的整体安全。

（四）开创新的营销模式

1. 坚持"小众市场 + 高端市场 + 大众市场"的产品定位模式

特斯拉采用"三步走"的营销战略：第一阶段特斯拉定位小众市场，仅生产高端、高性能、运动型的 Roadster 敞篷跑车，使命是测试电动系统，限量生产 2500 辆；第二阶段定位高端市场，主要生产 Model S 系列豪华轿车，目标是推动规模化量产，实现盈利，计划 4 年内生产 8 万辆；第三阶段定位大众市场，生产低成本经济型 Model X 多功能 SUV 轿车和更低门槛的 Model 3，目标是实现大众化和规模化。特斯拉开创了一条从小众到高端，再到大众普及的市场化路线。

2. 坚持"互联网思维 + '线下体验 + 网络订单' + 全球直营模式"的产品推广模式

（1）互联网思维。特斯拉运用互联网思维，以网络为主要的传播渠道，通过口碑营销扩大品牌知名度。特斯拉在早期专门为娱乐明星和财经名人定制电动汽车，名人在博客中书写自身对特斯拉的体验感受，通过网络转发的形式建立品牌的口碑，最终特斯拉消费者的口碑成为最有效的广告。

（2）"线下体验 + 网络订单"。特斯拉没有与经销商合作，而是采用"线下体验店 + 网络订单"的独特模式。有购买意向的消费者可以直接到当地的体验店零距离体验产品，如果消费者对产品比较满意可以直接从官网下单。特斯拉依据网络订单进行生产，实现零库存管理，避免了库存积压、仓储成本过高现象的出现。

（3）全球直营模式。特斯拉借鉴苹果的销售模式，采用颠覆性的直销方式撬动传统汽车世界，即建立全球直销与服务网络以确保良好的用户体验。2013 年 8 月，Model S 在挪威交付，从此特斯拉进入欧洲市场；同年 12 月，特斯拉成功进入中国市场。2017 年，特斯拉已经在全球 37 个国家开展了业务，并在全球范围内提升了 3 倍的服务能力，增加了 100 家服务中心，全球体验中心和服务中心数量达到 318 家，同时新增了 350 辆移动维修车和 1400 名服务技术人员。特斯拉独特的全球直销与服务网络模式取得了巨大的成功。

四　特斯拉发展绿色新动能经济的启示

（一）加大政策支持，树立民族品牌

政府通过政策扶持来激励产业自主创新，从而营造以市场为导向、以政府为推手、以企业为主导的发展环境。我国在借鉴特斯拉成功发展经验的同时，应当结合具体国情来探索一条具有中国特色的发展道路，助推新能源汽车在发展中实现弯道超车。

1. 制定精准的引导性政策

美国功能性产业政策可以降低企业的进入门槛，让市场选择创新技术和产品，从而创造更加活跃的市场。我国实施生产和产品事前审批的"双目录"制度，提高了企业进入纯电动汽车生产领域的门槛，从而限制了电动汽车的发展。我国应适当减少政府干预，充分激发电动汽车市场的活力，驱动企业技术创新。政府更应该从改善环境、提高人民生活质量的角度去引导新能源汽车的发展，因此，政府的政策应从吸引消费者使用和激励企业创新这两个方面加以引导。在消费者层面，要抓住消费者精神和物质两方面的需求，引导其树立绿色消费观念，并提供有吸引力的消费政策，从而激发新能源汽车市场的活力。在企业层面，要从激励企业技术创新、降低投资风险和完善基础设施三方面给予政策引导，政府应设置汽车排放限制的目标值，以严格的规制激励企业进行技术创新；聚合社会力量，鼓励社会投资，支持核心技术研发，解决企业的投融资和研发等难题；加强新能源汽车基础设施建设，协调电网、运营商和车企之间的利益关系，为企业发展新能源汽车铺平道路。

2. 实施与绩效挂钩的地方政策以激励企业长效发展

2014年，特斯拉获得美国内华达州提供的20年内税收减免、可转让税收减免、公路资金等共计14亿美元的奖励。这项优惠政策与投资绩效挂钩，如若特斯拉未达到预期成果，政府将追回其已享受的税收抵免和其他优惠。我国政府为新能源汽车的发展制定了购置补贴、研发和销售补贴、税收减免等一系列激励政策，虽然有较大的政策激励力度，但是市场增长率仍处于较低水平。我国应将激励政策与绩效挂钩，对绩效良好的企业追加财政支持，对效益不佳的企业追回补贴和减免的税费，从而激励企业长效发展。

3. 加大扶持力度，树立民族品牌

政府"有形之手"助推特斯拉进行全面创新，使特斯拉在短短15年间成为世界知名的汽车品牌。2009 年 6 月，特斯拉获得美国能源部先进汽车技术制造项目（ATVM）4.65 亿美元的低息贷款，该项目旨在支持先进汽车和零部件技术，以及节油技术的商业化。此项贷款为特斯拉缓解了 Model S 规模化生产造成的资金紧张问题，使特斯拉彻底摆脱了破产的阴影。同时，政府信誉的背书为特斯拉随后的几轮融资和在纳斯达克上市助了一臂之力。因此，我国应为有潜力的新能源汽车企业提供更便捷多样的融资渠道和更全面的资金支持。比亚迪是中国电动汽车的翘楚，虽然在销量上力压特斯拉，但是在生产技术和车型设计方面与特斯拉仍有一定差距，政府应继续扶持该企业的发展，使之成为民族品牌。

（二）广泛引进人才，着力技术研发

我国新能源汽车产业的创新能力尚待提升，而新能源汽车的发展离不开技术创新的支撑，所以必须广泛引进人才，着力技术研发以加速推进新能源汽车产业的发展。

1. 广泛引进人才，加强人才队伍建设

综观世界新能源汽车产业的发展态势，创新驱动实质上是人才驱动，谁拥有一流的创新人才，谁就拥有了创新的优势和主导权。因此，发展新能源汽车产业的当务之急是引进国内外的技术人才，加快建设企业技能型人才队伍，进一步增强企业技术创新能力，攻克新能源汽车产业的研发难关。国内新能源汽车企业的技术创新效率较低，这在很大程度上是由企业管理低效造成的，所以企业在引进技术型人才的同时，也要广泛引进管理型人才。另外，企业应制定严格的管理人员选拔与考评制度，任用能力强、有远见的管理人员。同时，企业还应注重管理层人员的培养，为管理人员安排定期培训，加强管理层队伍建设，提高企业的管理能力和运作效率。

2. 着力提升企业自主创新能力

特斯拉取得成功的关键在于其极致的创新，但是新能源汽车的关键技术研发具有高投资、高风险、长周期的特点，且存在很大的不确定性，所以应当通过体制改革来解决新能源汽车企业技术研发中的难题。一方面，企业自身应进行体制改革，解决技术研发的难题。积极探索产业链融资、知识产权质押融资等金融产品创新，综合运用风险补偿等政策，设立新能源汽车基金，解决产品研发的资金问题。另一方面，政府应推动相关体制改革助推新能源汽车企业进行技术创新。由政府牵头搭建新能源汽车公共技术研发平台，号召企业联盟、高校、研发机构和投资机构参与，形成"产学研"深度融合的技术研发模式，构建共同投入、风险共担、成果共享、利益共赢、市场化运作的运行机制，以体制改革破解新能源汽车技术创新的难题。

（三）创新商业模式，改进营销战略

特斯拉商业模式的成功在于其清晰的产品和市场定位，以及"线下体验＋网络订单"和全球直营模式。我国新能源汽车企业可结合自身情况借鉴特斯拉的商业模式，从而创新我国新能源汽车的营销模式。

1. 精准定位产品和市场

我国一部分消费者有较强的从众心理，对特斯拉等国外车企的认可度较高，但对国内品牌的认可度不高，因此新能源汽车的发展离不开政府引导。新能源汽车的发展应从市政车辆入手打开商用车市场，再进一步打开企业市场；从政府用车入手打开乘用车市场，逐步延伸至出租车市场，然后普及到私家车市场。我国年轻消费者用车需求持续增长，且年轻人的环保意识更强，对新事物的接受能力也更强，可将电动汽车的消费者定位于年轻人。因此，企业产品的开发和产品的定位必须符合市场发展规律。

2. 多渠道的市场推广措施

首先，需要通过媒体宣传、名人示范效应、政策导向等渠道提高消费者对新能源汽车的认可度，让新能源汽车的使用成为一种时尚和责任。其次，同时开设线上虚拟体验平台和线下体验店，提升消费者对新能源汽车的体验感。车辆的配置要与其用途具有高度的契合度，极大地满足车主的需求。再次，搭建企业官网销售平台或加入第三方网络销售平台，利用互联网开展线上促销和线上销售，并完善线下服务网络，给消费者提供最满意的服务半径和服务项目。为新能源汽车的购买提供最佳贷款解决方案，消除消费者的后顾之忧。最后，提供更好的售后服务，完善电动汽车的充电网络，研发多种充电模式，提高使用电动汽车的便利性。

3. 探索全球化新道路，加速国产品牌全球化进程

新能源汽车的发展需要开拓国际市场，在未来的发展中，应在保持技术创新能力的基础上，探寻更好的营销与品牌策略，进一步打开国际新能源汽车市场。推进国产品牌全球化进程大致可分为以下三个步骤：第一步，采取整合营销传播模式，不断提升品牌形象，从而提高消费者对品牌的认可度，进而产生购买行为；第二步，新能源汽车企业通过收购和兼并跨国公司、在国外开设工厂、设立直营店和体验店等方式进入国际市场；第三步，提升自身研发能力，提高汽车产品质量，同时稳固现有市场，逐步扩大国际市场范围。

本章执笔人：杨秋月

第四篇　对策建议

第十四章
发展绿色新动能经济的政策建议

一　发展绿色新动能经济离不开政策支持

（一）绿色发展需要政策支持

　　绿色发展能够营造良好的生态环境，而良好的生态环境也正是其他发展主体所需要的，但它们获得的这些生态效益没有花费任何成本，对它们而言，就产生了环境经济的正外部性。正外部性的产生是需要绿色发展的企业投入大量成本的，若得不到政策支持，就会降低这类企业绿色发展的积极性，从而影响生态环境质量的进一步提高。因此，在这种情况下，必须依靠绿色发展政策的大力支持才能加快推动绿色新动能经济的发展。

　　绿色发展是一个庞大的系统工程，涉及方方面面，特别是在责权利关系安排方面，需要进行系统的制度设计，才能从根本上保障绿色发展的顺利进行。现行的绿色发展制度需要进行改革，这一过程需要政府政策的强力支持。绿色发展需要技术、人才等多方面的投入和支持，并且有的技术投入带有很大的风险，只有良好的政策支持才能满足绿色发展的需求。

绿色发展是新动能经济的重要承载形式。近年来，中央政府十分重视绿色发展，党的十八大提出了建设"美丽中国"的号召，"绿水青山就是金山银山"逐步成为我国经济发展的重要指导方针。党的十九大又提出了"建设的现代化是人与自然和谐共生的现代化"和"建设生态文明是中华民族永续发展的千年大计"等战略部署。绿色经济以传统产业升级改造为支撑，以发展绿色新兴产业为导向，在保持经济稳定增长的同时，能够促进技术创新，创造就业机会，降低经济社会发展对资源能源的消耗和对生态环境的负面影响。因此，绿色发展符合我国生态文明建设的方向，也是我国产业发展的大势所趋。

（二）创新发展需要政策支持

党的十八届五中全会明确指出，"坚持创新发展，必须把创新摆在国家发展全局的核心位置，不断推进理论创新、制度创新、科技创新、文化创新等各方面创新，让创新贯穿党和国家一切工作，让创新在全社会蔚然成风"。《国民经济和社会发展第十三个五年规划纲要》提出了创新、协调、绿色、开放、共享五大发展理念，其中创新发展在五大发展理念中处于核心地位。

创新发展主要是通过技术创新、模式创新、体制机制创新等多种途径形成高质量的发展路径，创新发展是绿色新动能经济的重要驱动方式。然而，创新发展特别是技术创新具有投入大、周期长、风险高、正外部性高、不可控等特点，单个企业很难承担，并且一些创新成果很难得到社会的认可，产业化也面临一定的市场认可风险。在这种情况下，政策支持对于创新发展具有重要推动作用。

二 制定发展绿色新动能经济的财税政策

（一）加快出台税收优惠政策

税收优惠政策能够降低企业成本，对于促进新动能培育与传统动能改造提升、制度创新与技术创新的融合互动、供给与需求的有效衔接具有重要作用。绿色发展和创新发展会形成新产品，这些新产品的市场竞争力在最初阶段不会很强，若对其征收高额税收，必然会死在襁褓之中，因此，税收优惠会助推这些产品快速占领市场，真正成为新动能经济的重要组成部分。新动能经济发展必然会出现以新技术、新产业、新业态为特征的一系列新经济，这些新经济也需要税收优惠政策才能成长为新动能经济。

对于符合新动能经济发展的产业或领域，应形成完善的税收优惠政策体系。重点加大力度实施结构性减税政策，完善"营改增"政策，深化资源税改革，不断减轻企业税收负担，并积极拓展环境保护税、水资源税等新兴税源。规范税收优惠政策，加大对环境保护、就业创业、技术创新、特定投资等方面的税收优惠激励，建立促进民营经济和中小企业发展的税收优惠政策体系。例如，在企业科技创新方面进行税收优惠，政府应为开发新技术、新产品、新工艺而发生的研究开发费用，符合企业所得税法及有关规定的，允许在计算应纳税所得额时实行加计扣除。对符合条件的孵化器自用以及无偿或通过出租等方式提供给孵化企业使用的房产、土地，在规定的期限内免征房产税和城镇土地使用税等。

（二）加大财政政策支持力度

绿色新动能经济的发展需要财政政策的大力支持，特别是对符合绿色新动能经济发展的产业、产品和领域，应加大财政支持力度。财政支持的主要领域包括促进支持低碳产业的发展、为保护生态环境被划定为生态涵养区的生态补偿，以及资源环境权交易等绿色发展机制的建立。同时，还应围绕绿色新动能经济加大人才、科研、技术、基础设施等方面的财政支持力度。

绿色新动能经济中新技术、新产业、新业态、新模式会不断涌现，然而"四新"的出现与发展也需要政策的大力扶持。例如，对于绿色新产品，应加大力度推进政府绿色采购，完善采购标准和采购清单，引导社会资本投入绿色新动能产业，促进新技术的研发与环境保护方式的转变。修订环境标志产品及节能产品的政府采购清单，提高政府绿色采购的科学性和市场示范性，推广环保产品的使用。加速建立执行绿色采购的制度框架，确保以节能环保产品政府采购清单为基础的强制采购和优先采购制度，扩大绿色采购产品的覆盖内容，加大工程和服务类项目的采购力度，强化绿色采购的执行效果。

（三）稳步推进各种债务融资政策

债务融资是助力新动能经济发展的重要融资方式，主要包括地方债和企业债两种形式。其中，地方债是地方政府利用政府资产和信用担保形成的债务，分为直接债务、担保债务和政策性挂账。新动能经济发展中，中央政府应围绕绿色新动能经济大力支持地方政府发行新动能地方债、企业债。地方政府应积极引导社会资本参与绿色项目建设，鼓励地方政府通过投资补助、担保补贴、债券贴息、基金注资等多种方式，支持绿色债券发行和绿色创新项目实施，稳步提高直接融资比重。同时，积极开展债券品种创新。对于具有稳定偿债资金来源的绿色新动能项目，可按照"融资—投资建设—回收资金"封闭运行的模式，发行项目收益债券；对于投资回收期较长的项目，支持发行可续期或超长期债券。

三　制定发展绿色新动能经济的金融政策

（一）加快完善绿色信贷政策

绿色新动能经济发展不仅需要企业加大创新投入力度，而且要求企业加强绿色循环经济技术改造，并且低碳产业、环保产业以及绿色新产业的兴起，都需要依靠大量资金撬动其发展。当前，在我国以间接融资为主的融资结构短期内不会改变的背景下，应当发挥好信贷杠杆的作用，引导信贷资源向绿色新动能经济领域倾斜配置。

一是鼓励银行业等金融机构以绿色信贷为抓手，把企业的资源消耗、节能环保等绿色信贷核心指标全部纳入信贷政策，积极调整信贷结构，更好地服务绿色新动能经济的发展；二是降低新动能产业的贷款利率，对于符合"新技术、新模式、新产业"的新动能产业应降低贷款利率，大力支持其发展；三是扩大绿色新动能信贷参与机构的范围，重视绿色信贷资产证券化的发展，规范绿色资产的筛选，提升绿色新动能市场的流动性和安全性；四是一些新产业的成长往往起步于中小企业，而中小企业资金实力不足，更需要贷款政策的支持，当前中小企业贷款难的问题普遍存在，因此应从政策上专门建立针对中小企业的便捷的贷款融资渠道，以推动绿色新动能经济的快速发展。

（二）大力鼓励和支持企业上市融资

企业上市有助于更好地融到资金，从而解决发展资金不足的问题。在绿色新动能经济中，应大力支持绿色发展、创新发展的重点项目优先上市。加大对这些重点项目的上市、挂牌企业的扶持力度，特别是对于已与券商等中介机构签约的企业，各级政府及职能部门要提供"一站式"服务或开辟绿色办事通道。对于企业在改制上市、挂牌过程中涉及的各项审批，在依法依规的前提下，应简化流程，特事特办，并提供办事优先服务。

积极鼓励绿色新动能企业借壳上市。借壳上市就是将上市的公司通过收购、资产置换等方式取得已上市公司的控股权，这家公司就可以以上市公司增发股票的方式进行融资，从而实现上市的目的。鼓励拟上市企业突破地域限制，寻找和利用"壳"资源借"壳"上市。同时，鼓励符合条件的上市公司通过并购重组、定向增发等多种方式实现整体上市，将优质资源向上市公司集中。鼓励上市公司发行公司债券，实现再融资。推动已经进入重组、重整程序的上市公司加快进度，及时、准确、完整地披露相关信息。

（三）设立专项重点建设基金

支持在绿色新动能经济项目的投融资中，引导社会资本设立重点建设基金，提供放宽机构投资者准入、完善公平税收政策、支持长期投资等优惠的投资条件，增强绿色新动能产业改革动力。规范绿色新动能投资市场的收益和风险共担机制，逐步提高绿色产业的市场化水平。提高投资机构的绿色新动能项目参与度，鼓励民间资本发起设立投资于新技术、新产业、新模式等领域的绿色发展基金。落实国家绿色发展战略及政策，按照绿色基金模式对绿色项目投资进行管理，支持绿色发展项目的建设。创新绿色基金的作用机制，撬动更多的社会资本，保障绿色产业的稳定增长。

（四）开辟风投、私募等形式的创新融资渠道

新技术的成长需要一个过程，能否在短期内转化为实际产品并为市场所接受，存在很大的不确定性。风投的资金大多用于投资新创事业或未上市企业，并不以经营被投资公司为目的，仅是提供资金及专业上的知识与经验，以协助被投资公司获取更大的利润为目的，所以可以借助风投的资本创新融资渠道。私募债券也是重要的融资方式，主要是将绿色新动能项目由银行、保险公司或信托投资公司等机构认购，达到融资的目的。总之，应积极探索多样化的金融工具、创新性的证券产品，使绿色新动能企业在推进绿色发展过程中获得持续不断的资金支持。

四　制定发展绿色新动能经济的科教人才政策

（一）进一步加大科技投入和转化力度

科技创新在绿色新动能经济中起着关键性引领作用。在新动能经济发展中，新技术的出现主要来自科技创新。当前，新一轮技术革命，包括大数据、智能化、移动互联网和云计算等在内的新一代信息技术已经在新动能经

济发展中开始发挥重要作用。灵活应对技术发展和鼓励创新，可以使经济增长模式从要素投入驱动转型转变为生产率驱动，技术是提高全要素生产率的根本，可以提升在全球价值链中的地位。

进一步加大科技政策投入力度。一是要加大研发投入力度。加快绿色技术和产品研发、推广的产业化进程，提高符合绿色技术要求的绿色产业占GDP的比重。同时，加大关键技术和关键领域的研发投入力度，确保我国能够牢牢占领核心技术的制高点。二是要制订新动能产业的重大科技专项攻关计划，启动"科技创新2030"重大项目，储备一批具有产业发展引领作用的前瞻性原创技术。同时，积极构建具有国际竞争力的产业技术体系，加强新一代信息技术、智能制造、能源等领域的一体化部署，推进颠覆性技术创新，加速引领产业变革。三是要建立和完善绿色技术创新与成果转化体系。绿色技术的成功运用需要包括政府部门、企业、产业和教育在内的多个层面的积极合作。同时，积极完善全国技术市场体系，大力培育科技成果转移转化服务机构，发展科技中介服务，推进官产学研合作，加快绿色技术引进、消化、吸收和再创新，促进绿色新动能产业发展。

（二）继续加大教育培训力度

绿色新动能经济的发展需要创新型人才作为支撑，而创新型人才的获得则来自具有创新型的教育。创新教育是以培养人们创新精神和创新能力为基本价值取向的教育。其核心是在普及九年义务教育的基础上，在全面实施素质教育的过程中，为迎接知识经济时代的挑战，着重研究与解决在基础教育领域如何培养中小学生的创新意识、创新精神和创新能力的问题。因此，未来应加大创新型教育的政策引导力度，颠覆纯粹以应试教育为主导的教育模式。

加强职业技术培训。围绕绿色新动能经济发展的人力资源素质要求，大力加强教育培训体系建设。健全和完善职业技术教育与成人教育，扩大办学规模，提高办学效率。职业教育和成人教育要坚持"学用结合，按需施教"的原则，把绿色新动能教育和科普教育结合起来。职业教育培训的重点对象是从事新动能产业，如智能制造、互联网产业的工作人员。教育中应适当设置相应的绿色经济、新动能经济、创新经济等专业及课程，造就和培养一大批适应新动能经济发展要求的人才队伍。

加强对外交流学习。以美国、德国为代表的发达国家，在绿色新动能经济发展方面具有先进的经验，因此应加强对外交流学习，提升我国的教育水平。通过派员出国培训、进修、考察、参与项目合作、参加国际学术会议等多种形式，积极学习国外的先进技术和管理经验，参与国际绿色创新发展交流与合作，使创新型人才能够站在国际发展的前沿，开阔视野，增长才干，并以此促进我国高层次、国际化、创新型人才队伍建设。

（三）积极探索多元化的人才发展政策

大力培养一批适应绿色新动能经济发展的创新型科技人才和节能环保人才。绿色新动能经济对经济发展提出了更高的要求，需要打造一支具有世界战略眼光、能够顺应时代发展要求以及能够为创新发展、绿色发展提供技术支持的创新型科技人才和节能环保人才队伍。在教育模式上，逐步突破应试教育模式，培养学生勇于探索、独立思考的思维模式。同时，可依托高校开设地方特色专业，开展地方特色产业技术技能鉴定和培训，实施"订单式"培养，培育一批绿色产业技能人才；鼓励和支持企事业单位采取校企合作及联合办班等形式，加强专业技术人才培养。

引导高层次人才流向企业。企业是绿色新动能经济的主体、创造财富的源泉，是推动绿色崛起的主力军。高层次人才的缺失使许多企业不得不将重要研发活动大量简单外包，企业自身未能从研发活动中有效获得科技创新能力的提升，没有达到推动企业成为技术创新主体的目标，企业很难在产业转型升级中发挥引领作用。因此，要加速各类人才特别是各类高层次人才向企业特别是民营企业、领军企业以及各类混合所有制经济体集聚，以进一步强化高层次人才对企业的支撑作用。

创新人才运用模式。着眼全球人才，采用"柔性引智"和"硬性引智"相结合的办法，充实提升我国绿色新动能高端人才。瞄准世界顶尖人才，可以通过建立工作站、专家服务基地等平台，借鉴"星期天工程师""假日专家""学术研讨"等模式，引进高端人才。对于地方急缺的技术人才，可以探索产业集聚与人才集聚同步推进、协同创新的方式方法，将引资与引智有机结合，以项目为载体，加快引进一批创新人才和管理团队，对紧缺急需的高层次人才实行"一项目一议""一团队一议"，以达到引进一个项目、带来一批人才、培养一个团队的目的。

五　制定发展绿色新动能经济的土地政策

（一）继续加大土地供应力度

绿色新动能经济的发展离不开土地的支撑。绿色新动能产业作为新兴产业需要土地的支撑才能落地生根，因此，各级政府部门应加大互联网产业用地、电商总部、新兴产业、创客空间的土地供应力度，在出让土地价格、税费优惠、产权界定等方面进一步加大政策支持力度。

多种方式供应新产业用地。在绿色新动能产业用地的出让年限上，建议实行弹性年期，推行土地年租制或短租制。绿色新动能产业的发展规律不同，政府可以给予企业一定的自主空间，允许其选择不同出让年限。当绿色新动能产业用地到期时，政府可根据实际需要决定是否予以续期，并且通过合力的约束条件和经济杠杆进行引导和规范。同时，对利用现有存量土地的新兴产业项目，优先安排供地，并在税费设置上给予优惠。在绿色新动能产业用地的出让方式上，政府不应仅仅局限于"招、拍、挂"模式，对于特殊的绿色新动能产业用地（如绿色新动能产业用地园区的生活配套用地）可以采用划拨的方式。对于部分研发与生产相结合的企业，应该严格区分供地方式，对于生产用地按照工业用地"招、拍、挂"的出让方式，对于研发类用地可以给予协议出让①。

---

① 孙宇杰、陈志刚、段修亭、张宇辰：《加大土地政策支持　促进新兴产业发展》，《现代城市研究》2012 年第 12 期。

（二）积极引导闲置土地流转

加大僵尸企业腾挪用地的力度。僵尸企业往往是产能过剩的企业，并且它们在粗放式发展状态下又占用了大量土地，已经严重阻碍了新动能经济的发展。未来，可以发挥企业用地的市场主体作用化解僵尸企业的过剩产能，可选择多元化土地盘活路径。一是支持僵尸企业适用"退二进三"用地政策，盘活存量建设用地，采取政府收回、土地置换或企业自行转让等方式处置，实现土地再开发利用。二是在现有土地法律基础上，允许和鼓励由市场主体直接参与功能改变、拆除重建、提升容积率等各种城市存量建设用地的盘活利用。三是政府干预，通过对引进的新项目与原有僵尸企业进行撮合合作，将资源合理结合，既可以救活原有僵尸企业，又可以让新的绿色新动能企业落地生产。

加快农业集体用地土地流转，增加新动能产业供应。农村集体用地流转具有巨大的市场潜力，然而现行的法律限制了集体用地的顺利流转。因此，政府应制定相应的土地流转规范或措施，引导集体建设用地的流转。对于经过规划以及国土部门新审批的集体建设用地，主动进行使用权确权发证工作，并纳入集体建设用地使用权流转范围，率先进入公开交易平台进行流转，逐步形成流转的公开市场价格，探索适应不同开发项目的流转模式。不断创新农业集体用地流转模式，加大新动能产业用地的供给力度。

（三）进一步提高土地集约利用效率

优化新产业空间布局。产业空间布局的优化对提高空间利用效率、释放空间活力具有重要作用。在新产业空间布局中，应遵循新动能产业发展的归类，坚持"集约、集聚、集群"的原则，实现由单纯的平面布局设计向各种发展要素的空间合理配置转变，明确不同区域的功能定位，实现经济与人口、资源、环境的协调合理布局。

促进新动能"互联网＋"型产业集群发展。产业集群能够通过影响群内企业及其所在城市和区域的竞争力，将企业、城市、区域乃至国家的发展命运紧密地捆绑在一起。传统产业也具有集群的特性，并释放出了巨大的发展潜力，如浙江省的小商品产业集群、中山市的灯饰集群等。新动能产业集群具有一般产业集群的特性，但未来新动能产业的集群，应是融入互联网基因的新产品、新业务或新模式的新型产业集群——"互联网＋"型产业集群。"互联网＋"型产业集群通过电子信息技术增强企业、高校、供应商、客户、政府部门等组织机构之间的知识邻近、制度邻近、组织邻近和社会邻近，加快知识扩散进程，降低交易成本，实现价值增值。

建立新动能园区平台发展模式。园区对促进产业间相互协作以及提升土地利用效率具有巨大的推动作用。新动能园区不是传统意义上的产业园区，而是指创新型园区，即以创新型产业、创新型模式和创新型人才为主导的产城融合发展的区域。这些新动能园区不仅是绿色发展新动能形成的重要载体，而且是国家创新型体系的重要组成部分。因此，政府应积极出台政策支持这些创新型园区的发展，特别是在资金保障、土地利用以及产业扶持政策上给予巨大的发展空间，如打造一批"智慧谷"。

六　制定发展绿色新动能经济的其他制度和政策

（一）进一步完善产权和交易制度

强化知识产权保护。知识产权已成为体现国家竞争力的核心战略资源，是创新驱动发展战略实施的载体，知识产权战略是创新发展战略、国家竞争战略、富国强民战略。绿色新动能经济中的一些新技术、新产品、新产业、新模式都具有很强的创新性，这些都需要进行保护，只有从法律上进行保护才能有利于营造良好的创新氛围。因此，必须强化知识产权保护，实行侵权惩罚性赔偿制度。例如，对侵权行为在加大处罚力度的同时，对于情节严重的应直接入刑，建立严厉的知识产权侵权惩罚体系。同时，配合维权制度，地方政府可以适度开展知识产权执法维权"护航"专项行动、电子商务领域专利执法维权"闪电"专项行动等。

加强新产品的知识产权标准化管理。标准化已经成为专利技术追求的最高形式。对于新动能中的新产业，企业的经济效益更多取决于自主创新的知识产权保护的高科技成果，而技术标准就是这些知识产权保护的高科技成果的"保护伞"，技术标准与自主创新专利技术有着紧密的联系，技术标准已经成为企业之间竞争的制高点，也是高新技术产业竞争的制高点。因此，加强企业知识产权标准化管理将助推新动能经济的发展，如推动建立专利联营和交叉许可制度、信息披露和专利实施许可声明制度等。

建立畅通的绿色新动能知识产权交易制度。当前，我国知识产权交易市场发展还处于起步阶段，政府对知识产权交易市场的支持不可或缺，但是应当合理定位角色。在知识产权交易市场管理体制机制上应逐步打破过去由政府包办的管理模式，建立健全政策引导机制，完善知识产权交易服务体系监管机制。与此同时，整个交易市场的良性发展必须依靠市场机制的良性运作，政府应采取多种措施推动市场的良性发展，为更好地发挥市场机制的作用创造条件，并鼓励更多企业与非营利组织共同参与市场建设，通过政策或资金支持，加强对中介机构资质的认定，构建中介机构信誉评价标准体系，营造知识产权文化氛围。

（二）健全各类人才的社会福利保障制度

社会福利直接关系到劳动力素质的提高和国家的可持续发展。也就是说，社会福利具有帮助人们发挥潜能的作用，如同教育、卫生事业一样，是对社会资本和人力资本的投资。社会投资视公共开支及社会福利为一项人力资本的投资，旨在通过终身学习、培训、工作福利等来实现。绿色新动能经济的发展需要大量创新型的企业家、技术人才、创客以及新型农民，他们将成为新动能经济发展的基石。因此，对这些人应给予积极的社会福利政策。

对于创客和新型农民，应实行积极的劳动力市场政策和就业政策，如进一步减免其个人所得税、免费进行职业技能培训、增加就业补贴津贴、实行公益部门就业和青年计划等。对于技术人才，应围绕其具体需求，如围绕其子女入学，形成特定学校免试入学制度、提供家庭津贴等。对于企业家，则应从资产安全的角度给予更多的社会福利保障，如建立健全资产保险制度等。

（三）形成科学合理的评价考核制度

建立评价考核制度。评价制度是对一定时期内绿色新动能经济发展目标落实情况的集中反映，它的建立可为绿色新动能经济发展提供重要约束力和导向性，也可加快推动中央决策部署落实和各项政策措施落地，为确保实现绿色新动能经济发展的战略目标提供重要的制度保障。因此，未来可以参考《生态文明建设目标评价考核办法》，对绿色新动能建设目标评价的方式、主体、对象、内容、时间以及结果应用、组织协调、能力保障等进行制度规范，从而形成衡量绿色新动能经济发展的"一把尺子"。

完善人才激励机制。加大对绿色发展有关领域人才的支持力度，鼓励参与有关绿色发展的学习、研究和深造活动，关注绿色发展有关领域人才的科技成果，引领绿色新动能产业的发展方向。激励优秀人才投身绿色产业建设，做好绿色发展的人才储备，挖掘绿色发展的研究潜力，促进绿色产业的技术创新。采取企业与科研机构共同合作开发绿色技术和发展绿色产业的模式，奖励在绿色发展领域中做出重大贡献的研究人员。激励方法包括人才自由流动权利保障激励、参政议政机会激励、荣誉感激励、深造学习休假等成长激励、工资奖金补贴激励、福利保障激励、学术成果激励、业余报酬激励、安全感激励等。

本章执笔人：赵西君

第十五章
地方发展绿色新动能经济的思路与对策

在探索发展绿色新动能经济的过程中，地方政府进行了大量有益的尝试，尤其是在培育绿色新动能经济过程中，很多新方法、新路径、新模式脱颖而出，收到了良好的成效，积累了丰富的经验。这些成效和经验为我国经济实现换挡升级、高质量发展提供了重要参考价值，也引发了地方对发展绿色新动能经济的思考和研究。

一　找准新定位

定位是区域发展的核心，定位决定成败。科学的定位可以正确指导政府活动，引导企业或居民活动，吸引外部资源和要素，最大限度地聚集资源，最优化地配置资源，最有效地转化资源，最完善地制定战略，最大化地占领目标市场，从而最有力地提升竞争力。否则，定位不准，就会迷失方向，就会越走越远，丧失竞争力。

（一）找准新定位主要考虑五大因素

一是要考虑本地的特色优势，如区位交通优势、资源优势、历史人文优势、产业基础优势、政策支持优势等。"五里不同风，十里不同俗"。各地有自己不同的优势，有的地方环境资源丰富，有的地方区位优势明显，有的地方人文底蕴深厚，各地要做的就是将这种"优势"变为"特色"，变成"品牌"，这就需要地方认清自身优势，明确定位，将比较优势转变为突出优势，将突出优势转变为经济优势。

二是要考虑市场需求的方向或消费结构升级的方向。现代经济学认为,总需求结构方向决定着消费结构方向,同时产品总供给结构和消费结构的变化也在一定程度上影响着经济结构和总需求结构,通过升级消费结构扩大内需,再通过扩大内需拉动经济增长,集中体现了消费需求对生产的决定性作用。

三是要考虑技术进步的方向,特别是信息化、数字化和智能化的方向。在人类社会发展进程中,资本和人力非常重要,但最持久的决定性推动力是技术进步。随着经济社会的发展,科学技术也在不断进步,尤其是信息化技术、数字化技术和智能化技术得到了飞速的发展和进步,也得到了普遍的应用。

四是要考虑绿色低碳的世界潮流与方向。目前,全球经济发展面临巨大的环境问题和资源问题,绿色低碳发展决定着可持续发展的命运,谁能在其中寻找到机会,谁就能在经济发展中获得一席之地,绿色低碳已经成为潜在的核心竞争力,成为当今世界经济发展的潮流与方向。

五是要考虑政府政策鼓励的方向,特别是《国民经济和社会发展第十三个五年规划》和党的十九大报告等鼓励的方向。

(二)找准新定位包含八个层次内容

1. 总体定位

总体定位是地方根据自身条件、竞争环境、需求趋势等动态变化情况,在全面深刻分析有关地方发展的重大影响因素及其作用机理、复合效应的基础上,科学地筛选地方地位的基本组成要素,合理地确定地方发展的基调、特色和策略的过程。总体定位只有一个,既要反映本地特色,又要具有综合概括性,最好能用一个词或一句话来概括地方发展的目标和愿景。

2. 功能定位

功能定位是地方在一定区域范围内在政治、经济、文化、社会活动中所具有的能力和所起的作用,主要包括政治功能定位、经济功能定位、文化功能定位、生态功能定位、制度功能定位,这五个方面的功能定位支撑着总体定位。

3. 产业体系定位

现代产业体系由四类产业构成：第一，先导产业，就是未来的主导产业或支柱产业；第二，主导产业，就是目前占比较高的产业，如城市的化工、装备制造、食品、生物医药、文化旅游等产业；第三，配套产业，就是主导产业的上下游产业；第四，支撑产业，就是金融、物流、交通、通信等各个地方都有的产业。这四类产业之间一定要形成分工协作关系，其中最需要定位的是先导产业，因为它代表了未来的方向。

4. 重大项目或项目群定位

每一个产业都有若干重大项目或者项目群做支撑，通过重大项目或项目群带动产业集群发展；每一个产业都要落到具体项目上，通过具体项目来带动产业发展；新旧动能转换最重要的是找到并发展新兴产业。

5. 空间布局定位

空间布局定位是指地方综合考虑区域经济社会结构、自然环境条件以及城镇等级、规模、职能体系等因素，确定发展空间结构模式和产业布局方案，提出主体功能分区及空间区域优化原则，形成科学合理的空间发展格局，每一个具体的空间都要找到自身的定位，各区域要错位发展、分工协作、形成合力。

6. 品牌形象定位

品牌形象定位是指地方经过分析、提炼，整合所属区域独特的要素禀赋、历史文化积淀、产业优势等差异化品牌要素，在推广自身形象的过程中传递给社会大众的核心概念，如设计独特的城市精神、设计独特的宣传口号、设计独特的节会活动、设计独特的标识等。

7. 发展模式定位

发展模式定位就是地方采用什么样的道路或路径，推动地方从当前的发展状态向预期的目标状态转变，发展模式既要反映本地特点，又要具有典型示范意义，最好能用几句话概括出来，朗朗上口。

8. 运行机制定位

建立一套行之有效的适合地方实际的运行机制，对于确保地方经济、社会和文化的全面、协调、可持续发展都具有十分重要的意义。运行机制定位重要的是把地方上下各级政府之间、四套班子之间、区县市之间、部门之间、科研院所之间、友好城市之间的责权利关系设计好。

专栏 15 – 1　浙江找准新定位，鲁家村脱贫致富带好头

浙江省安吉县递铺街道的鲁家村曾是全县最穷、最脏乱差的行政村之一。鲁家村充分发挥自然资源禀赋较好、低丘缓坡地形适宜发展乡村旅游、土地较为集中、基础设施较好、适宜发展家庭农场的优势，精准定位，启动了全国首个家庭农场集聚区和示范区建设，打造了美丽乡村田园综合体"有农有牧，有景有致，有山有水，各具特色"的独特景观，创建了以"公司＋村＋家庭农场"模式，取得了巨大的社会效益和良好的经济效益，带领农民脱贫致富。

二　明确新思路

（一）树立新理念

就是要树立以习近平新时代中国特色社会主义思想为指导的理念；树立贯彻落实新五大发展理念，即创新、协调、绿色、开放、共享的发展理念；树立结合本地实际的理念，坚持人本思维、法治思维、改革思维、开放思维、质量思维、效率思维、诚信思维、底线思维等。

（二）明确新目标

首先是强化质量效益型目标，将原来的规模速度型考核目标逐步转向质量效益型考核目标；其次是将改革、转型、创新"三大发动机"指标化，使新动能可考核，重点考核改革、转型、创新方面的指标；最后是强调把2035年列为目标考核的重要时间。

（三）提出新路线图

党的十九大报告将2020年到21世纪中叶这30年分两个阶段来做出战略安排，划定了2020年全面建成小康社会、2035年基本实现社会主义现代化、2050年把我国建成富强民主文明和谐美丽的社会主义现代化强国的新时代"三步走"的战略路线图。地方根据中央精神，结合自身特点，找到最佳路径，确定走向未来的最佳路线，同时画出一个新的路线图，将地方新"三步走"中每一步重点要做的事项列在图中。

专栏 15 - 2　海南明确新思路，共享农庄走出新路子

海南省深入推进农业供给侧结构性改革，抢抓国家开展"田园综合体"建设试点工作的机遇，大力发展农业分享经济。支持有条件的村庄、农场、基地加强基础设施、产业支撑、公共服务、环境风貌建设，实现农村生产生活生态"三生同步"、一二三产业"三产融合"、农业文化旅游"三位一体"；支持探索推进农村经济社会全面发展的新模式、新业态、新路径，以农民合作社、农村集体经济组织等充分涵盖农民利益的经济组织形式为主要载体，以各类资本组成的混合所有制企业为建设运营主体；支持让农民充分参与和受益，集循环农业、创意农业、农事体验于一体，以移动互联网、物联网等信息技术为支撑，以农业和民宿共享为主要特征的"共享农庄"。通过发展"共享农庄"，使农民转变成股民、农房转变成客房、农产品现货转变成期货、消费者转变成投资者，实现农民增收、农业增效、农村增美，走出一条农业经济共享发展的新路子。

三 布局新空间

（一）优化战略空间布局

要与其他周边地区做好空间衔接，积极主动地参与城市群、城市带、城市圈建设，参与区域经济一体化进程，要在整个大区域里找到自身的最佳方位。

（二）优化总体空间布局

优化地方的全域空间布局，以及生活区、工业区、对外交通运输和仓库区、郊区四类功能区空间布局，各功能分区应结合自然条件和各区功能特点合理配置，避免相互交叉干扰和混杂分布。

（三）优化人口空间布局

优化城镇体系的布局，引导人口向中心城区、中心城镇、中心村聚集。全面推进以居住地为基础的人口管理制度改革，为各类人口流动营造更宽松的政策环境，提高人口与经济活动在空间布局上的一致性。加快推进区域规划制度的改革，适应人口结构空间变化的趋势。

（四）优化产业空间布局

优化地区产业生产力的空间分布和组合结构，尤其是优化产业园区、功能区的空间布局，园区不要只局限于工业园区，农业、服务业空间布局问题也很重要。

（五）优化基础设施空间布局

基础设施布局对地方经济社会发展至关重要。优化基础设施空间布局，助力地方发展，就是要解决好交通、通信、地下管网、水利设施等基础设施的空间布局问题。

（六）优化城区功能区空间布局

优化城市行政区、商业区、科教区、生活区等的空间布局，降低通勤成本和运输成本，优化战略或域外空间布局。

专栏 15－3　四川布局新空间，成都多利农庄打造乡村产业新空间

成都在郫都区红光镇、三道堰镇等 6 个村连片规划建设多利有机小镇，成功打造国际乡村旅游度假目的地。该项目已建成 600 亩有机生态农业示范区、12000 平方米温室大棚和分拣包装中心的有机农业发展规模。同时，作为依托高端有机农业发展的农业综合体，这里还是成都市为数不多的农业"双创"园区之一。2000 平方米文创空间的农业"双创"载体平台，通过设立都市农业"双创"基金，提供涵盖人才培养、技术创新、投资对接、市场开发等全程"双创"孵化服务等支持政策，相继引入了创客咖啡吧、有机蔬菜沙拉吧、farm 私房菜、园区合作社和家庭农场等 30 多家市场主体，28 个农业创业项目相继入驻园区开展农业发展方面的创业创新。成都多利农庄与当地农户以确权后的宅基地及集体建设用地入股，组建村集体资产管理有限公司，与多利公司合作，自主开展土地综合整治和农村新型社区建设，通过整理节余的集体建设用地挂牌出让，实现了土地整理项目收益和农民股东利益分配，有效保证了当地农民持续增收。

四　发展新产业

（一）推进传统产业转型升级

传统产业转型升级主要是通过去疴、转型、升级、融合。去疴，就是去产能、去库存、去杠杆、去僵尸企业。产业转型升级融合的路径主要包括以下几个方面。

1. 产业结构高级化

产业结构高级化是指经济产业结构由以劳动密集型产业为主的低级结构，向以知识、技术密集型产业为主的高级结构调整和转变的过程及趋势。

2. 产业高端化

产业高端化是指产业从相对低水平状态向相对高水平状态不断演进更迭的发展趋势，是依靠科技进步和创新，实现产业高技术含量、产品高附加值和市场高占有率的过程。目前，消费结构升级要求高端化，"高成本时代"到来同样要求高端化。

3. 产业特色化

要重点发展特色优势产业，形成特色竞争力，实现可持续发展。

4. 产业集群化

产业集群不仅可以降低生产成本、运输成本、营销成本、学习成本、交易成本、信息成本等，而且可以产生规模经济、范围经济、网络效应、集聚效应等。一般来说，凡是产业集群比较发达的地区，经济也比较发达。如何推进产业集群化？首先是要培育和引进产业集群中的种子企业，通过种子企业生根开花结果，这是发展产业集群的捷径；其次是要利用行业组织发展产业集群，因为行业组织是行业中相关企业分工协作的平台，非常有利于产业集群的发展；最后是要高度重视产业集群中中小企业的分工协作关系。

5. 产业品牌化

要发展品牌产业、品牌企业、品牌产品、品牌企业家、品牌园区，通过品牌提升附加值，提高竞争力。

6. 产业绿色低碳化

绿色低碳是世界潮流，绿色低碳一定要落到产业上。绿色发展的含义是既要绿色，又要发展。

7. 产业国际化

在经济全球化时代，要积极主动地参与产业链的全球分工协作，分享全球分工协作的好处。

8. 产业信息化

在移动互联网新时代，所有的行业、所有的企业都必须信息化。

9. 产业智能化

我国已进入人工智能时代，所有行业都要适应智能化的趋势。

10. 产业融合化

产业是按照产业链、产业生态、产业上下游的规律发展的，所以必须实现融合发展，包括产业链融合、创新链融合、产城融合、区域融合等。例如，有些地方狭隘地理解高新技术产业，认为 IT、生物医药、新材料、新能源等才是高新技术产业，其实所有的行业、产业都有高新技术。对于地方来说，不要别人干什么就跟着干什么，而要依托本地的优势，紧紧围绕特色优势产业寻找其中的高新技术环节去重点发展。

（二）培育发展新兴产业

培育发展新兴产业，一要找准新兴产业，二要培育新兴产业主体，三要利用新技术等武装新兴产业，四要采取技术引领等合适的策略。需要重视的新兴产业如下。

1. 节能环保产业

节能环保产业是世界各国政府尤其是我国政府鼓励发展的产业，且消费者的节能环保意识日渐增强，它主要包括节能产业、节地产业、节材产业、节水产业，以及环保产品制造业、环保装备制造业、环保服务业等。

2. 生态产业

生态产业包括生态旅游业、农业、林业、草业、水业、沙漠产业、海洋产业和生态修复业等。

3. 新能源产业

新能源产业包括太阳能、风能、生物质能等产业。

4. 大文化产业

随着人们生活水平的提高，新的需求不断出现，尤其是学习需求、快乐需求、健康需求、安全需求、美丽需求五大需求日益凸显。大文化产业符合消费结构升级的方向，主要包括文化创意产业、现代传媒产业、旅游休闲产业、教育培训产业等。

5. 大健康产业

大健康产业符合"学乐康安美"的方向，主要包括医疗产业、医药产业、保健产业、养老服务业等。

6. 新兴金融业

新兴金融业包括互联网金融、民营银行等。

7. 现代农业

现代农业包括观光农业、旅游农业、设施农业、休闲农业、体验农业、共享农业、网络农业等。

8. 与新型城镇化建设有关的产业

与新型城镇化建设有关的产业包括人本的城镇化、市场的城镇化、协调的城镇化、集群的城镇化、品牌的城镇化、绿色低碳的城镇化、智慧的城镇化、人文的城镇化、品质的城镇化等，这些特点中都蕴藏着独特的机会。

9. 军民融合产业

军民融合产业如通用航空、北斗卫星导航、商业航天发射、网络安全等。

10. 妇女儿童用品产业

妇女儿童用品产业包括孕妇产品、孕妇服务以及婴童产品、婴童服务等。

11. 信息产业及其上下游产业

信息产业及其上下游产业如互联网、物联网、云计算、大数据等。

12. 人工智能和机器人产业

人工智能和机器人产业包括机器人、芯片、VR（Virtual Reality，虚拟现实）、人脸识别、自动驾驶、AR（Augmented Reality，增强现实）、AlphaGo（人工智能程序）、机器学习、车联网和智能音箱等。

13. 绿色制造业

绿色制造业即资源节约、环境友好的制造业。

14. 物流快递业

物流快递业包括交通运输、储运、通运和配送等。

对于以上 14 个新兴产业，地方都可以结合自身实际进行选择。

专栏 15 – 4　广东发展新产业，长隆经济营造产业新气候

广州、珠海发挥粤港澳的国际性区位竞争优势，打造广州长隆旅游度假区和珠海长隆国际海洋度假区两大超级综合旅游度假区，创造了"长隆模式"。通过珠海板块和广州板块联动发展、协同互补，形成了一个宏大的面向世界的中国长隆旅游目的地；通过不断丰富产业链、精心设计世界领先产品、强化贴心服务标准、深度融合旅游文化娱乐度假产业，获得了市场青睐，取得了巨大的成就，开创了跻身世界顶级文化旅游产业民族品牌的先河。

五　开拓新市场

（一）大力开拓国际新市场

首先是要开拓率先复苏的欧美发达国家市场；其次是要开拓部分具有后发优势的新兴国家市场；最后是要开拓"一带一路"沿线国家交通节点城市、旅游胜地、资源富集区的市场。

（二）积极开拓国内新市场

一是继续开拓已经形成新动能的沿海地区市场；二是着力开拓新兴农村市场、新兴城镇市场；三是大胆开拓国家政策重点支持地区的市场；四是努力开拓产业集群、区域经济一体化程度比较高的地方的市场；五是尝试开拓具有后发优势的中西部地区的市场；六是延伸开拓生态环境比较好的地区的市场。

专栏 15 – 5　上海开拓新市场，枫泾科创小镇开创新方向

枫泾科创小镇位于上海金山远郊的枫泾镇，是上海的西南门户。传统观念中"科创"是大城市中心区的专属，然而枫泾科创小镇却成功探索在市郊落地。枫泾镇以"众创·体验·共享"为核心，打造"经济繁荣、产城融合，功能完备、服务便捷，生态宜人、和谐宜居，规模适度、城乡一体，人文传承、特色显著"的江南水乡科创小镇。小镇凭借特色鲜明的产业形态，集聚和导入"产、学、研、创、孵、投"各类要素资源的能力、能留住人才的人文底蕴和生态环境优势，以及政策体制机制灵活的特点，充分发挥市场配置资源的决定性作用，以创建创新创业生态体系为先导，大力集聚各类创新主体、创业人才和创投资本等创新要素资源，按照新技术、新项目、新企业和新产业的发展路径，形成既符合当前远郊发展实际，又契合未来产业发展趋势的新路径。建设科创平台，既能帮助创业者实现创业梦想，又能助力打造"上海科创小镇的新样板、美丽小镇的新范例、特色小镇的新方向"。

六 培育新主体

通过供给侧结构性改革，传统动力在不断改造升级的同时，新动力在加快孕育成长，新的市场主体不断涌现。地方培育新主体主要考虑六个方面的内容。

（一）培育创新型企业

尤其是创新型领军企业，通过创新型企业发展来培育新动能。

（二）培育创新型个人

如创客、企业家、专业人才、新型农民等。

（三）培育创新型机构

如科研院所、高等院校等。培育新动能一定要重视科研院所和高等院校。如果本地没有，可以采取引进的方式。

（四）培育创新型平台

包括研发中心、科技中心、创新中心、孵化器、国家实验室、博士后流动站等。

（五）培育创新型区域

也就是把一个县、一个镇、一个园区整体培育成创新区域。

（六）培育创新型政府

政府也是一个很重要的主体，也面临创新问题。

专栏 15 - 6　河北培育新主体，固安打造产业新城

固安，地处北京正南 50 公里，是一个典型的农业县。2002 年固安全县财政收入仅为 1.1 亿元，钓具、肠衣、滤芯、塑料是支撑县域工业的"四大金刚"，发展水平在廊坊市 10 个县（市、区）中居于后两位。固安产业新城历经 10 多年的发展，到 2017 年，全县财政收入完成 98.5 亿元；一般公共预算收入完成 41.4 亿元，总量居河北省第三位。

实践证明，固安产业新城模式充分利用企业产业服务和城市运营方面的经验与资源，补齐了县域发展中资金、人才、技术、能力等方面的短板，为区域转型升级提供了强大的新动能，有效提升了区域协调发展的综合价值。

七　配置新要素

（一）新要素的内容

新要素是指高级要素，主要包括以下五个方面的内容。

1. 发展应用新技术

大力培育、引进、运用新技术，运用新技术改造现有的传统产业，用新技术推动新兴产业的发展。

2. 培育引进新人才

新技术要靠人才来掌握，没有人才什么事也干不成。

3. 培育新信息

抓好信息化网络建设，通过大数据等手段随时掌握新的信息。

4. 开拓新融资

包括增加存贷比指标弹性、开展股权众筹融资试点、支持跨境融资等降低企业融资成本的措施。

5. 找到新的资源能源来源

如天然气水合物、天然纳米矿物、水能、风能、太阳能、生物质能、核能、潮汐能、地热能、沼气能等。

（二）配置新要素的要点

地方配置新要素，一方面要注重资源的流动性，注重地区间跨界配置资源，提高总体资源配置能力和资源总体利用水平；另一方面要能够利用自身的资源禀赋特点，发挥比较优势，提高本地的资源配置能力和经济发展水平。

专栏 15 –7　　湖南配置新要素，浔龙河村示范"绿水青山就是金山银山"

2009 年之前，浔龙河村仍然是省级贫困村。2009 年后，以柳中辉为代表的在外创业青年回到家乡浔龙河村，秉承"绿水青山就是金山银山"的生态开发理念，以打造"城镇化的乡村、乡村式的城镇"为目标，以"推进城市公共服务向农村覆盖、城市基础设施向农村延伸、城市现代文明向农村辐射，建设生态宜居新型生态社区"为抓手，实现了社会效益和经济效益的双丰收。

目前，位于湖南省长沙县果园镇浔龙河村的浔龙河生态艺术小镇，已经成为长沙市近郊休闲游的重要目的地，客流量日高峰可达 3 万人次。项目在运营端已经形成集生态、文化、教育、旅游、康养五大产业于一体的产业体系，在为当地村民提供大量就业机会的同时，也增加了致富机会，村民仅通过商铺出租，每年便可增收 2 万~4 万元。如果说，"坚持农业农村优先发展，按照产业兴旺、生态宜居、乡风文明、治理有效、生活富裕的总要求，建立健全城乡融合发展体制机制和政策体系，加快推进农业农村现代化"是新时期实施"乡村振兴战略"的必然要求，那么浔龙河生态艺术小镇便是"乡村振兴战略"实施背景下的鲜活案例。

八 制定新制度

（一）构建新旧动能转换的新体制

如成立领导小组、设立办公室、对现有部门职能进行整合、重视社会组织建设、设立专家顾问委员会等。

（二）推进重点领域改革形成新制度

重点要推进企业改革、产权制度改革、垄断行业改革、政府"放管服"改革、投融资改革、土地制度改革、科技人才制度改革、生态制度改革、开放制度改革等。

专栏 15-8 江苏制定新制度，江宁溪田立典范

2017 年，南京市唯一的田园综合体国家级试点——位于南京市江宁横溪街道的溪田田园综合体一期工程 11 个景点率先亮相。为了打造全国示范样本，江宁溪田田园综合体抓住"机制创新"这个牛鼻子，创新打造"一轴二园七乡村一社区"组团式发展模式，即以江宁美丽乡村生态循环线为主轴，七仙大福村园区和溪田生态农业园为主要核心，朱高村、陶高村等 7 个自然村和吴峰新社区为主体，探索出了"1+3+7+N"的管理模式，即以1个党组织引领综合体建设，3所高校智力做规划支持，7个运营主体参与综合体管理，多个种植小组支撑综合体发展，实现了农村生产、生活、生态"三生同步"。江宁溪田将建成基础设施坚实、资源配置丰富、农业景观独美、产品配置高端的集农业发展样板区、农村建设示范区、农民生活幸福区"三区"于一体的田园综合体。

九　创造新环境

"天下之治，有因有革，期于趋时适治。"为了合乎人民需要，地方必须不断营造新环境，主要包括营造优质的硬环境和良好的软环境。

（一）营造优质的硬环境

1. 基础设施环境

如营造良好的交通、通信等环境。

2. 生活设施环境

生活设施环境是指在地方规划中，在居住区内设置满足本居住区居民日常生活需要的各项公共建筑和设施，包括教育、医疗卫生、文化体育、商业服务、金融通信、社区服务、行政管理、市政公用等。

3. 生态环境

好的空气、水等生态环境，对企业的吸引力越来越大。

4. 园区环境

企业投资总是落在一个特定的园区内，因此要把园区的环境建设好。

5. 产业配套环境

很多企业来投资是需要产业配套的，产业集群讲的就是这个道理。

6. 要素市场环境

要素市场环境是指在区域内构建一个市场体系，充分整合各类生产要素，为有市场规模的产品提供交易流通的便利和服务，包括金融市场、人才市场、土地市场、技术市场、信息市场等。要素环境建设，必须与政府职能转变、国有企业改革、产权界定改革等多项内容结合起来。

（二）营造良好的软环境

1. 法治环境

法治是相对规范的、稳定的、可持续的，有利于企业形成未来的稳定预期，大型企业越来越看重一个地方的法治环境。

2. 政务环境

政务环境即政府服务的环境，如浙江省实施的"只跑一次"，实质上就是提供良好的政府服务环境；西安市推行的"店小二精神"，领导们都当"店小二"，为企业提供五星级服务，投资环境大大改善，引来投资潮。

3. 政策环境

广义的政策环境是指决定或影响政策制定和实施的自然条件与社会条件的总和，包括公共政策系统以外的一切与之相关的因素。狭义的政策环境是指影响公共政策产生、存在和发展的一切自然因素与社会因素的总和。政策环境因素具有复杂性、多样性、差异性、动态性的特征。自然环境、社会经济环境、制度与文化环境、国际环境等因素是最为重要的政策环境。

4. 人文环境

人文环境即鼓励创新、鼓励创业、讲究诚信的环境，良好的人文环境有利于企业家创业创新。

专栏 15 –9　广西营造新环境，"美丽南方"焕发产业新活力

"美丽南方"田园综合体位于南宁市西乡塘区，综合体规划面积为69.75 平方公里。2017 年南宁市西乡塘区通过完善农业生产、农业产业、农业经营、乡村生态、公共服务和运行管理"六大体系"，打造集休闲农业、旅游观光、新农村建设及农业科技示范等功能于一体的"美丽南方"

休闲农业示范区，形成"一轴两翼三带八区"总体发展格局，预计到 2019
年，年新增总产值可达 9.6 亿元，农村居民人均纯收入年均增长 15% 以
上。"美丽南方"田园综合体将打造成为全国示范样板和广西现代特色农
业面向中国－东盟的交流展示平台。

十　实施新工程

地方针对新旧动能转换，要有具体的新行动，实施新工程，主要包括实
施好八大工程。

（一）创业者培育工程

通过对创业者的培育来激发本地创新的活力。

（二）企业家激励工程

经济发展的关键在于企业，企业成长的关键在于企业家，企业家成功的
关键在于激发企业家的精神。企业家是一个地方经济发展的主要依靠力量，
一定要高度重视。

（三）企业助长工程

实施企业助长工程可以帮助小微企业成长，帮助大企业变强。

（四）产业集群倡导工程

就是要倡导把众多具有分工合作关系的不同规模及等级的企业和与
其发展有关的各种机构、组织等行为主体通过纵横交错的网络关系紧密
联系在一起。国内外实践证明，产业集群是提高地方经济竞争力的有效
途径。

（五）产业转型升级工程

就是要把产业从低附加值向高附加值升级，从高耗能、高污染向低耗能、低污染升级，从粗放型向集约型升级。切记产业转型绝不是单纯的转行业，转了行业未必就能转型，要转型未必就要转行业，产业升级不仅仅是整体产业结构的升级，还要注重产业内的升级。

（六）产业转移承接工程

把国际的、东南沿海的产业整体承接过来，其中包括飞地经济建设工程。

（七）产业品牌塑造工程

通过产业品牌的塑造提高附加值、提升竞争力。

（八）政府服务改善工程

结合自身的特色，吸收全国各地在政府服务改善工程方面的典型经验，并加以综合运用。

专栏 15-10　贵州实施新工程，西江苗寨树样本

2008 年以来，西江苗寨以旅游开发为发展导向，在经济、文化、社会、经营、脱贫等方面产生了规模化的"红利"，形成的一系列成功经验和可操作的运行体系，被称为"西江模式"。

世界最大的苗寨西江千户苗寨迄今已走过了近 10 年的发展历程，2016 年西江苗寨景区游客接待量超过 484 万人次，旅游综合收入达 41 亿元。通过旅游开发，西江苗寨从一个经济滞后、贫困面较广、文化保护乏力的传统村落，一跃成为经济旺、百姓富、民族文化得到保护与彰显的现代民族村寨；通过旅游开发，西江及周边村寨共计2000多人实现了就业，村民年收入高达13000元以上；通过旅游开发，西江苗寨的民族文化得到了前所未有的传承与保护。可以说，西江苗寨10年的发展和变化堪称民族地区发展的典范。

本章执笔人：靳永新

第十六章
企业发展绿色新动能经济的思路与对策

一　认清新形势

（一）国际经济复苏，但仍面临一定风险与挑战

近年来，全球经济特别是发达经济体有所复苏，但全球经济回暖的基础依然不牢固。各类深层次、结构性矛盾尚未根本解决，随着美国、欧盟等国家或地区就业率的提升以及国内通胀率和通胀预期的不断上升，美联储及欧盟先后开启缩减流动性进程，以美国特朗普为代表的贸易保护主义情绪不断升温，中美两大世界经济体之间的贸易关系也趋于恶化，因此，全球贸易虽有所复苏，但贸易摩擦的威胁性也在增大。与此同时，创新发展战略已经成为世界各国发展的共同诉求，各国纷纷提出将智能制造作为国家未来发展的重要方向，如德国工业 4.0、美国互联网制造、日本智能制造等，俄罗斯、印度等国家也提出了自己的智能制造战略，全球新旧动能转换趋势将表现得更加突出。

（二）国内经济正在发生重大变化

在经济发展形势方面，国内经济日益呈现三大变化趋势。一是从"数量追赶"转向"质量追赶"。改革开放以来，我国主要是在填补产品产量、资本存量等"数量缺口"，进入高质量发展阶段则主要是要填补产品质量、生产效率等"质量缺口"。二是从"规模扩张"转向"结构升级"。我国经

济整体上已经步入后工业化时期,未来我国的产业发展表现不再是生产规模的扩张,而是产业价值链地位和产品附加值的提升。三是从"要素驱动"转向"创新驱动"。无论是我国的人口红利、资源红利还是土地红利都在减弱,要转向高质量发展,面临的最大"瓶颈"是创新能力和人力资本的不足,因此,今后要进一步加强创新能力建设,增加人力资本投资,着力提高企业的全要素生产率。

同时,在我国宏观政策方面,为了保障国家顺利推进高质量发展战略,国内宏观政策也已呈现以下趋势。一是严格防范化解重大金融风险,把控制企业杠杆率和地方政府隐性债务作为防范化解风险的重点,并以市场化、法治化方式推动国有企业去杠杆,依法依规对僵尸企业实施破产清算,切实有效地降低企业债务水平。加强地方政府债务的法治化管理,推进债务信息公开,加强债务风险的动态监管。加强对影子银行、互联网金融等薄弱环节的监管,坚决打击非法集资等违法违规金融活动。二是严格做好环境污染的防治工作,做好大气、水、土壤等污染防治工作,使主要污染物排放总量逐年减少,生态环境质量总体改善。这就需要从源头上调整产业结构、能源结构和运输结构以解决问题。三是加快推进供给侧结构性改革,推进要素市场化配置改革,确立竞争政策的基础地位,通过强化竞争加快落后企业退出和优质企业成长,真正实现市场出清。大力培育新动能,强化科技创新,推动互联网、大数据、人工智能和实体经济深度融合,在中高端消费、创新引领、绿色低碳、共享经济、现代供应链等领域培育新的增长点,真正实现产业升级。大力降低制度性交易成本,在降低显性门槛的基础上减少隐性障碍,进一步减轻企业税负,真正降低实体经济的成本。企业培育发展新动能经济,还需要紧紧把握国家的宏观政策走向。

二 抓紧新机遇

(一)国际经济复苏带来对外贸易新机遇

自 2017 年以来,美国、欧盟、日本等主要发达国家或地区的经济都开始显现出复苏势头，发达国家或地区劳动力市场表现良好，已接近充分就业水平，进而带动消费者信心指数持续上升。虽然美国挑起与中国的贸易战，但世界经济特别是发达经济体的复苏，都会或多或少地对新兴市场经济体国家的外贸出口产生一定的拉动作用，进而对我国经济增长产生一定的支撑作用。世界各主要发达经济体的经济逐渐复苏，也势必给我国未来经济增长带来新的发展机遇。

（二）新一轮技术革命和产业革命带来新兴产业快速发展新机遇

近年来，新技术、新材料、新能源、新产业不断涌现。以新一代互联网、大数据、云计算、人工智能、3D打印、新能源、新材料、生命科学等为代表的通用技术加快成熟和实现产业转化。一方面，这些新科技本身形成新产品、新服务，进而发展成为新的产业；另一方面，新科技与既有产业深度融合，使传统产业的产品性能、商业模式、业务流程、业态等方面发生颠覆性变革。为了在新一轮科技革命中赢得主动权，德国推出了"工业4.0战略"，美国发布"先进制造业伙伴计划"和"先进制造业国家战略计划"，我国制定了"中国制造2025"，皆以技术变革为核心动力，建设和巩固制造强国。未来竞争中，全球产业格局或将发生重大转变，这也给我国企业发展新动能经济带来强大的推动力，尤其是要抓住党的十九大报告中提到的节能环保产业、生态产业、高端装备制造业、高新技术产业、大文化产业、大健康产业、现代农业七大产业发展带来的新机遇。

（三）消费结构升级带来经济内生增长动能新机遇

过去几年，我国经济在持续增长的同时，经济结构悄然发生了重大变化，消费逐渐成为我国经济增长的主要拉动力，服务业占比达到50%以上。同时，中等收入群体不断扩大，人们对商品或服务的品质要求明显提升，"80后""90后""00后"更加喜欢追求个性化定制消费以彰显自己的品位、价值、喜好等，旅游、养老、教育、医疗等服务需求快速增长，消费结构开始向高端化、个性化、服务化转型升级，这将成为我国发展新动能经济的重要牵引力。

（四）经济周期作用给新兴产业成长带来历史新机遇

新兴产业是能够代表一个历史时期的经济运行特点，成为特定时期生产力提升、GDP 增长主要驱动力的产业。即便是传统产业，也有可能在技术提升、管理提升的背景下，通过不断的自动化、信息化、智能化、全球化而实现自身的不断迭代，迸发新的活力。中国经济的转型升级已经是大势所趋，新兴产业是中国经济未来发展的主要方向，是中国企业新一轮全球竞争的关键所在。新兴产业将持续散发出强烈的吸引力，对我国经济新动能形成强有力的支撑。

（五）新兴区域发挥后发优势带来区域快速发展新机遇

从历史经验来看，每一轮科技和产业革命都是后发区域实现"弯道超车"甚至"换道超车"的良好发展契机。在新技术的推动下，一些地区已经或正在实现新旧动能的转换和产业结构的调整优化升级，地方经济增长呈现良好的态势，进而推动当地成为地方经济新的增长区域。这些地方反过来也会吸引更多的新兴产业和人才聚集并落地生根，进而成为经济增长的新兴区域。这些新兴区域的成长，必然给我国经济发展带来新的增长动能。

（六）党和国家继续全面深入推进改革战略带来经济发展新机遇

党的十八届三中全会通过的《中共中央关于全面深化改革若干重大问题的决定》明确提出，全面推进各个层面的改革。一是在市场化改革方面，强调从广度和深度上推进市场化改革，强调使市场在资源配置中起决定性作用和更好地发挥政府作用。这意味着今后经济体制改革将紧紧围绕使市场在资源配置中起决定性作用展开，必将为企业发展带来更多机遇，营造更好的环境。二是在政府职能转变方面，提出要全面正确履行政府职能，加强和改善宏观调控，发挥好弥补市场失灵的作用，避免对市场的不当干预，进一步改善企业的经营环境。三是在金融改革方面，提出将创造更有效、更广阔的境内外资本市场，助力企业优化资本结构，有效解决企业融资难题。四是在国有企业改革方面，提出完善国有资产管理体制，以管资本为主加强国有资产监管。无论是对国有企业自身还是对民营企业，都会提供很多发展机遇。五是在财税体制改革方面，提出财税体制改革传递出的信号是逐步提高直接税比重、调整税种结构、稳定税负、加强和改进税收优惠政策等，这将有利于减轻企业税收负担，也有利于促进经济结构调整。企业通过了解、研究这些调整可能带来的新机遇，并适时调整发展战略和经营策略，从而获得更好的发展。

三　迎接新挑战

企业要想更好地培育新动能、发展新经济，首先要清楚自身所面临的国际国内各方面的挑战。

（一）国际贸易竞争加剧给我国整体经济发展带来新挑战

从国际经济环境来看，在经济全球化的同时，"贸易保护主义"重新抬头，针对我国出口贸易产品的反倾销增多；为了应对国际金融危机，美国等发达国家开始推进"再工业化""再制造业化"，对我国制造业的发展形成了正面直接的挑战；随着美国经济的持续复苏，美元开始进入升值周期，加息预期升温，导致国际资本市场、汇率市场和大宗商品市场出现动荡，国内热钱面临外流的压力，这对国内本已紧张的资金面构成了一定威胁。从国际政治格局来看，在我国经济总量上升到世界第二位后，国际社会对我国的戒备心也在逐渐提升，部分领域的国际贸易环境也是摩擦不断。所有这些国际贸易环境的变化都给我国的企业发展带来了新挑战。

（二）国内经济增速下行给部分行业和企业发展带来新挑战

伴随中国特色社会主义建设进入新时代，我国经济发展也步入由高速增长阶段向高质量发展阶段转变的新时代。国际金融危机后，我国经济出现高速增长转向中高速增长的深刻变化，经历了较长时期的波动下行。经济增速换挡会带来如地方经济部分行业萎缩、部分企业面临破产停业、市场需求减少、订单减少、就业岗位减少、地方财政税收减少、个别地区金融风险增大等挑战。

（三）经济结构调整阵痛给各行业和区域发展带来新挑战

在由地方政府主导经济发展的体制下，经济结构部分会被扭曲，如经济增长动力结构过度依靠"三驾马车"，产业结构过度依赖对 GDP 贡献较大的工业，区域结构偏重沿海发达地区，生产要素投入结构偏重劳动力、土地、资源等一般性要素，财富分配结构偏重国富等，由此会带来一系列问题，包括内需支撑动力不足、中等收入陷阱等。产业结构调整需要淘汰落后产能，但淘汰落后产能需要付出一定成本和代价；生产要素投入结构调整将会面临地方人才、技术、知识、信息等高级要素暂时相对稀缺的挑战。

（四）国家坚定执行去杠杆货币政策给经济增长带来新挑战

2008 年国际金融危机爆发以后，我国推出了"四万亿投资"等刺激政策，这对当时的保增长起到了明显的作用，但由于后续退出不太及时，也带来了产能进一步过剩、地方债务负担加重、资产价格泡沫增加等副作用和后遗症，以致近年来不得不逐步消化前期刺激政策带来的影响。但前期刺激政策的退出需要高超的技巧，需要把握好度。退快了退多了，经济就容易引发系统性风险；退慢了退少了，则经济风险会继续累积，且延迟经济改革和结构调整。如何处理好其中的平衡也是一个需要应对的巨大挑战。

（五）资源环境瓶颈约束日益凸显给经济增长带来新挑战

资源环境恶化突出表现在资源短缺、环境污染压力增大上，资源短缺、环境污染都会增大经济增长成本。先行发达国家在高速推进工业化、城镇化时，大多只有几百万或几千万人口，且可以通过殖民掠夺来满足资源能源需求。而中国拥有近14亿人口（比先行发达国家的人口总和还多），正处于高速工业化、城镇化过程中，需要消耗大量资源能源，且又不能去殖民掠夺，必须从国际市场购买，故资源短缺带来的国际资源能源市场的波动会对我国的经济发展产生很大的影响。而且，国内比较容易开采的矿产资源开采殆尽，越往后开采成本就越高，价格将进一步上涨。同时，环境污染治理的压力也越来越大。我国推进低碳发展面临几个特殊挑战：正处于工业化、城镇化快速推进阶段，属高碳排放阶段；资源禀赋结构是"多煤、缺油、少气"的高碳结构；在国际分工体系中处于高碳的加工制造环节；粗放发展模式具有一定的"惯性效应"。

（六）人口红利消失给我国传统行业增长带来新挑战

一方面，我国人口老龄化现象日趋明显。据国家统计局数据，2014年我国65岁及以上人口占比为10.1%，首次突破10%。据联合国2011年5月发布的《世界人口前景》预测，2030年中国65岁及以上人口组占比为16.47%。有关专家预测，到2050年中国老龄人口将达到总人口的1/3左右。另一方面，近年来劳动年龄人口占比开始下降。国家统计公报显示，2011年中国15~64岁劳动年龄人口占总人口的比重为74.4%，比2010年微降0.1个百分点，总抚养比由34.17%上升到34.35%。2012年劳动年龄人口占比为74.1%，较2011年继续下降0.3个百分点。这意味着我国"人口红利"消失的拐点开始出现。随着"老龄化社会"的提前到来和"人口红利"的逐步消失，我国经济增长的内生动力和结构势必发生变化，这将给我国企业发展新动能经济造成一定挑战。

（七）"高成本时代"到来给我国经济增长带来新挑战

改革开放40年来，我国也迎来了土地成本、原材料成本、能源成本、环保成本、劳动力成本、资金成本、物流成本、知识产权成本、税费成本、交易成本等各项生产成本不断升高的时期，"高成本时代"悄然到来，这自然给各行各业带来了新的挑战。

四 树立新意识

意识决定格局，思路决定出路。在发展新动能经济过程中，企业经营者首先需要树立新的意识。

（一）对待人要有新意识

1. 对股东要有回报意识

当前众多企业会有多个股东，特别是上市公司，由于向不特定公众公开发行募集股份，其股东人数更是众多。上市公司在一定程度上也代表了我国企业中相对较好的群体。但这些相对较好的公司，在回报股东的意识上仍有所欠缺，如每年有很多上市公司的分红比例较低甚至不分红。归结到企业经营管理者的意识方面，还是因为公司经营管理者对回报股东的意识不强。为了更好地发展新动能经济，获得投资人、股东的长期支持，企业经营管理者有必要树立对股东的回报意识。

2. 对党和政府要有亲清政商关系意识

政商关系是一种客观且长期存在的社会关系，党员干部与企业之间的交往交流是必然也是必需的。对于政商双方而言，"亲"与"清"的政商关系是一种既"不绝缘"又能"安全不导电"的良性互动关系。从领导干部层面看，"亲"，就是要坦荡真诚地同企业接触交往，特别是在企业遇到困难和问题的情况下更要积极作为、靠前服务；"清"，则是同企业家的关系要清白、纯洁，不能有贪心私心，不能以权谋私，不能搞权钱交易。站在推动发展新动能经济的主体企业角度来说，"亲"，就是积极主动地同各级党委和政府及部门多沟通、多交流、讲真话、说实情、建净言，满腔热情地支持地方发展；"清"，就是要洁身自好、走正道，做到遵纪守法办企业、光明正大搞经营。

3. 对合作者要有合作意识

现在是市场经济日益深化、社会分工日益精细化的时代，企业唯有合作共赢才能实现发展。只有将更多人的资源共享，实现优势互补，才能成就更大的事业，一家企业能与多少企业合作就能成就多大的平台。每家企业都不可能把所有产业、每个产业链上的所有环节都占为已有，唯有发挥各方的比较优势，把每个环节都做到最好，才能共同创造更大的市场。

4. 对员工要有信任意识

员工是企业的重要组成部分，是企业效益之本，员工的意识影响着企业的生存与发展，只有他们把企业安排给自己的工作当作自己的人生发展事业来做，才能提高企业生产效率，最大限度地保障企业稳健快速发展。随着现代企业管理实践的进步和管理理论的发展，传统的以"物"为主的硬管理逐渐转化为以"人"为本的软管理，而企业管理中人本思想的精髓便是对员工要有信任意识，努力培养与激发员工的主人翁意识。这是理顺企业内部生产关系、实现统一意志、集体奋斗的思想基础，也是充分调动员工能动性、挖掘人才潜力、增强企业凝聚力、提高企业战斗力、不断适应市场经济需要的重要措施和方略。

5. 对家人要有感恩意识

人作为社会个体，经常不自觉地或不可避免地得到来自家人、社会的各种关心、支持和帮助，其每一分成长进步，无不倾注着来自家人和社会的关爱与帮助。虽然对于助人者来说，施恩并不图报，但被助者应该始终记得所受之关心、支持和帮助，懂得感恩，常思报恩。企业领导者在经营谋划公司更好更快发展的过程中，更应懂得感恩家人，将这份感恩的心升华成对社会的爱、对消费者的爱。只有这样，才能成为一个肯钻研创新研发的企业家，不断生产出对社会具有推动作用的产品或服务，企业才能够发展得更好。

6. 对社会要有良知意识

过去有一种说法，企业只要能够促进经济发展，能够给社会提供产品、就业、税收，就实现了社会对企业的基本期望，就算承担了社会责任。但随着经济的增长，社会贫富差距不断拉大，同时还存在资源浪费、环境污染等现象，有的企业员工工作生活环境较差，待遇不好，有的企业还存在使用童工的问题，甚至在国际贸易中也产生了一系列不必要的摩擦。在这样的背景

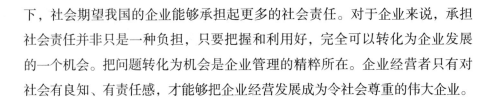

下，社会期望我国的企业能够承担起更多的社会责任。对于企业来说，承担社会责任并非只是一种负担，只要把握和利用好，完全可以转化为企业发展的一个机会。把问题转化为机会是企业管理的精粹所在。企业经营者只有对社会有良知、有责任感，才能够把企业经营发展成为令社会尊重的伟大企业。

（二）对待物要有新意识

1. 培育创新意识

企业要想更好地发展，就要保有积极的创新意识。没有企业可以保持永久的竞争力，要想具有长久的竞争力，就必须不断创新，才能始终走在竞争对手的前面。而这些工作都需要企业家来思考、来规划，要不断求新求变。创新是新技术、新知识、新概念、新应用、新工艺的集成，这些集成的技术创新可以引发大规模的商业应用。创新一定要有颠覆、破坏、超越的理念，这种理念有时候可能是非理性的，创新工作要为新的技术、新的产品留下足够的研发空间。创新要有差异化，有差异化才有生命力，有差异化才有竞争力。

2. 强化质量意识

质量是转变发展方式、优化经济结构、转化增长动力的重要突破口。从企业角度来说，质量是企业的生命。世界著名企业之所以具有强大的竞争力，很重要的一点，就在于它们始终把握质量这一主题，以质量求生存，以质量求发展。只有强化质量主体意识和主体责任，树立"靠质量立身、以质量取胜"的理念，加强企业质量管理，创建企业质量文化，建立企业制度，提升创新能力，促进企业产品或服务升级，打造知名品牌，才能不断提升企业的市场占有率。

3. 重视效率意识

企业在生产运营过程中，需要不断提高效率，以产生更大的经营效益。而效率又与企业如何利用现有的资源密切关联，特别是对企业人力资源的利用效率，更是至为重要的因素。具体来说，人力资源的投入是提高企业效率的第一个基本途径，且人力资源投入与企业所拥有的技术、工艺和装备水平相匹配时，才能最大限度地发挥企业的人力资源优势。将企业各类资源按照相应的管理制度进行优化配置，是提升企业效率的第二个基本途径。同时，为了持续提升企业的效率，就需要对企业现有的人力资源进行相应的教育和培训，以不断提升人力资源的技能和劳动效率。另外，为了提升企业效率，企业还要营造强有力的能够凝聚人心，调动各类人才积极性、主动性的企业文化。企业文化软实力是企业在市场竞争中得以生存和发展的重要法宝。

4. 树立工匠意识

工匠意识是一种心存敬畏、执着专一的价值观。它有着深远的意义，代表着敬业、坚定、踏实、精益求精的气质。"工匠精神"是指工匠对自己的产品精雕细琢、精益求精的精神理念。2016 年初，"工匠精神"被写进《政府工作报告》，引起社会各界的强烈反响。时代需要工匠精神，中国企业发展更需要树立工匠意识。但树立工匠意识不是简单的一个口号，企业要将它融入自身产品研发、设计、生产、质检等经营管理的各个环节之中，把热爱变成执念，把意识变成行动，在追求一种态度的同时，把产品和服务做好，才能让工匠意识真正助力企业发展。

五　找准新定位

定位决定成败，定位是第一位的。企业应从以下几个方面找准新定位。

（一）围绕市场找定位

在信息科技高速发展导致人们的消费方式也在不断发生深刻变革的今天，市场竞争变得尤为错综复杂且异常激烈。这就需要企业领导者首先将自己企业的目标市场定位搞清楚。简单来说，企业需要根据自身具备的优势来锁定目标市场，或在南方市场或在北方市场，或在农村市场或在城市市场，或在大城市或在中小城市，切忌所有市场都想做，结果由于目标过于分散，企业仅有的核心资源优势难以有效发挥最大效用，导致企业在各个目标市场都未能有所建树。

（二）围绕产品或服务找定位

企业的产品或服务定位是所有定位的基础。因为企业最终销售出去的是产品或服务，消费者对企业的认可正是将其所提供的产品或服务作为媒介的。如果公司的产品或服务没有在消费者头脑中树立起独特性、差异性等鲜明形象，那就不用再谈公司的品牌。企业要想长远地发展，就需要为自己的产品或服务确立清晰鲜明的定位。

（三）围绕盈利模式找定位

盈利模式是企业持续获利的要素组合及其运行方式，是其战略意图、经济逻辑和盈利方法的系统体现。简单地说，盈利模式就是企业赚钱的套路、招式、策略和方法，是通过怎样的模式和渠道来赚钱的。一个健全的盈利模式包含精确描绘的角色、合理的动机以及开启价值的计划。创造一个新的盈利模式就像排练一场精彩的演出。要定位好企业的盈利模式，具体就要紧紧围绕六个方面展开：第一，谁是我的客户，顾客重视的价值是什么？第二，我们从事何种经营活动，向客户提供何种产品、服务和解决方案？第三，开展经营活动需要的关键资产和核心能力是什么？第四，我们怎么从这项经营中赚钱，我们以适当的成本向顾客提供价值的内在经济逻辑是什么？第五，我们将如何保护利润流？第六，如何实现持续、高额利润？这六大问题通过价值联通、业务协同、逻辑关联、流程链接，最终形成了每个企业不同的盈利模式。

（四）围绕组织机制找定位

组织机制是企业将目标落地实施的重要保障，包括企业的组织机构、管理制度和运行机制。具体来说，企业要建立现代化的公司治理结构、高水平的创新研发机构和高效率的决策机构，必须加强企业发展战略研究，制定和实施明确的适应市场的发展战略、技术创新战略和市场营销战略，并根据外部市场的变化做出适时调整。同时，按照市场竞争的要求，建立现代化公司管理制度和运行机制，如决策指挥、督查预警、创新研发、行政办公、人力资源管理、生产管理、后勤管理、物流控制、财务管理等方面的现代化管理方法和运行机制。

（五）围绕营销渠道找定位

营销渠道定位是企业根据自身的战略目标，选择适合企业需求和目标的渠道模式。企业在选择营销渠道模式时，需结合自身的多方位优势，将营销渠道模式的设计与企业的产品策略、价格策略、促销策略结合起来，增强营销渠道的组合优势。畅通的营销渠道是以消费者需求为导向的，能够将产品尽快、尽好地通过最短的路线，以尽可能优惠的价格送达消费者方便购买的地点。与此同时，企业在选择、管理分销渠道时，不能只追求自身效益的最大化而忽略其他渠道成员的利益，应合理设计各个成员间的利益关系。渠道成员之间存在合作、冲突、竞争的关系，渠道的领导者对此要有一定的控制能力。统一、协调、有效地引导渠道成员充分合作，鼓励渠道成员之间展开有益的竞争，降低冲突发生的可能性，解决矛盾，确保企业总体目标的实现。

六　开发新产品

产品创新是企业发展的动力，技术创新是企业生存的手段。企业在开发新产品的过程中，要重点把握以下几个方面的内容。

（一）围绕成长潜力大的新兴产业开发新产品

要围绕节能环保产业、生态产业、新能源产业、大文化产业、大健康产业、新兴金融业、现代农业、与新型城镇化建设有关的产业、军民融合产业、妇女儿童用品产业、信息产业及其上下游产业、人工智能和机器人产业、绿色制造业、物流快递业等未来具有发展潜力的产业，开发新产品或新服务。

（二）按照四个判断标准开发新产品

要按照是否符合消费结构升级方向、是否符合绿色低碳世界潮流、是否符合信息化智能化等技术进步方向、是否符合政府政策鼓励的方向开发新产品或新服务。

（三）结合产业转型升级的十个方向开发新产品

要按照服务化、高端化、特色化、品牌化、集群化、绿色低碳化、网络化、信息化、智能化、市场化等产业转型升级的十大方向开发新产品。

七　制定新战略

战略对于企业而言很重要，每个企业应根据自己的特点选择合适的战略，如创新图存战略、优势聚焦战略、降低成本战略、产品转型升级战略、分工协作战略、安静冬眠战略、防守反击战略等。

（一）坚持创新图存战略

创新图存战略，即通过创新杀出一条血路的战略。过去，企业多依靠劳动力和资源环境的低成本优势在市场竞争中获得发展。随着我国步入"高成本时代"，企业要想继续生存发展，就必须将自己的产品或服务向科技含量高、附加值高的方向转变，坚持创新驱动发展战略即创新图存战略。

（二）强化优势聚焦战略

随着市场经济的日益发达，社会分工也高度细化。在这样的大形势下，任何企业都无法补齐所有的短板。因此，现在的企业只需集中优势资源将自己的核心产品做到极致，不断聚焦，使自己在某一细分市场占据绝对的优势，从而在一定范围内拥有掌控力和定价权，成为细分市场中的"龙头老大"，就可以通过与其他企业合作的方式补齐自己的短板，这就是长板理论在现实中的应用。如果企业能够充分发挥自己的优势，并且利用与其他企业的密切合作来弥补自己的劣势，就能获得很好的发展。

（三）制定降低成本战略

通过降低成本不仅可以提升企业的利润空间，而且可以延长企业的生存时间。市场竞争的日益激烈使企业在传统的"开源节流"措施之外，必须把成本的全面降低作为系统性的工程加以深入挖掘。要树立成本的系统管理观念，建立成本管理体系，以发展的观念去研究成本管理方式，用战略的眼光去分析降低成本的途径，不断创新成本管理方式，以适应新形势下市场经济发展的需要。因此，在任何情况下，企业要对降低成本战略予以足够重视。

（四）推进产品转型升级战略

为应对日益激烈的市场竞争，企业必须加快自身调整，实施产品转型升级战略。一是加快调整优化企业产品结构，促进高附加值、高技术含量的产品比重不断提升；二是加快企业自主创新能力建设，加大科技创新投入力度，同时实施与供应链企业协同创新战略，并且积极运用互联网等新型营销手段，拓展市场销售渠道，降低产品营销费用，增强企业市场竞争力。

（五）明确分工协作战略

企业如果自身体量较小，又要在激烈的市场竞争中获得生存发展，就需要采取"傍大树"的分工协作战略，加快融入大型优势企业的供应链体系中，发挥自身在大企业供应链体系中配套协作的重要作用。企业需要明确自身在产业和产品链中的定位，找到与大企业的利益切合点，与大企业结成联盟，借船出海。主动承接产业和产品转移，加快技术改造和技术创新步伐，逐步改善产业结构和产品结构，为大企业提供优质产品和优良服务，为自己争取稳定的生产经营环境，伴随大企业的发展而发展。同时，在为大企业提供配套分工协作的同时，要积极向"专、精、特、新"方向发展，努力形成拥有自主知识产权的技术、产品和标准的能力，形成自己的核心竞争优势，在配套协作中赢得更好的发展。

（六）重视安静冬眠战略

在经济相对低迷时期，特别是企业在没有搞清楚自身目标市场定位及自身优劣势的情况下，有时候什么都不干比瞎干要好。这时企业采取安静冬眠战略，把自己已有的优势和市场把握好、巩固好，静待新的发展时机到来和市场形势出现扭转，往往不失为企业应对市场竞争压力和挑战的好办法。

（七）采取防守反击战略

防守反击战略是指企业不抢先研究和开发新产品，而是在市场上出现成功的新产品时，立即对别人的新产品进行学习、模仿、改造并加以创新，以迅速占领新市场。选择防守反击战略的企业，要具有高水平的情报跟踪系统及技术调研专家，能及时迅速地掌握市场上相关企业的研究方向与研究成果。在经济相对低迷时期一味地消极等待也是死路一条，如果能看准机会，那就死死地抓住它。

八 开拓新市场

新市场主要有国际和国内之分。在开拓国际新市场方面，一是大力开拓率先复苏的欧美发达国家或地区市场；二是加快开拓具有后发优势的新兴经济体和部分发展中国家市场；三是积极开拓"一带一路"沿线国家或地区的交通节点城市、旅游胜地和资源富集区市场。

在开拓国内新市场方面，一是开拓已部分形成新动能的沿海地区市场；二是开拓国家政策重点支持地区市场；三是开拓产业集群和区域经济一体化程度较高地区市场；四是开拓具有后发优势的中西部地区市场；五是开拓新兴城镇和新兴农村地区市场；六是开拓生态环境相对较好地区市场。

九　培育新要素

通常来说，生产要素主要分为两类：一类是一般性要素，包括劳动、资本、资源等；另一类是高级要素，包括人才、技术、知识、信息等。企业要推进产品转型升级，就必须不断利用、整合、优化配置各种生产要素，开发各类新资源、新材料、新能源，特别是要不断增加利用各种新的高级生产要素。培育新要素，即企业要重点培育各种新的生产要素，包括培育信息技术、智能制造技术和新能源技术等新技术；培育企业所需的各类创新领军人才、高级专业技术人才、市场营销人才和企业经营管理人才等新人才；以现代信息科学技术为基础，依赖知识密集型人才，提供和吸收各种新知识包括新经验、新技巧、新方法、新模式；开拓各种新的融资形式和融资渠道，如商业保理、融资租赁、私募股权融资、股权众筹、股权质押融资、银行承兑汇票融资、公司债、优先股、资产证券化融资等。

十　立足新空间

很多企业总是在一个特定的空间寻求生存和发展。企业的选址战略通常会受到区位交通、经济基础、产业基础、产业生产要素禀赋、政策支持、履约守信能力、土地条件、自然条件等方面因素的影响，通过选择新的空间区域，企业可以获得更大的发展新动能。

（一）围绕企业总部、研发中心进行选址

很多企业刚开始往往在一个较小的地方起步，但随着规模的扩大、档次的提高，需要利用和整合各种高级要素，这时企业可以考虑将企业总部等延伸到更大的城市中去，从更大的范围内整合资源。通常来说，企业对于总部基地、研发中心的选址，更关注政府因素的影响，包括政府服务水平、政策导向，以及营造的投资环境，如人才及教育资源是否富足。

（二）围绕企业仓储物流中心进行选址

有些企业对售后服务要求较高，时效性较强，运输成本占比较大。就企业仓储物流中心选址来说，必须以仓储物流中心的服务需求量为约束条件，建立选址模型，评估交通便捷程度等因素，完成投资选址。

（三）围绕企业生产加工基地进行选址

企业在选址生产基地时，主要考虑是否靠近市场、靠近原材料和能源来源地、靠近交通枢纽、靠近人才科技资源聚集地、靠近政策制定地、靠近融资便利地、靠近分工协作发达或产业集群发达地等。同时，也要视企业所属行业的特点而定。有些产业侧重考虑成本因素，如钢铁业的部分原料成本占整个钢铁生产成本的比例高达75%，光伏产业硅料的提纯生产过程需要巨大的能耗，因此钢铁厂和硅料提纯厂选址偏好靠近原料、燃料动力的供应地。而一些劳动密集型的制造业也不断向人员供应充沛、质量高、工资低、综合运价成本更低的地区转移。有些产业还需关注政府因素的影响。以光伏产业为例，在光伏组件价格的构成中，硅料价格占比过半。因此，对于光伏产业而言，硅料的质量和取得成本，直接影响光伏组件和应用产品的售价，进而影响企业的销路和获利情况。

十一　塑造新品牌

品牌是企业的一种无形资产，品牌代表知名度，有了知名度就具有凝聚力与扩散力，就成为企业更快更好发展的动力。品牌塑造包含品牌的理念主张和品牌价值观。企业发展新动能经济，就要围绕几个重点方向来塑造新品牌。

（一）符合绿色低碳潮流

能源资源紧张、生态环境恶化，特别是温室气体带来的全球变暖等气候变化问题，正在成为全人类生存和发展面临的重大挑战，国际上要求共同面对资源和环境问题的呼声越来越高。走绿色和低碳发展之路，加强资源节约和生态环境保护，日益成为世界上绝大多数国家的共识。作为企业，要塑造自己的品牌，就要加快树立绿色和低碳发展理念，根据企业实际情况积极采取行动，尽快形成绿色和低碳的生产方式与营销模式，努力提高企业绿色低碳水平。

（二）适合技术升级方向

一个企业的发展，要靠增加生产要素的投入量，或者提高生产要素的生产效率。因为各企业都受到可利用资源条件的限制，单靠增加生产要素投入量，其发展空间极为有限。所以，提高投入要素的产出效率才能实现企业的持续发展。而提高投入要素的产出效率，一要改善投入要素的质量，二要改进转换系统的功能与效率。这归根结底要靠技术进步。

（三）满足主流消费者偏好

消费者偏好反映的是消费者对不同产品或服务的喜好程度，是影响企业产品对应的市场需求的重要因素之一，主要由当时当地的社会环境、风俗习惯、时尚变化等对整个消费者群体或某个特定群体所产生的影响而决定。企业发展新动能经济，塑造新品牌，也要使自己的产品或服务符合市场主流消费者偏好，这样才能开拓更广阔的市场发展空间。

（四）顺应政府政策鼓励趋势

政府政策在我国社会主义市场经济发展过程中所发挥的作用相当重要。我国能够取得如此大的社会进步和成就，离不开政府因时因势所制定的各项政策措施。企业的发展，更是离不开政府政策的扶持。企业要想更好地发展新动能经济，塑造自己的新品牌，就必须紧密结合当地政府的各项政策，充分把握政策鼓励倡导的发展方向，利用各项优惠扶持政策，快速发展自身的各项业务，从而快速成长壮大。

（五）体现企业社会责任要求

企业在创造利润、对股东和员工承担法律责任的同时，还要承担对消费者、社区和环境的责任，即社会责任。企业的社会责任要求企业必须超越把利润作为唯一目标的传统理念，强调在生产过程中对人的价值的关注，强调对环境、消费者、社会的贡献。企业发展新动能经济，塑造新品牌，就要在提高产品技术含量和实现销量快速增长的同时，更好地承担企业应有的社会责任。只有这样，才能成长为令消费者由衷尊重和认可的品牌企业。

十二 建立新组织

内外部环境决定了企业的发展战略，企业的发展战略又决定了企业应当设立的组织形式。当企业面临的内外部环境发生变化，企业在确定新的战略时，就要调整优化企业内部的组织结构以保证企业战略得以顺畅实施。特别是在发展新动能经济时，企业要朝着更有效的方向调整优化内部组织结构。

（一）推进组织网络化、扁平化、柔性化

网络化、扁平化、柔性化组织，是由多个独立的个人、部门和企业为了共同的任务而组成的联合体，它的运行不靠传统的上下层级控制，而是在定义成员角色和各自任务的基础上通过密集的多边联系、互利和交互式合作来完成共同追求的目标。企业组织在网络化、扁平化、柔性化变革过程中，须借助现代信息互联技术，使许多管理部门和管理人员让位于信息系统，取消中间管理层或使之大大精简，从而使企业组织机构扁平化、柔性化，在企业管理水平不断提高的同时，也可以显著提升企业的创造力。

（二）适时建立一些临时性组织

企业可以根据内外部形势发展的需要，抽调相关人员，建立临时性的组织，以推动完成某些重要事项。职能部门是固定的组织，项目小组是临时性

组织，完成任务以后就自动解散，其成员回原部门工作。而且，产品的质量要由项目经理和职能经理共同控制。职能主管主要解决下属的技术水平问题，而项目主管则具体负责下属在这个项目上的行为、工作结果和绩效。企业在发展新动能经济时，建立一些临时性的组织，是深入挖掘企业潜力、激发团队成员工作积极性和创造性的重要手段。

（三）重视群体性组织建设

对于一个企业来说，整个团队是否团结一致、"战斗力"是否充足是非常重要的。在现代企业中，可以通过组建一些群体性的组织，以促进企业发展、丰富员工业余文化生活、提升员工各项职业技能为目的，将企业中具备一定兴趣、特长、技能的人员组成专项团队，利用各种新形式、新载体、新方法广泛开展各类兴趣拓展活动，激发员工的工作热情，增强员工的身体素质，加深员工之间的了解与友谊，培养员工良好的道德品质及团结互助的精神，努力把企业成员的工作状态提高到一个新水平。

十三　制定新制度

企业在经济转型时期，不仅要培育自身发展新动能，而且要在企业制度方面进行相应的优化调整以支撑企业顺利实现转型升级。具体可以从以下几个方面制定新制度。

（一）优化企业产权制度

企业产权制度是企业制度的核心，它决定了企业财产的组织形式和经营机制。企业产权制度的发展经历了三种形态，即业主制产权制度、合伙制产权制度和公司制产权制度。从自然人企业到公司制企业，是社会化大生产和市场经济发展的必然。在激烈的市场竞争中，企业的经营风险较大，广大投资者也希望有一种能够降低风险的保护制度。于是，向社会公众或其他法人发行股票募集资本，设立公司制企业应运而生。特别是有限责任公司和股份有限公司这两种公司制企业形式，由于其筹资能力强，有规范的法人财产制度，经营风险分散，且投资者仅承担有限责任，管理机构完善，因而得以迅速发展，成为国际上普遍采用的公司制企业形式。我国企业要想培育发展新动能，可以将自身的产权进行优化调整，向有限公司或股份公司两种高级形态调整，这将明显拓宽企业未来发展空间。

（二）规范公司治理制度

要实现计算机快速高效运行，需要有一套好的操作系统；一个企业要想规范高效运行，也需要有一套好的操作系统，即公司治理制度。由于公司治理制度具有调整人员主观能动性的作用机制，涵盖了公司股东大会运作机制、董事会运作机制、监事会运作机制，以及公司财务、人力资源、运营与管理、法务、产品技术研发等监管机制，因此无论哪个国家或哪个企业，在公司治理结构设计方面都必须从机制设计的角度入手，方可改善和提升企业的公司治理环境。在经济低迷时期，企业完全可以从优化自己的公司治理制度入手，挖掘和培育经济发展新动能。

（三）建立激励约束制度

激励约束制度，即激励约束主体根据组织目标、人的行为规律，通过各种方式去激发人的动力，使人有一股内在的动力，迸发出积极性、主动性和创造性，同时规范人的各种行为，朝着激励主体所期望的目标前进。当前伴随经济开放程度的提高，企业面临的竞争也越来越激烈。人才已成为企业确立竞争优势、把握发展机遇的关键。"重视人才，以人为本"的观念已颇受关注。因此，企业的管理者不仅要依靠企业规章制度进行人力资源管理，而且要因地制宜、合理地运用激励机制（如物质激励、目标激励、期望激励、信任激励、参与激励、赞美激励、榜样激励、事业激励、竞争激励、授权激励、挫折激励、危机激励、负面激励、晋升激励等），根据内外环境的实际情况不断改进、完善和调整激励机制，使企业加快培育发展新动能。

十四 探索新模式

在经济转型时期，企业要获得发展新动能，还可以从探索新商业模式和新盈利模式方面入手。

（一）探索建立新商业模式

商业模式是企业满足消费者需求的系统。这个系统通过组织管理企业的各种资源（资金、原材料、人力资源、作业方式、销售方式、信息、品牌和知识产权、企业所处的环境、创新力，即输入变量），形成能够提供给消费者无法自力而必须购买的产品或服务（输出变量），因而具有自己能复制但别人不能复制，或者自己在复制中占据市场优势地位的特性。成功的商业模式能提供独特价值，有时候这个独特价值可能是新的思想；而更多的时候，它往往是产品或服务独特性的组合。这种组合要么可以向客户提供额外的价值，要么使客户能用更低的价格获得同样的利益，或者用同样的价格获得更多的利益。企业要做到量入为出、收支平衡。在经济低迷谋求转型发展的时期，企业可以围绕商业模式的输入变量进行探索创新，进而探索出新的商业模式以实现转型发展。

（二）挖掘拓展新盈利模式

盈利模式是企业通过自身以及利益相关者资源要素的整合而形成的一种实现价值创造、价值获取、利益分配的组织机制及商业架构。在经济转型发展时期，企业可以通过探索新的盈利模式来实现新动能的培育。随着互联网的兴起和广泛应用，新的盈利模式变得越来越丰富多样，但万变不离其宗。

（三）研究开发新营销模式

当前的市场环境已经由产品主权时代、渠道主权时代进入消费者主权时代。消费者主权时代代表着市场结构发生了根本变化，由产品驱动、渠道驱动变成消费者驱动。对厂家、零售企业来说，最紧迫的事情是要打破以往以产品、渠道、终端为中心的营销体系，重新构建以消费者为中心的新营销体系。企业要探索建立新的营销模式，就要搞清楚几个问题：客户是谁？他在哪里？如何能够找到他？如何能有效影响到他？如何能够有效增强他对企业的信任？如何打造终身顾客价值？以消费者为中心的新营销模式的核心是，企业一切营销活动的起点与终点是消费者，不再是产品、渠道、终端。产品、渠道、终端都是如何更好地营销消费者、改善消费者体验、满足消费者需求的手段。所以，重视消费者体验，深刻认知消费者体验，与消费者保持亲密互动，以大数据的方式记录消费者的体验数据，进而调整自己的产品或服务，由此才能重新构建起企业发展的新动能。

十五　实施新管理

在当前移动互联网、人工智能得到快速应用的新经济时代，企业应积极主动地探索特色化管理、精细化管理、个性化管理、自我管理、标杆管理等新管理形式。

（一）坚持特色化管理

与企业的规范化、标准化经营管理相比，企业往往由于自身规模和条件的限制而需要采取特色化管理。这种管理方式主要是围绕管理目标和管理效果展开，重点围绕增强员工对企业的归属感、认同感和责任感展开，结合企业自身所拥有的优势和短板，进行特色化的创新管理。

（二）强化精细化管理

精细化管理是对战略和目标进行分解、细化和落实的过程，是将企业的战略规划有效贯彻到每个环节并使其发挥作用的过程，同时也是提升企业整体执行力的一个重要途径。一个企业在确立了建设"精细管理工程"这一带有方向性的思路后，就要找准关键问题、薄弱环节，分阶段进行，每个阶段性完成一个体系，便实施运转、完善一个体系，并牵动修改相关体系，只有这样才能最终整合全部体系，以体现精细化管理工程在企业发展中的功能、效果和作用。同时，我们也要清醒地认识到，在实施"精细化管理工程"的过程中，最为重要的是要树立规范性与创新性相结合的意识。"精细化"的精髓就是将管理的规范性与创新性最好地结合起来。

（三）采用个性化管理

个性化管理是相对于一般化、教条化的管理而言的，基于被管理对象的生理、心理和各自具有的不同特点，从管理的起点、过程到目标的实现，从工作内容、工作手段、工作方法以及激励措施等诸多方面，为被管理对象提供独特的管理服务。从一定意义上讲，个性化管理就是因人、因时、因地、因材、因过程和因结果而采取的一种独特的管理方式。个性化管理的目的是使管理者和被管理者能够有效地协调起来，最大化地实现人的自我价值，从而有效实现组织目标和效能，最大限度地发挥、开发被管理者的优势和潜能，使之更富创造性、更有积极性，为企业或组织做出更多、更大的贡献。这种管理不像传统管理那样仅仅从形式上控制，而是确立一定的目标，从而激发每个人的巨大潜能。在知识经济日益兴起的当下，企业要探索建立个性化管理模式，充分挖掘企业员工的潜能，为社会创造更大的价值。

（四）加强自我管理

自我管理是指个体对自身，以及自己的目标、思想、心理和行为等表现进行的自主管理。自己把自己组织起来，自己管理自己，自己约束自己，自己激励自己，自己管理自己的事务，最终实现自我奋斗目标。自我管理是从人性向往自由、自觉、自愿的行为本性出发，倡导自己管理自己。在某些情况下，企业采取自我管理的办法，往往能够更加充分地激发经营管理人员与企业员工的积极性、主动性和创造性，并为企业发展新动能提供巨大的支撑。

（五）运用标杆管理

标杆管理，即不断研究和寻找同行一流公司的最佳实践，并以此为基准与自己的企业进行分析、比较、判断，从而使自己的企业不断改进，进入或赶超一流公司，创造优秀业绩。标杆管理的核心是向业内或业外最优秀的企业学习。通过学习，企业重新思考和改进经营实践，创造自己的最佳实践，这实际上是模仿创新的过程。企业在经济低迷时期或者转型发展的压力巨大时，通过学习对标行业优秀企业的先进管理经验和做法，不仅可以产生显著的改进效果，而且可以为企业培育发展新动能探索实践出更好的管理方法。

本章执笔人：刘文杰

第十七章
发展绿色新动能经济空间优化的思路与对策*

——新时期适应新动能经济的城乡空间拓展研究

新时期经济发展面临转型升级，传统的高耗能、高污染、高排放的发展模式难以维系。作为支撑经济发展的空间载体，城乡空间发展模式也面临转型。传统的城乡空间大规模土地开发、利用效率低下，粗放式发展模式已经不适应当前土地存量有限、房地产饱和、生态环境恶化的新形势，土地供给紧缩、基本农田保护、生态环境严控、产业转型升级已成为下一步城市空间发展面临的外部环境。如何在此外部环境下拓展新的城乡空间、适应新时期新动能经济的发展，成为当前城乡空间发展面临的重要问题。

当前在继续拓展适应新动能经济发展的城乡空间方面面临两个主要问题。一方面，长期的城乡二元结构导致产业发展以城市空间为主，主要集中于城市、开发区等空间载体，以国有用地属性呈现，而乡村建设用地以第一产业为主，产业业态单一，附加值低；另一方面，传统的城市开发模式追求速度和短期效益，粗放式、大规模、不可持续，导致利用配套不足、效率低下、浪费严重。为适应当前空间发展面临的严峻形势和新动能经济发展的需求，从上述两方面进行挖潜是拓展新城乡空间的必由之路。

---

* 本章内容已发表于《小城镇建设》2018 年第 9 期，略有改动。

一 新城乡空间的内涵及形态

（一）新动能经济对新城乡空间的要求

经济社会发展需要空间载体，新动能经济和传统动能经济所需的空间载体具有明显的联系和区别。传统动能经济需要大规模的城市扩张，以大量建设用地开发为前提。城市政府需要土地收益维持运转，企业生产粗放，需要大规模厂房。而新动能经济的空间形态有了明显转变。一方面，迫于用地规模紧张、生态环境恶化和环保政策的要求，必然不会继续走土地规模扩张、对生态环境产生破坏的老路，必须采取集约化、空间内部更新、各类用地功能综合利用等方式。另一方面，新动能经济具体产业对城乡空间的要求也与传统动能经济有所区别，要充分与供给侧结构性改革、产业转型升级、消费升级相结合。

从新动能经济对空间要求角度而言，新空间应该适应新动能经济发展的四个方面的要求。一是必须适应国家供给侧结构性改革的必然要求，新空间已经不再为以高成本、高耗能、提高产能为目标的产业服务，不再以大规模土地开发、地产开发为目的。二是着眼服务于新型城镇化，致力于建筑节能、智能交通、新能源、智慧城市的创新与应用。三是致力于社会体系的可持续发展，降低杠杆率，弥补公共服务、基础设施、制度性短板，全面提升供给体系的适应性和创新性。四是服务于社会消费升级，创新制造业，提供新的消费需求，发展服务业，提供新的生活需求。

（二）新城乡空间的内涵

新城乡空间是通过对传统物质空间的改造、优化、提升，能够促进形成新动能，并适应新动能经济发展的空间载体。根据城乡发展空间发育、发展的规律和现阶段城乡空间拓展的实践，新城乡空间的产生可以概括为以下六种类型：一是充分利用传统空间，通过内部挖潜产生新空间；二是提升空间资源的公共设施配套，提高空间的利用效率，补齐短板，产生新空间；三是空间综合利用，通过对同一空间在不同时间的协调、提高利用效率、布局更高附加值的产业等，产生新的空间；四是优化区域空间衔接，提高整体空间运行效率，产生新空间；五是对空间载体进行信息化、智能化、人性化改造，形成新空间；六是通过优化空间布局，降低交通成本和通勤成本。

（三）新城乡空间的形态

新空间的形态可以分为新城乡空间和新城市空间。新城乡空间是指在整个城乡空间结构中，在传统城乡空间的基础上，充分研究用地性质的兼容性和政策的可行性后，再利用有限用地物理空间，创新性拓展出来的能够综合利用的城乡空间。其主要形态为传统城市空间向乡村空间的延伸，包括土地利用、产业形态及组织模式，如特色小镇、田园综合体、都市农庄等形态。新城乡空间既能够充分利用既有物理空间，又能够延伸创造新的产业空间，适应新动能经济发展。新城市空间是指在传统城市空间的基础上，利用技术手段对过去粗放式开发的土地、楼宇、设施进行改造提升，补齐公共设施、基础设施欠账，增加城市空间对人口、产业的承载力，并加以改造利用，以适应新动能经济的需求，提高土地产出附加值。如城市双修、城市旧城改造、棚户区改造、综合管廊建设等，就是通过改造传统城市空间、补齐公共设施、改造重新利用而产生的新城市空间。

二　新城乡空间拓展的案例分析

（一）三亚"城市双修"项目

1. 基本情况

三亚位于海南省南部，1987 年设市。三亚市独特的热带气候、海岸生态景观环境，让它从原来的小渔村成为国际知名的热带海滨风景旅游城市。

但是，城市的快速发展和旅游业的爆发式增长，导致三亚市生态环境恶化，城市发展欠账太多，严重影响了城市的健康有序发展。

生态环境持续恶化。三亚市在30年的快速发展过程中，盲目开山毁林、竭泽而渔式的发展，造成生态环境急剧恶化。截至2015年，山体损毁面积广大，废弃矿坑55个，受损山体面积达80多万平方米，成为城市的"伤疤"。海岸线侵蚀污染严重，全市有21.6公里的沙滩岸线受侵蚀，有102个排污口直排污水入海，30家涉海企业占用岸线长达3.5公里。河道堤岸硬化，水系阻塞，河水黑臭，在总计约55公里的河段，污水直排口多达399处。城市建设欠账太多。城市道路交通建设滞后，很多路段每逢台风季节严重积水，有的地区甚至达到1.1米。停车位少，市民游客停车困难。市政设施欠账多，未实现雨污分流的道路管网长达530公里，占总长的74%。公园绿地缺乏，分布不均衡，可达性差，市民游客使用很不方便。城市特色风貌缺失。城市规划管理相对滞后，城市建设缺乏特色，建筑色彩不协调，严重影响天际线，广告牌匾设置无序，影响城市景观，城市夜景照明缺乏统筹，各自为政，色彩杂乱。

2. 具体做法

针对上述问题，三亚市通过推动"城市双修"（生态修复、城市修补）工作来破解发展难题，寻求城市发展新空间。2015年6月10日，住房和城乡建设部将三亚市列为全国首个"城市双修"试点城市。三亚市根据自身特点，重点推进以山、海、河为主的生态修复"三大工程"，打响违法建筑拆除、广告牌匾整治、城市绿化改造、城市色彩协调、城市亮化改造、天际线和街道立面改造等城市修补"六大战役"，取得了良好效果。

修复修补旧动能遗存空间，淘汰落后产能。通过生态修复，完成山体复绿23.7万平方米，消除多处地灾隐患，生态环境问题得到初步解决。以抱坡岭生态修复项目为例，抱坡岭自抗战时期至今一直是三亚市重要的采石基地，经过数十年的开采已成为三亚市山体破坏最严重的地区。三亚市果断叫停抱坡岭采石，开展生态修复，并通过植入休闲游憩功能，运用公园设计手法，将抱坡岭变成了三亚市的一处生态教育和科普示范基地（见图 17 – 1、图 17 – 2）①。

图 17 – 1　抱坡岭修复前

图 17 – 2　抱坡岭修复后

　　完善基础设施，补齐城市建设短板。旅游业是三亚市的支柱产业，基础设施是城市日常运转的主要保障，当地以"城市双修"为契机，大力完善交通、市政、绿化等基础设施，为旅游业的提档升级奠定了基础。如打通龙岭路、胜利路、红沙隧道等断头路，畅通城市"毛细血管"，提高道路网密度，推动道路机非分离改造，改善市民出行环境；建设停车场 7 座，新增 2680 个停车位，满足市民的停车需求。建设 7.7 公里长的地下综合管廊，开展主城区

---

　　① 《抱坡岭蝶变："秃头山"披上"绿衣裳"》，搜狐网，2016 年 9 月 28 日，http：//www.sohu.com/a/115239613_411844。

海绵化改造（见图17-3、图17-4）①。建设丰兴隆、红树林等5处公园，优化城市绿色基础设施，改善区域小环境（见图17-5、图17-6）②。

图17-3　胜利路地下综合管廊建设

图17-4　第十小学雨水花园建设

---

① 沙晓峰：《三亚胜利路地下综合管廊将迎来"大变脸"》，南海网，2017年2月22日，http://www.hinews.cn/news/system/2017/02/22/030990680.shtml；《三亚首个"海绵校园"竣工》，千龙网，2016年1月6日，http://photo.qianlong.com/2016/0106/250555.shtml。

② 《织出绿锦护碧水》，海南日报网，2016年12月24日，http://hnrb.hinews.cn/html/2016-11/24/content_1_7.htm；《两岸笔会艺术家称赞三亚"双修"和美丽乡村建设项目："'双修'给三亚带来了巨大变化"!》，搜狐网，2016年12月13日，http://www.sohu.com/a/121422590_411844。

图 17-5 丰兴隆公园建设前的场地

图 17-6 丰兴隆公园建成后的场地

强化城市风貌改善与区域协调，优化旅游产业发展环境。围绕"国际化热带滨海旅游精品城市"定位，三亚市开展"六大战役"将滨海岸线、两河四岸、重点道路、公园等城市中不同的重点空间统筹规划、改善风貌、形成体系，有效提升了三亚的整体旅游形象。如改造解放路两侧 840 米的建筑立面，初现了"暖白浅灰、清新淡雅、热带风情"的三亚特色建筑风貌。开展城市夜景照明改造工程，统筹布局城区亮化设施，以黄白色调为基础，流光溢彩的热带城市夜景特色初步显现（见图 17-7、图 17-8）①。

———————————

① 笔者摄于三亚。

图 17 - 7　解放路整治前

图 17 - 8　解放路整治后

立足城市长远发展，拓展旅游产业发展新空间。三亚市政府从长远发展出发，果断叫停三亚河畔、临春岭下的两处大型房地产项目，分别建成红树林生态公园和市民果园，与"两河四岸"地区的月川生态绿道、丰兴隆公园等共同构成三亚的沿河"绿色项链"，提升了城市的整体环境品质，重塑了三亚的城市总体形象，为三亚市旅游产业的升级增效奠定了良好的生态本底。

258

3. 取得的成效

经过一年多的努力，三亚市"城市双修"工作取得了重要的阶段性成果，生态环境、城市功能、城市风貌得到有效改善，为城市发展创造了新的空间。

旅游发展环境改善，效益明显提升。"城市双修"促进了三亚城市转型，实现了旅游发展环境改善和旅游经济效益的明显提升。2017 年，三亚市的地区生产总值达到 529.25 亿元，同比增长 7.6%。2017 年全市接待过夜游客 1830.97 万人次，同比增长 10.9%。

生态环境明显改善。通过修复山、河、海，增加城市绿化，有效改善了三亚的生态本底，提升了环境品质。如修复抱坡岭、亚龙湾路口等 8 处受损山体，昔日残破不堪的秃山变成了城市休闲游憩的市民公园。三亚河水质持续好转，由地表水劣 V 类提升为 III 类，有的河段水质甚至达到 II 类标准（见图 17 – 9）[①]。通过修复 15.1 公里长的三亚湾岸滩原生植被，优化了滨海环境，营造了便于开展旅游休闲活动的场所空间。

图 17 – 9　"城市双修"后的三亚河及沿岸

---

① 《美呆了！从"两河七园"看生态三亚》，搜狐网，2016 年 12 月 10 日，http：//www.sohu.com/a/121189500_411844。

市民和游客反映普遍向好。环境和基础设施的改善给三亚市民群众带来了切实的生活便利,为游客带来了更好的旅游环境。该项工作得到全体市民、游客的认可和支持。《人民日报》、新华社、《新闻联播》、《焦点访谈》等对三亚"城市双修"工作进行了多次专题报道,在全国反响强烈。2016年12月,全国"城市双修"工作现场会在三亚召开后,三亚成为全国城市规划建设管理"转换中的典型、变化中的典型"。

(二)无锡阳山田园综合体项目

1. 基本情况

田园综合体作为乡村新型产业发展的亮点措施被写进中央一号文件。政府支持有条件的乡村建设以农民合作社为主要载体,让农民充分参与和受益,集循环农业、创意农业、农事体验于一体的田园综合体,通过农业综合开发、农村综合改革转移支付等渠道开展试点示范。"田园综合体"是现代农业产业园的升级版,通过综合化发展产业和跨越式利用农村资产,将单一的种植转换成集种植、农事体验、休闲娱乐于一体的综合体,是城乡产业发展空间拓展的新领域。无锡阳山田园综合体项目位于无锡市惠山区阳山镇,现已成为江苏省知名旅游景点、无锡市休闲旅游新名片,被誉为"国内新型城镇化、城乡一体化示范区和乡村旅游新标杆"。

2. 主要做法

无锡阳山田园综合体项目准确地把握住城乡发展的前沿,在创新城乡土地综合利用、产业综合化发展、创新组织模式、完善基础设施和改善传统农业景观等方面做了新的尝试,为拓展城乡产业发展空间提供了较好的经验借鉴。

第一,农用地综合利用,创造新的产业空间。田园综合体是综合利用农村集体建设用地、农田、林地等,通过系统规划,实现三次产业融合发展、各类产业发展空间相互协调的组织模式。在不转变用地性质的前提下,利用部分村庄集体建设用地和村集体工业用地发展旅游服务相关产业;将原来单一种植业的农田和林地调整为集种植、农事体验、休闲娱乐于一体的综合体。无锡阳山田园综合体项目在用地综合利用方面的主要做法是将原有农户宅基地和村集体工矿用地进行改造，用于旅游接待、旅游服务等功能。将部分一般农田、林地调整为薰衣草森林、果酒果林、桃溪花语等附加值高的旅游项目，使土地资源更具活力。

第二，完善基础设施，提升产业发展能力。田园综合体的主要客户群体定位为城市居民，产业业态定位为创意农业、农事体验、休闲旅游、科普、亲子等活动。根据客户群体和产业业态特点，提升基础设施配置。无锡阳山田园综合体项目基础设施提升分为三个方面。一是提升整个项目的道路体系。打通乡村道路，修通断头路，设计以步行系统、非机动车系统和水上观光系统为主要组成部分的慢行系统。二是增加旅游服务接待设施。配置与农事体验、休闲旅游、科普、亲子等活动相适应的文化娱乐、体育、疗养等设备设施，如"绿乐园"项目，用泥土、木头、树桩、树枝等原生材质和循环材料作为构造材料打造农夫主题园区的一些基础设施，营造亲子氛围。三是完善乡村基础设施，适应循环农业、创意农业发展，完善农田水利、供水供电、雨污分流和水处理、环境卫生等设施。

第三，塑造田园景观，提升特色空间形象。田园综合体既要有别于城市的景观形象，又要有别于普通农村的景观特点，让游客既能够体验到乡村田园的特点，又能够享受到同城市一样便利的公共设施。无锡阳山田园综合体项目依山就势，充分利用无锡当地的乡土特色，塑造了既具有地域特色，又能够提供优质服务的景观环境。首先，保留原有江南白墙黛瓦的建筑风貌，坚持修旧如旧的原则，改造修缮农村老房子。通过保持原有肌理，塑造纸筋灰的外墙、青瓦的屋顶、木质的门窗等方式，再加上周围的景观小品等，改造拾房村（见图 17－10、图 17－11）①。对 10 处节点老房子进行修缮改造，植入池塘、原生树木等，塑造成具有江南传统水乡风貌特色的景观。其次，在塑造传统风貌的同时，增加景观的多样性，将传统农田转变为更具观赏性

---

① 《拾房村改造 青山之阳 田园东方》，深圳市麟德旅游规划顾问有限公司网站，http：//www.cnluntak.com/index.php/view－932.html。

的旅游景观。如田园展示区在植物选择上放弃了简单草坪和四季花卉，而是选择了具有独特观赏性的秋葵和紫苏，步道边的点缀植物加入可以长到80厘米高的西芹；蚂蚁之家项目将场地的枯木及苗圃改造成秋千，将老木船、拖拉机进行装置再创造，巧妙地组合景观要素，塑造了富于变化的空间。

图 17-10　拾房村井咖啡改造前

图 17-11　拾房村井咖啡改造后

第四，创新组织模式，采取合作社经营。在组织模式上，原来农民以粮食种植为主的耕作模式效率低，劳动力隐性浪费现象严重，而转变组织模式后，由企业、合作社经营，企业、合作社采用租赁的方式取得农民土地的经营权，集中规模化经营，提高了土地利用的效率，增加了整体收益。无锡阳山田园综合体项目以1500元/亩的价格从阳山村村民手中租赁土地并统一规划、统一开发、统一经营，大大提高了空间利用效率和整体收益。

3. 取得的成效

田园综合体项目是城乡空间拓展的一种成功尝试，在创造单位面积收益、改善农村生态环境、增加农民就业和收入等方面取得了良好的经济效益与社会效益。据不完全统计，无锡阳山田园综合体项目自运营以来，取得了良好的效果，成为长三角地区新的旅游热点，吸引了大量国内外游客。截至2017年8月，共接待游客10万余人次，最大接待容量为7000人次/天。田园综合体项目的实施，使阳山村的生态环境得以明显改善，未改造前的阳山村整体生态系统破坏严重，周边水系常年断流，水塘成为死水，垃圾乱堆放，改造后生态得以恢复，相邻的水塘得以贯通，垃圾得到有效清理，水生物种群逐步恢复。阳山村村民的收入有了明显提高，既有出租土地收益，也实现了就业。例如，通过土地使用权的流转，一些农场主每年的收入可达数十万元；散户则通过种植可用作观赏的桃林等，实现了每亩2万元的收入；部分农户通过开办农家乐等，也获得了可观的收入。

三　结论

本章通过分析新时期经济发展由传统动能向新动能转变对新城乡空间的要求入手，阐明了新城乡空间的基本内涵，即通过对传统物质空间的改造、优化、提升，能够促进形成新动能，并适应新动能经济发展的空间载体，并提出了新城乡空间的六种类型。同时，指出新城乡空间形态是在传统城乡空间的基础上，充分研究用地性质的兼容性和政策的可行性后，再利用有限用地物理空间，创新性拓展出来的能够综合利用的城乡空间。当前城乡空间发展模式的实践中，"城市双修"、田园综合体建设是典型的新城乡空间拓展的尝试。本章以三亚"城市双修"和无锡阳山田园综合体项目为例，系统介绍了其具体做法以及在新城乡空间拓展中取得的成效。

本章执笔人：高宜程　宋晓璐　赵科科

参考文献

［1］李佐军：《中国绿色转型发展报告》，中共中央党校出版社，2012。

［2］李佐军：《中国发展动力研究报告：找准中国经济发展新动力》，社会科学文献出版社，2016。

［3］北京师范大学科学发展观与经济可持续发展研究基地等编《2010中国绿色发展指数年度报告：省际比较》，北京师范大学出版社，2010。

［4］杨志：《中国低碳经济年度发展报告（2011）》，石油工业出版社，2011。

［5］中国科学技术发展战略研究院编《国家创新指数报告（2013）》，科学技术文献出版社，2014。

［6］中国科技发展战略研究小组编《中国区域创新能力报告（2001）》，科学技术文献出版社，2002。

［7］吕薇：《区域创新驱动发展战略》，中国发展出版社，2014。

［8］李佐军：《人本发展理论》，中国发展出版社，2008。

［9］李佐军：《供给侧改革：改什么、怎么改？》，机械工业出版社，2016。

［10］田涛、吴春波：《下一个倒下的会不会是华为》，中信出版社，2012。

［11］余胜海：《解密华为：中国制造的通信技术帝国》，中信出版社，2011。

［12］黄卫伟：《以奋斗者为本——华为公司人力资源管理纲要》，中信出版社，2014。

［13］黄卫伟：《以客户为中心——华为公司业务管理纲要》，中信出版社，2016。

［14］余胜海：《任正非和华为》，长江文艺出版社，2017。

［15］习近平：《决胜全面建成小康社会 夺取新时代中国特色社会主义伟大胜利——在中国共产党第十九次全国代表大会上的报告》，人民出版社，2017。

［16］中华人民共和国国家统计局编《中国统计年鉴2017》，中国统计出版社，2018。

［17］全国人民代表大会常务委员会：《中华人民共和国环境保护法（最新修订版）》，法律出版社，2014。

［18］黄宝：《深圳行政管理体制改革研究》，南京师范大学硕士学位论文，2012。

［19］世界银行、国务院发展研究中心联合课题组：《2030年的中国——建设现代、和谐、有创造力的社会》，中国财政经济出版社，2013。

［20］中国城市规划设计研究院：《催化与转型："城市修补、生态修复"的理论与实践》，中国建筑工业出版社，2016。

［21］卜凡中、龚后雨：《万众"双修"战沉疴——解读"城市修补、生态修复"三亚实践》，新华出版社，2016。

［22］三亚市社会科学界联合会编《三亚"双修"研究》，长江出版社，2016。

［23］王俊：《清洁技术创新的制度激励研究》，华中科技大学博士学位论文，2015。

［24］中国汽车技术研究中心等编著《中国新能源汽车产业发展报告（2017）》，社会科学文献出版社，2017。

［25］清华大学经管学院中国创业研究中心：《全球创业观察报告（2014）》，百度文库，2015年10月21日。

［26］黄青玲：《我国水务企业成长与金融支持研究——以首创股份和碧水源为例》，暨南大学硕士学位论文，2015。

［27］洪银兴：《培育新动能：供给侧结构性改革的升级版》，《经济科学》2018年第3期。

［28］贾华强：《中国如何实现持续繁荣的市场经济——以经济主体多样性为视角的分析》，《人民论坛·学术前沿》2013年第2期。

[29] 李含琳:《论新动能的四个层次及其实践对策》,《生产力研究》2018年第2期。

[30] 林昕瑶、宫恩康、方哲:《我国新常态视域下的绿色经济发展探析》,《山东科技大学学报》(社会科学版)2018年第1期。

[31] 隆国强:《寻找对外贸易新动能 打造国际竞争新优势》,《国际贸易问题》2016年第11期。

[32] 徐绍史:《积极发挥新消费引领作用 加快培育形成新供给新动力》,《中国经贸导刊》2015年第36期。

[33] 王小广:《新旧动能转换:挑战与应对》,《人民论坛》2015年第35期。

[34] 杨和平:《破除"唯GDP主义"政府绩效观 推进我国地方政府绩效治理创新》,《中共太原市委党校学报》2014年第3期。

[35] 叶文虎、仝川:《联合国可持续发展指标体系述评》,《中国人口·资源与环境》1997年第3期。

[36] 郑红霞、王毅、黄宝荣:《绿色发展评价指标体系研究综述》,《工业技术经济》2013年第2期。

[37] 中国科学院可持续发展研究组:《2006中国可持续发展战略报告》,《科技与企业》2006年第5期。

[38] 欧阳康、刘启航、赵泽林:《绿色GDP绩效评估,应成绿色发展抓手》,《环境经济》2016年第5期。

[39] 申静、赵域航、耿瑞利:《欧盟创新评价指标体系的演变及启示》,《创新与创业管理》2015年第2期。

[40] 乔婧:《硅谷指数评价指标体系研究》,《管理观察》2015年第23期。

[41] 国家统计局社科文司"中国创新指数(CII)研究"课题组:《中国创新指数研究》,《统计研究》2014年第11期。

[42] 赵彦云、甄峰:《我国区域自主创新和网络创新能力评价与分析》,《中国人民大学学报》2007年第4期。

[43] 张梓太、吴惟予:《我国生态环境损害赔偿立法研究》,《环境保护》

2018 年第 5 期。

[44] 顾璀:《产业生态学视角下的中国高新技术产业发展路径研究》,《改革与战略》2016 年第 12 期。

[45] 李佐军:《积极应对"高成本时代"到来的挑战》,《山东经济战略研究》2012 年第 6 期。

[46] 韩兆洲:《区域综合经济实力统计测度研究》,《广东商学院学报》2012 年第 2 期。

[47] 郭立:《新兴城市产业结构特征及调整研究——以深圳产业结构为例》,《东北财经大学学报》2014 年第 6 期。

[48] 胡彩梅、郭万达:《深圳转型升级和创新驱动:分析与借鉴》,《开放导报》2015 年第 5 期。

[49] 魏江、陶颜、王琳:《知识密集型服务业的概念与分类研究》,《中国软科学》2007 年第 1 期。

[50] 柳卸林:《北京应大力发展知识密集型服务业——兼与上海高技术发展战略的比较》,《中国经济快讯》2002 年第 33 期。

[51] 申静、冷玥、耿瑞利:《北京市高端服务业发展水平的国际比较与启示》,《技术经济》2015 年第 12 期。

[52] 司马红、李岱松:《打造首都核心区的科技之路——北京市西城区科技服务业发展战略思考》,《前线》2018 年第 6 期。

[53] 崔向林、罗芳:《"互联网 +"背景下上海市生产性服务业与制造业协调发展研究》,《上海经济研究》2017 年第 11 期。

[54] 郭怀英、洪群联、王晓红:《上海服务业与制造业融合发展调研》,《宏观经济管理》2014 年第 1 期。

[55] 张明喜、赵秀梅:《科技金融中心的内涵、功能及上海实践》,《科学管理研究》2016 年第 4 期。

[56] 李宁、韦颜秋:《天津市生产性服务业与制造业协同发展研究》,《地域研究与开发》2016 年第 6 期。

[57] 吴爱东、李奕男:《京津冀协同发展背景下天津产业结构升级空间与

路径分析》,《现代城市研究》2017 年第 2 期。

[58] 赵芝俊、张社梅:《近 20 年中国农业技术进步贡献率的变动趋势》,《中国农村经济》2006 年第 3 期。

[59] 罗卫平、罗广宁、吴晓青:《基于柯布－道格拉斯生产函数的广东农业与农村技术进步贡献率测算》,《科技管理研究》2010 年第 24 期。

[60] 池仁勇、杨潇:《我国区域技术进步贡献率的测算及其影响因素研究——基于指数平滑和向量自回归模型的实证分析》,《科技进步与对策》2011 年第 11 期。

[61] 张汴生、陈东照:《基于灰色系统理论的河南省科技进步贡献率测算》,《河南农业大学学报》2015 年第 4 期。

[62] 姚丽萍、任雪明:《特斯拉模式对我国新能源汽车发展的启示》,《湖北汽车工业学院学报》2016 年第 4 期。

[63] 张彩虹、马一方、江雪等:《纯电动汽车的成功之道——美国特斯拉汽车公司案例研究》,《中外企业家》2013 年第 28 期。

[64] 苏楠、陈志:《特斯拉汽车崛起对我国企业全面创新的启示》,《全球科技经济瞭望》2016 年第 5 期。

[65] 祝晶、刘少兵、刘青掌:《特斯拉电动汽车崛起原因浅析和启示》,《科技视界》2015 年第 23 期。

[66] 李佐军:《"十三五"我国绿色发展的途径与制度保障》,《环境保护》2016 年第 11 期。

[67] 李雪娇、何爱平:《绿色发展的制约因素及其路径拿捏》,《改革》2016 年第 6 期。

[68] 王海芹、高世楫:《我国绿色发展萌芽、起步与政策演进:若干阶段性特征观察》,《改革》2016 年第 3 期。

[69] 李伟:《培育新动能,释放新红利》,《新经济导刊》2017 年第 6 期。

[70] 王俊、王春伟:《创新驱动和绿色发展的支持性政策研究》,《胜利油田党校学报》2016 年第 11 期。

[71] 朱婧、孙新章等:《中国绿色经济战略研究》,《中国人口·资源与环

境》2012 年第 4 期。

[72] 钱强、张丹、李晨成等：《无锡阳山田园综合体 I 期　田园生活馆》，《建筑学报》2015 年第 1 期。

[73] 黄海峰：《解读华为的 AI 战略：覆盖"云、管、端"》，《通信世界》2018 年第 13 期。

[74] 明星：《碧水源：为有人才"活"水来》，《中关村》2018 年第 2 期。

[75] 陈晴旖：《碧水源顺势而为打造双赢模式》，《企业管理》2014 年第 3 期。

[76] 叶锐宏：《"互联网＋"背景下对企业财务管理的影响》，《商场现代化》2017 年第 21 期。

[77] 沈艳：《如何建立有效的人力资源绩效管理体系浅析》，《人才资源开发》2016 年第 18 期。

[78] 熊菁：《关于大数据时代企业人力资源绩效管理探讨》，《人力资源管理》2017 年第 5 期。

[79] 朱佩珍：《中小企业国际贸易融资模式研究》，《中国商贸》2012 年第 14 期。

[80] 李青原、陈晓、王永海：《产品市场竞争、资产专用性与资本结构——来自中国制造业上市公司的经验证据》，《金融研究》2007 年第 4 期。

[81] 徐业坤、钱先航、李维安：《政治不确定性、政治关联与民营企业投资——来自市委书记更替的证据》，《管理世界》2013 年第 5 期。

[82] 余明桂、潘红波：《政治关系、制度环境与民营企业银行贷款》，《管理世界》2008 年第 8 期。

[83] 李佐军：《培育壮大新动能　缓解经济下行压力》，《经济参考报》2018 年 3 月 28 日，第 5 版。

[84] 李佐军：《中国经济将加速新旧动能转换》，《经济参考报》2017 年 12 月 27 日，第 8 版。

[85] 李佐军：《以创新驱动激发供给侧新动力》，《上海证券报》2016 年 3 月 12 日。

［86］ 王一鸣：《通过供给侧改革重塑发展新动力》，《人民日报》2015 年 12 月 28 日。

［87］ 李佐军：《加快新旧动能转换，推进武汉经济高质量发展》，《长江日报》2018 年 6 月 11 日。

［88］《民族文化旅游发展的"西江模式"实践及意义》，《贵州民族报》2017 年 11 月 22 日。

［89］《CB Insights：2018 的金融科技趋势报告》，Useit 知识库，2018 年 3 月 1 日。

［90］ 张镭：《问渠哪得清如许，唯有"源"头"碧水"来》，中国中投证券研究报告，2012 年 4 月 10 日。

［91］ 李佐军：《培育具有竞争力的六大创新型主体》，股城网，2016 年 12 月 24 日，https：//stock. gucheng. com/201612/3224380. shtml。

［92］ 孙丽文、米慧欣、李少帅：《创新驱动新旧动能转换的作用机制研究》，《河北工业大学学报》（社会科学版）2018 年第 3 期。

［93］《生态环境法治建设成效显著——访全国政协常委、清华大学法学院教授吕钟梅》，中国社会科学网，2018 年 3 月 23 日，http：//ex. cssn. cn/djch/ djch_ djchhg/wlaqyscyl_ 96851/201803/t20180323_ 3886208. shtml。

［94］《2017 年法治政府建设工作总结》，中华人民共和国生态环境部网站，http：//www. mee. gov. cn/。

［95］ 王祎佳等：《碧水源深度报告：龙头地位稳固，新时代迎来机遇》，中信建投证券网，2016 年 12 月 14 日，http：//stock. stockstar. com/ JC2016121500000181. shtml。

［96］ 王威：《碧水源 2017 年报点评：聚焦膜主业，放眼大环境》，新浪财经，2018 年 4 月 24 日，http：//vip. stock. finance. sina. com. cn/q/go. php/ vReport_ Show/kind/search/rptid/4172790/index. phtml。

［97］ 苏宝亮：《膜法垄断＋布局完善　水处理龙头业绩可期》，新浪财经，2018 年 6 月 19 日，http：//vip. stock. finance. sina. com. cn/q/go. php/ vReport_ Show/kind/search/rptid/4236000/index. phtml。

［98］余兵等：《水环境治理者　大企之路才开始》，东方财富网，2017 年 4 月 20
日，http：//data. eastmoney. com/report/20170420/APPHibEzcuXsASearchReport.
html。

［99］《去年林产品进出口 1500 亿美元，五年平均增速 12.1%》，今日头条，
2018 年 5 月 24 日，https：//www. toutiao. com/a6558975772541846020/。

［100］《绿色转型推动钢企高质量发展》，新浪网，2018 年 7 月 3 日，http：//
news. sina. com. cn/c/2018 - 07 - 03/doc - ihevauxi4371782. shtml。

［101］《新经济企业呈现高成长潜力》，新浪网，2018 年 5 月 4 日，http：//
news. sina. com. cn/c/2018 - 05 - 04/doc - ifzyqqiq6224563. shtml。

［102］《〈工业绿色发展规划（2016～2020 年）〉解读之三——加强工业节水，
提高用水效率》，中华人民共和国工业和信息化部网站，2016 年 8 月 15 日，
http：//www. miit. gov. cn/n1146285/n1146352/n3054355/n3057542/n3057545/
c5203015/content. html。

［103］《2017 年我国节能环保产业发展现状及前景规划（图）》，北极星大气
网，2017 年 9 月 17 日，http：//huanbao. bjx. com. cn/news/20170917/
850456. shtml。

［104］《BNEF 发布新能源市场长期展望（至 2050 年）》，新能源网，2018 年
6 月 29 日，http：//www. xnysj. com/article/detail - 41379321. html。

［105］《两部门印发〈林业生态保护恢复资金管理办法〉》，中国质量新闻网，
2018 年 7 月 26 日，http：//www. cqn. com. cn/pp/content/2018 - 07/26/
content_ 6087387. htm。

［106］《2018 年上半年水务市场数据报告》，中国水网，2018 年 7 月 6 日，
http：//www. h2o - china. com/news/277380. html。

［107］华春雨、刘奕湛：《王宏：我国海洋产业发展亮点纷呈》，中华人民
共和国自然资源部网站，2016 年 3 月 18 日，http：//www. mlr. gov.
cn/xwdt/hyxw/201603/t20160318_ 1399570. htm。

［108］艾瑞咨询：《2017 年中国网络经济报告：电商占比超 60%》，网易财经，
2017 年 6 月 12 日，http：//money. 163. com/17/0612/12/CMNSB20R002580T4.

272

html。

[109]《共享经济 2018 年将达 2300 亿美元》，中国经济网，2018 年 1 月 2 日，
http：//finance. ce. cn/rolling/201801/02/t20180102_ 27515568. shtml。

[110]《2017 年度全球研发投入 100 强排行榜》，搜狐网，2017 年 12 月 18 日，
https：//www. sohu. com/a/211088546_ 468675。

[111] 李金华：《中国战略性新兴产业空间布局雏形分析》，搜狐网，2018
年 2 月 1 日，http：//www. sohu. com/a/220252382_ 673573。

[112]《特稿：任正非，"血洗"华为（万字长文)》，正和岛微信公众号，2016 年
10 月 7 日，https：//mp. weixin. qq. com/s/vTWE7qRmJkGiS9ngMtQQOw。

[113]《抱坡岭蝶变："秃头山"披上"绿衣裳"》，搜狐网，2016 年 9 月
28 日，http：//www. sohu. com/a/115239613_ 411844。

[114] 沙晓峰：《三亚胜利路地下综合管廊将迎来"大变脸"》，南海网，
2017 年 2 月 22 日，http：//www. hinews. cn/news/system/2017/02/
22/030990680. shtml。

[115]《三亚首个"海绵校园"竣工》，千龙网，2016 年 1 月 6 日，http：//
photo. qianlong. com/2016/0106/250555. shtml。

[116]《织出绿锦护碧水》，海南日报网，2016 年 12 月 24 日，http：//hnrb.
hinews. cn/html/2016 – 11/24/content_ 1_ 7. htm。

[117]《两岸笔会艺术家称赞三亚"双修"和美丽乡村建设项目："'双修'
给三亚带来了巨大变化"!》，搜狐网，2016 年 12 月 13 日，http：//
www. sohu. com/a/121422590_ 411844。

[118]《美呆了！从"两河七园"看生态三亚》，搜狐网，2016 年 12 月 10
日，http：//www. sohu. com/a/121189500_ 411844。

[119]《拾房村改造 青山之阳 田园东方》，深圳市麟德旅游规划顾问有
限公司网站，http：//www. cnluntak. com/index. php/view – 932. html。

[120]〔美〕道格拉斯·C. 诺斯：《制度、制度变迁与经济绩效》，杭行译，
格致出版社、上海三联书店、上海人民出版社，2008。

[121] Perry S. , "California Green Innovation Index", 2009.

附录一 大事记

时间	机构或人物	事件	要点
2012年11月8日	中共中央	发布党的十八大报告	党的十八大报告提出了"五位一体"的理念,即经济建设、政治建设、文化建设、社会建设、生态文明建设——着眼于全面建成小康社会、实现社会主义现代化和中华民族伟大复兴,党的十八大报告对推进中国特色社会主义事业做出"五位一体"总体布局。报告指出要大力推进生态文明建设,重点抓好四个方面的工作:一是要优化国土空间开发格局;二是要全面促进资源节约;三是要加大自然生态系统和环境保护力度;四是要加强生态文明制度建设
2013年10月15日	国家发展改革委	发布《关于印发首批10个行业企业温室气体排放核算方法与报告指南(试行)的通知》(发改办气候〔2013〕2526号)	旨在建立温室气体统计核算制度,逐步实现建立碳排放交易市场。该指南供开展碳排放权交易、建立企业温室气体排放报告制度、完善温室气体排放统计核算体系等相关工作参考使用
2014年7月14日	国务院办公厅	印发《关于加快新能源汽车推广应用的指导意见》(国办发〔2014〕35号)	加快新能源汽车的推广应用,有效缓解能源和环境压力,促进汽车产业转型升级
2014年9月19日	国家发展改革委	发布《关于印发国家应对气候变化规划(2014~2020年)的通知》(发改气候〔2014〕2347号)	提出到2020年应对气候变化工作的主要目标,具体包括:控制温室气体排放行动目标全面完成,低碳试点示范取得显著进展,适应气候变化能力大幅提升,能力建设取得重要成果,国际交流合作广泛开展,等等

续表

时间	机构或人物	事件	要点
2014年12月10日	国家发展改革委	发布《碳排放权交易管理暂行法》	对碳排放权交易中各主管部门的管理职能进行了相应的安排,在两级管理的框架下,分别对覆盖范围确定、配额总量确定和配额分配、碳排放权交易、注册登记系统、碳排放核算报告和核查、配额清缴的管理进行了部署
2015年8月29日	全国人大常委会	发布《中华人民共和国大气污染防治法》(中华人民共和国主席令第三十一号)	针对现实存在的突出大气污染问题,此次《大气污染防治法》的修订采取了一些得力措施,除了响应"大气十条"的要求,将挥发性有机物、生活性排放等物质和行为纳入监管范围,严控船舶大气污染排放,加强重污染天气预警,加强环境风险的预防和控制,细化社会参与和监督,推行排污权交易,加强与《环境保护法》衔接,增加行政处罚条款,强化行政强制力,惩处监测数据造假,规定约谈制度外,此次修订还理顺了大气环境质量和污染物排放总量的关系,体现了立法逻辑的科学性
2015年12月12日	巴黎气候变化大会	通过《巴黎协定》	主要目标是将21世纪全球平均气温上升幅度控制在2℃以内,并将全球气温上升幅度控制在前工业化时期水平之上1.5℃以内。《巴黎协定》的达成,得到国际社会的普遍认可与欢迎,表明国际社会在历史上首次达成共识,同心协力应对气候变化问题。《巴黎协定》确立了2020年后以国家自主贡献为主体的国际应对气候变化机制安排,重申了《联合国气候变化框架公约》确立的共同但有区别的责任原则,平衡反映了各方关切,是一份全面、均衡、有力度的协定

时间	机构或人物	事件	要点
2016 年 1 月 4 日	环境保护部	中央环保督察组正式成立	中央环保督察组正式亮相,由环保部牵头成立,中纪委、中组部相关领导参加,是代表党中央、国务院对各省(自治区、直辖市)党委和政府及其有关部门开展的环境保护督察
2016 年 1 月 11 日	国家发展改革委	发布《关于切实做好全国碳排放权交易市场启动重点工作的通知》(发改办气候〔2016〕57 号)	旨在确保 2017 年启动全国碳排放权交易,实施碳排放权交易制度,切实做好启动前重点准备工作。该通知提出拟纳入全国碳排放权交易体系的企业名单,并要求对拟纳入企业的历史碳排放情况进行核算、报告与核查等
2016 年 3 月 1 日	国家发展改革委等	发布《关于促进绿色消费的指导意见》(发改环资〔2016〕353 号)	贯彻党的十八大和十八届三中、四中、五中全会精神,落实绿色发展理念,促进绿色消费,加快生态文明建设,推动经济社会绿色发展
2016 年 3 月 7 日	环境保护部	发布《关于印发〈生态环境大数据建设总体方案〉的通知》(环办厅〔2016〕23 号)	贯彻落实《国务院关于印发促进大数据发展行动纲要的通知》(国发〔2015〕50 号)精神,积极开展生态环境大数据建设与应用工作
2016 年 3 月 17 日	全国人大	发布《中华人民共和国国民经济和社会发展第十三个五年规划纲要》	该纲要提出,实施创新驱动发展战略,以科技创新为核心,以人才发展为支撑,推动科技创新与"大众创业、万众创新"有机结合。进入"十三五"的中国,新旧发展动能处于接续转换期。培育壮大新动能,加快发展新经济,中国经济将焕发出新的活力。撬动新产业,注入经济新动能。该纲要还提出,优化现代产业体系,要实施制造强国战略,改造提升传统产业,培育壮大新兴产业,加快推动服务业优质高效发展。"十三五"期间,随着全面深化改革的推进和发展新机制的建立,经济社会发展的活力将被进一步释放,中国经济发展的新动能将源源不断

续表

时间	机构或人物	事件	要点
2016 年 4 月 14 日	环境保护部	发布《关于积极发挥环境保护作用促进供给侧结构性改革的指导意见》（环大气〔2016〕45 号）	推进供给侧结构性改革是党中央、国务院做出的重大决策部署，是我国"十三五"时期的发展主线，对于提高社会生产力水平、不断满足人民日益增长的物质文化和生态环境需要具有十分重要的意义。当前，供给侧结构性改革的重点是去产能、去库存、去杠杆、降成本、补短板，环境保护应该在推进重点工作中充分发挥积极作用
2016 年 4 月 28 日	国务院办公厅	发布《关于健全生态保护补偿机制的意见》（国办发〔2016〕31 号）	进一步健全生态保护补偿机制，加快推进生态文明建设
2016 年 5 月 30 日	国家发展改革委等	印发《关于加强资源环境生态红线管控的指导意见》（发改环资〔2016〕1162 号）	贯彻落实《中共中央国务院关于加快推进生态文明建设的意见》中严守资源环境生态红线的有关要求，指导红线划定工作，推动建立红线管控制度，加快建设生态文明
2016 年 6 月 30 日	工业和信息化部	制定《工业绿色发展规划（2016～2020 年）》（工信部规〔2016〕225 号）	加快推进生态文明建设，促进工业绿色发展
2016 年 8 月 31 日	中国人民银行等	印发《关于构建绿色金融体系的指导意见》（银发〔2016〕228 号）	坚持创新、协调、绿色、开放、共享的发展理念，落实政府工作报告部署，从经济可持续发展全局出发，建立健全绿色金融体系，发挥资本市场优化资源配置、服务实体经济的功能，支持和促进生态文明建设
2016 年 12 月 2 日	中共中央办公厅、国务院办公厅	印发《生态文明建设目标评价考核办法》（厅字〔2016〕45 号）	旨在贯彻落实党的十八大和十八届三中、四中、五中、六中全会精神，加快绿色发展，推进生态文明建设，规范生态文明建设目标评价考核工作，适用于对各省、自治区、直辖市党委和政府生态文明建设目标的评价考核

续表

时间	机构或人物	事件	要点
2016年 12月11日	中共中央办公厅、国务院办公厅	印发《关于全面推行河长制的意见》（厅字〔2016〕42号）	全面推行河长制是落实绿色发展理念、推进生态文明建设的内在要求，要进一步加强河湖管理保护工作，落实属地责任，健全长效机制
2016年 12月12日	国家发展改革委、国家统计局、环境保护部、中央组织部	发布《关于印发〈绿色发展指标体系〉和〈生态文明建设考核目标体系〉的通知》（发改环资〔2016〕2635号）	旨在作为生态文明建设评价考核的依据
2017年 1月13日	国务院办公厅	印发《关于创新管理优化服务培育壮大经济发展新动能加快新旧动能接续转换的意见》（国办发〔2017〕4号）	旨在为落实党中央、国务院决策部署，破解制约新动能成长和传统动能改造提升的体制机制障碍，强化制度创新和培育壮大经济发展新动能，加快新旧动能接续转换而提出的一系列意见
2017年 3月1日	住建部	发布《关于印发建筑节能与绿色建筑发展"十三五"规划的通知》（建科〔2017〕53号）	部署了加快提高建筑节能标准及执行质量、全面推动绿色建筑发展量质齐升、稳步提升既有建筑节能水平、深入推进可再生能源建筑应用、积极推进农村建筑节能五大主要任务，并明确了5项举措，包括健全法律法规体系、加强标准体系建设、提高科技创新水平、增强产业支撑能力、构建数据服务体系
2017年 3月17日	国家发展改革委	发布《国家重点节能低碳技术推广目录》（2017年第3号）	为加快低碳技术的推广应用、促进我国控制温室气体行动目标的实现而编制的包括非化石能源类技术、燃料及原材料替代类技术等在内的国家重点节能低碳技术目录
2017年 7月21日	甘肃省检察机关	祁连山生态事件	祁连山自然保护区生态环境破坏问题主要有：一是违法违规开发矿产资源问题严重；二是部分水电设施违法建设、违规运行；三是周边企业偷排偷放问题突出；四是生态环境突出问题整改不力。2017年1~10月，甘肃省检察机关经审查，共批准逮捕祁连山破坏环境资源犯罪案件8件16人；建议行政执法机关移送破坏环境资源犯罪案件23件30人，监督公安机关立案侦查破坏环境资源犯罪案件14件15人

续表

时间	机构或人物	事件	要点
2017 年 8 月 28 日	习近平总书记	对河北塞罕坝林场建设者感人事迹做出重要指示	习近平总书记强调,全党全社会要坚持绿色发展理念,弘扬塞罕坝精神,持之以恒推进生态文明建设,一代接着一代干,驰而不息,久久为功,努力形成人与自然和谐发展新格局,把我们伟大的祖国建设得更加美丽,为子孙后代留下天更蓝、山更绿、水更清的优美环境
2017 年 10 月 18 日	习近平总书记	发布党的十九大报告——《决胜全面建成小康社会夺取新时代中国特色社会主义伟大胜利》	报告指出,我国经济"正处在转变发展方式、优化经济结构、转换增长动力的攻关期",清楚地指明了当前我国经济发展所面临的形势和任务。在新的发展阶段,推动发展的关键是转变发展方式、优化经济结构和转换增长动力。在中高端消费、创新引领、绿色低碳、共享经济、现代供应链、人力资本服务等领域培育新增长点,形成新动能
2017 年 12 月 18 日	国家发展改革委	发布《关于印发〈全国碳排放权交易市场建设方案(发电行业)〉的通知》(发改气候规〔2017〕2191 号)	在参与主体、管理制度、支撑系统、保障措施等方面做了全局部署,以发电行业为突破口率先启动,实施三步走战略,为下一步培育和建立我国碳排放市场做了初步规划
2018 年 1 月 2 日	中共中央、国务院	发布《关于实施乡村振兴战略的意见》(2018 年中央一号文件)	实施乡村振兴战略,是以习近平同志为核心的党中央着眼党和国家事业全局,顺应亿万农民对美好生活的期待而做出的重大决策部署,是决胜全面建成小康社会、全面建设社会主义现代化国家的重大历史任务,是新时代做好"三农"工作的新旗帜和总抓手

续表

时间	机构或人物	事件	要点
2018 年 2 月 26 ~ 28 日	中共中央	提出深化党和国家机构改革	党的十九届三中全会提出深化党和国家机构改革是推进国家治理体系和治理能力现代化的一场深刻变革。党和国家机构职能体系是中国特色社会主义制度的重要组成部分,是我们党治国理政的重要保障。党的十八大以来,党中央全面深化改革,加强党的领导,坚持问题导向,突出重点领域,深化党和国家机构改革,在一些重要领域和关键环节取得重大进展,为党和国家事业取得历史性成就、发生历史性变革提供了有力保障
2018 年 3 月 13 日	国务院	改革部门机构,组建生态环境部,不再保留环境保护部	将原环境保护部的职责,国家发展和改革委员会的应对气候变化和减排职责,国土资源部的监督防止地下水污染职责,水利部的编制水功能区划、排污口设置管理、流域水环境保护职责,农业部的监督指导农业面源污染治理职责,国家海洋局的海洋环境保护职责,国务院南水北调工程建设委员会办公室的南水北调工程项目区环境保护职责整合,组建生态环境部,作为国务院组成部门
2018 年 4 月 26 日	习近平总书记	主持召开深入推动长江经济带发展座谈会并发表重要讲话	习近平总书记指出,必须从中华民族长远利益考虑,把修复长江生态环境摆在压倒性位置,共抓大保护,不搞大开发,努力把长江经济带建设成为生态更优美、交通更顺畅、经济更协调、市场更统一、机制更科学的黄金经济带,探索出一条生态优先、绿色发展的新路子。这为今后长江经济带发展正确把握生态环境保护和经济发展的关系指明了方向,有助于更好地保护中华民族母亲河

续表

时间	机构或人物	事件	要点
2018 年 5 月 18～19 日	习近平总书记	全国生态环境保护大会召开	加大力度推进生态文明建设,解决生态环境问题,坚决打好污染防治攻坚战,推动中国生态文明建设迈上新台阶。习近平总书记强调,生态文明建设是关系中华民族永续发展的根本大计。确保到 2035 年,生态环境质量实现根本好转,美丽中国目标基本实现

附录执笔人：刘自力

附录二　重要数据

国家发展改革委等制定的绿色发展指标体系

一级指标	序号	二级指标	计量单位	指标类型	权数（%）	数据来源
资源利用（权数＝29.3%）	1	能源消费总量	万吨标准煤	◆	1.83	国家统计局 国家发展改革委
	2	单位 GDP 能源消耗降低率	%	★	2.75	国家统计局 国家发展改革委
	3	单位 GDP 二氧化碳排放降低率	%	★	2.75	国家发展改革委 国家统计局
	4	非化石能源占一次能源消费比重	%	★	2.75	国家统计局 国家能源局
	5	用水总量	亿立方米	◆	1.83	水利部
	6	万元 GDP 用水量降低率	%	★	2.75	水利部 国家统计局
	7	单位工业增加值用水量降低率	%	◆	1.83	水利部 国家统计局
	8	农田灌溉水有效利用系数	—	◆	1.83	水利部
	9	耕地保有量	亿亩	★	2.75	国土资源部
	10	新增建设用地规模	万亩	★	2.75	国土资源部
	11	单位 GDP 建设用地面积降低率	%	◆	1.83	国土资源部 国家统计局
	12	资源产出率	万元/吨	◆	1.83	国家统计局 国家发展改革委
	13	一般工业固体废物综合利用率	%	△	0.92	环境保护部 工业和信息化部
	14	农作物秸秆综合利用率	%	△	0.92	农业部

一级指标	序号	二级指标	计量单位	指标类型	权数（%）	数据来源
环境治理（权数=16.5%）	15	化学需氧量排放总量减少率	%	★	2.75	环境保护部
	16	氨氮排放总量减少率	%	★	2.75	环境保护部
	17	二氧化硫排放总量减少率	%	★	2.75	环境保护部
	18	氮氧化物排放总量减少率	%	★	2.75	环境保护部
	19	危险废物处置利用率	%	△	0.92	环境保护部
	20	生活垃圾无害化处理率	%	◆	1.83	住房和城乡建设部
	21	污水集中处理率	%	◆	1.83	住房和城乡建设部
	22	环境污染治理投资占GDP比重	%	△	0.92	住房和城乡建设部环境保护部国家统计局
环境质量（权数=19.3%）	23	地级及以上城市空气质量优良天数比列	%	★	2.75	环境保护部
	24	细颗粒物（PM2.5）未达标地级及以上城市浓度下降率	%	★	2.75	环境保护部
	25	地表水达到或好于Ⅲ类水体比例	%	★	2.75	环境保护部水利部
	26	地表水劣Ⅴ类水体比例	%	★	2.75	环境保护部水利部
	27	重要江河湖泊水功能区水质达标率	%	◆	1.83	水利部
	28	地级及以上城市集中式饮用水水源水质达到或优于Ⅲ类比例	%	◆	1.83	环境保护部水利部
	29	近岸海域水质优良（Ⅰ、Ⅱ类）比例	%	◆	1.83	国家海洋局环境保护部
	30	受污染耕地安全利用率	%	△	0.92	农业部
	31	单位耕地面积化肥使用量	千克/公顷	△	0.92	国家统计局
	32	单位耕地面积农药使用量	千克/公顷	△	0.92	国家统计局
生态保护（权数=16.5%）	33	森林覆盖率	%	★	2.75	国家林业局
	34	森林蓄积量	亿立方米	★	2.75	国家林业局

一级指标	序号	二级指标	计量单位	指标类型	权数（%）	数据来源
生态保护（权数 = 16.5%）	35	草原综合植被覆盖度	%	◆	1.83	农业部
	36	自然岸线保有率	%	◆	1.83	国家海洋局
	37	湿地保护率	%	◆	1.83	国家林业局 国家海洋局
	38	陆域自然保护区面积	万公顷	△	0.92	环境保护部 国家林业局
	39	海洋保护区面积	万公顷	△	0.92	国家海洋局
	40	新增水土流失治理面积	万公顷	△	0.92	水利部
	41	可治理沙化土地治理率	%	◆	1.83	国家林业局
	42	新增矿山恢复治理面积	公顷	△	0.92	国土资源部
增长质量（权数 = 9.2%）	43	人均GDP增长率	%	◆	1.83	国家统计局
	44	居民人均可支配收入	元	◆	1.83	国家统计局
	45	第三产业增加值占GDP比重	%	◆	1.83	国家统计局
	46	战略性新兴产业增加值占GDP比重	%	◆	1.83	国家统计局
	47	研究与试验发展经费支出占GDP比重	%	◆	1.83	国家统计局
绿色生活（权数 = 9.2%）	48	公共机构人均能耗降低率	%	△	0.92	国管局
	49	绿色产品市场占有率（高效节能产品市场占有率）	%	△	0.92	国家发展改革委 工业和信息化部 质检总局
	50	新能源汽车保有量增长率	%	◆	1.83	公安部
	51	绿色出行（城镇每万人口公共交通客运量）	万人次	△	0.92	交通运输部 国家统计局
	52	城镇绿色建筑占新建建筑比重	%	△	0.92	住房和城乡建设部
	53	城市建成区绿地率	%	△	0.92	住房和城乡建设部
	54	农村自来水普及率	%	◆	1.83	水利部
	55	农村卫生厕所普及率	%	△	0.92	国家卫生计生委
公众满意程度	56	公众对生态环境质量满意程度	%	—	—	国家统计局

注：①标★的为《国民经济和社会发展第十三个五年规划纲要》确定的资源环境约束性指标；标◆的为《国民经济和社会发展第十三个五年规划纲要》和《中共中央国务院关于加快推进生态文明建设的意见》等提出的主要监测评价指标；标△的为其他绿色发展重要监测评价指标。②根据其重要程度，按总权数为100%、三类指标的权数之比为3∶2∶1计算，标★的指标权数为2.75%，标◆的指标权数为1.83%，标△的指标权数为0.92%。③6个一级指标的权数分别由其所包含的二级指标权数汇总生成。

资料来源：国家发展改革委网站。

资源环境综合绩效指数

地区	2000 年	2001 年	2002 年	2003 年	2004 年	2005 年	2006 年	2007 年	2008 年	2009 年	2010 年	2011 年
北京	225.2	257.2	305.3	347.9	382.7	602.9	704.3	830.2	951.2	1105.0	1276.2	1462.6
天津	217.0	268.2	290.0	315.7	345.4	370.3	429.7	468.1	559.0	644.0	757.4	895.1
河北	118.4	126.3	136.6	150.0	163.3	202.3	190.5	208.9	240.0	257.6	291.8	299.1
山西	88.1	90.4	97.1	109.2	124.1	151.3	170.0	192.5	222.1	235.5	264.8	302.5
内蒙古	79.1	79.7	82.8	82.3	90.4	111.5	123.5	145.3	175.5	211.0	237.3	227.1
辽宁	124.5	136.2	144.3	159.2	169.5	171.9	174.9	194.3	225.8	257.2	299.4	312.0
吉林	106.5	120.5	128.9	138.7	149.0	144.8	161.7	186.3	209.9	232.2	257.5	267.3
黑龙江	131.6	140.1	153.2	159.4	173.3	157.3	162.4	171.6	186.3	185.6	211.7	205.5
上海	236.3	248.8	269.4	300.7	319.2	377.9	396.8	440.4	481.0	556.4	624.0	883.7
江苏	192.1	192.1	202.1	221.5	231.9	257.9	263.2	298.6	333.5	379.7	433.1	508.5
浙江	223.2	234.0	248.3	272.5	288.9	314.4	344.5	383.8	416.3	458.2	527.9	610.5
安徽	130.9	135.4	139.6	145.9	153.1	144.3	159.3	175.3	188.8	207.0	240.9	266.4
福建	226.6	233.0	260.9	238.7	247.5	226.1	243.2	272.0	294.7	323.4	362.4	438.1
江西	108.4	118.9	121.2	115.8	120.5	125.1	133.2	142.4	157.1	178.4	205.6	237.1
山东	160.6	173.4	180.7	205.5	237.1	303.3	291.6	331.6	376.9	414.2	460.3	424.7
河南	143.1	148.2	155.2	170.0	182.2	184.0	202.7	229.7	259.1	271.3	310.9	319.2
湖北	128.6	140.3	143.9	152.0	160.2	149.1	167.3	192.1	213.6	237.0	270.1	304.7
湖南	127.5	129.2	129.4	129.5	135.7	143.6	156.6	169.9	191.6	215.6	247.3	294.2
全国	100.0	106.1	112.1	117.8	127.0	133.7	148.2	176.7	206.8	219.6	252.3	288.8

资料来源：温宏坚、赵霞：《2000 年以来中国资源环境综合绩效评估研究——基于 REPI 指标值的计算》，《发展研究》2013 年第 10 期。

发展绿色新动能经济

北京师范大学人类绿色发展指数

地区	2010 年	2011 年	2012 年	2013 年	2014 年	2015 年	2012～2015 年平均增长
北京	0.484	0.535	0.591	0.591	0.638	0.677	0.022
天津	0.368	0.410	0.475	0.473	0.493	0.529	0.014
河北	0.314	0.328	0.368	0.346	0.362	0.394	0.007
山西	0.258	0.298	0.328	0.333	0.351	0.376	0.012
内蒙古	0.342	0.359	0.401	0.410	0.436	0.473	0.018
辽宁	0.302	0.312	0.363	0.371	0.401	0.420	0.014
吉林	0.292	0.311	0.358	0.363	0.379	0.407	0.012
黑龙江	0.326	0.343	0.374	0.374	0.391	0.452	0.020
上海	0.391	0.416	0.468	0.476	0.515	0.545	0.019
江苏	0.365	0.374	0.414	0.418	0.438	0.470	0.014
浙江	0.392	0.397	0.452	0.452	0.486	0.519	0.017
安徽	0.310	0.313	0.337	0.331	0.343	0.387	0.013
福建	0.373	0.386	0.431	0.429	0.457	0.488	0.014
江西	0.309	0.322	0.359	0.355	0.379	0.390	0.008
山东	0.375	0.380	0.423	0.400	0.415	0.449	0.007
河南	0.272	0.282	0.311	0.305	0.316	0.344	0.008
湖北	0.294	0.309	0.339	0.345	0.355	0.388	0.012
湖南	0.274	0.285	0.323	0.318	0.470	0.371	0.012
广东	0.355	0.374	0.456	0.433	0.458	0.494	0.009
广西	0.253	0.294	0.325	0.330	0.361	0.389	0.016
海南	0.350	0.366	0.420	0.418	0.439	0.438	0.005
重庆	0.328	0.321	0.361	0.359	0.370	0.424	0.016
四川	0.304	0.315	0.339	0.353	0.374	0.407	0.017
贵州	0.321	0.341	0.381	0.316	0.330	0.375	-0.002
云南	0.349	0.385	0.410	0.376	0.381	0.413	0.001
陕西	0.326	0.349	0.387	0.380	0.399	0.426	0.010
甘肃	0.278	0.276	0.320	0.291	0.309	0.344	0.006
青海	0.361	0.384	0.391	0.440	0.471	0.456	0.016
宁夏	0.271	0.295	0.322	0.308	0.318	0.356	0.008
新疆	0.298	0.317	0.376	0.366	0.391	0.421	0.011

资料来源：2010～2015 年《人类绿色发展报告》。

全国耕地面积

单位：千公顷

地区	2011 年	2012 年	2013 年	2014 年	2015 年	2016 年	2012～2016 年平均
北京	222.0	220.9	221.2	219.9	219.3	216.3	219.52
天津	441.1	439.3	438.3	437.2	436.9	436.9	437.72
河北	6565.0	6558.3	6551.2	6535.5	6525.5	6520.5	6538.20
山西	4064.5	4064.2	4062.0	4056.8	4058.8	4056.8	4059.72
内蒙古	9189.4	9186.9	9199.0	9230.7	9238.0	9257.9	9222.50
辽宁	5013.2	4998.9	4989.7	4981.7	4977.4	4974.5	4984.44
吉林	7021.2	7013.7	7006.5	7001.4	6999.2	6993.4	7002.84
黑龙江	15849.1	15845.9	15864.1	15860.0	15854.1	15850.1	15854.84
上海	187.6	188.2	188.0	188.2	189.8	190.7	188.98
江苏	4587.8	4584.7	4581.6	4574.2	4574.9	4571.1	4577.30
浙江	1981.6	1979.4	1978.5	1976.6	1978.6	1974.7	1977.56
安徽	5886.5	5881.3	5883.1	5872.1	5872.9	5867.5	5875.38
福建	1337.9	1338.4	1338.7	1336.4	1336.3	1336.3	1337.22
山西	3085.3	3083.5	3087.3	3085.4	3082.7	3082.2	3084.22
山东	7646.9	7635.7	7633.5	7620.6	7611.0	7606.9	7621.54
河南	8161.9	8156.8	8140.7	8117.9	8105.9	8111.0	8126.46
湖北	5301.5	5290.0	5281.8	5261.7	5255.0	5245.3	5266.76
湖南	4138.0	4146.2	4149.5	4149.0	4150.2	4148.7	4148.72
广东	2601.3	2614.4	2621.8	2623.3	2615.9	2607.6	2616.60
广西	4421.5	4414.2	4419.4	4410.3	4402.3	4395.1	4408.26
海南	726.6	726.7	726.7	725.7	725.9	722.7	725.54
重庆	2449.7	2451.3	2455.8	2454.6	2430.5	2382.5	2434.94
四川	6735.6	6732.1	6734.8	6734.2	6731.4	6732.9	6733.08
贵州	4560.7	4552.2	4548.1	4540.1	4537.4	4530.2	4541.60
云南	6233.5	6224.9	6219.0	6207.4	6208.5	6207.8	6213.68
西藏	442.4	442.2	441.8	442.5	443.0	444.6	442.82
陕西	3989.9	3985.5	3992.0	3994.8	3995.2	3989.5	3991.40
甘肃	5388.0	5383.5	5378.8	5377.9	5374.9	5372.4	5377.50
青海	588.3	588.5	588.2	585.7	588.4	589.4	588.04
宁夏	1285.0	1282.7	1281.1	1285.9	1290.1	1288.8	1285.72
新疆	5135.4	5148.1	5160.2	5169.5	5188.9	5216.5	5176.64
全国	135238.6	135158.4	135163.4	135057.3	134998.7	134920.9	135059.74

资料来源：相关年份《中国统计年鉴》。

分地区湿地面积

单位：千公顷，%

地区	湿地面积	自然湿地面积					人工湿地面积	湿地面积占土地总面积比例
		小计	近海与海岸	河流	湖泊	沼泽		
北京	48.1	24.2	—	22.7	0.2	1.3	23.9	2.86
天津	295.6	151.1	104.3	32.3	3.6	10.9	144.5	23.94
河北	941.9	694.6	231.9	212.5	26.6	223.6	247.3	5.04
山西	151.9	108.1	—	96.9	3.1	8.1	43.8	0.97
内蒙古	6010.6	5878.8	—	463.7	566.2	4848.9	131.8	5.08
辽宁	1394.8	1077.7	713.2	251.5	2.9	110.1	317.1	9.42
吉林	997.6	862.9	—	223.5	112.0	527.4	134.7	5.32
黑龙江	5143.3	4953.8	—	733.5	356.0	3864.3	189.5	11.31
上海	464.6	409.0	386.6	7.3	5.8	9.3	55.6	73.27
江苏	2822.8	1948.8	1087.5	296.6	536.7	28.0	874.0	27.51
浙江	1110.1	843.3	692.5	141.2	8.9	0.7	266.8	10.91
安徽	1041.8	713.6	—	309.6	361.1	42.9	328.2	7.46
福建	871.0	711.2	575.6	135.1	0.3	0.2	159.8	7.18
山西	910.1	710.7	—	310.8	374.1	25.8	199.4	5.45
山东	1737.5	1103.0	728.5	257.8	62.6	54.1	634.5	11.07
河南	627.9	380.7	—	368.9	6.9	4.9	247.2	3.76
湖北	1445.0	764.2	—	450.4	276.9	36.9	680.8	7.77
湖南	1019.7	813.5	—	398.4	385.8	29.3	206.2	4.81
广东	1753.4	1158.1	815.1	337.9	1.5	3.6	595.3	9.76
广西	754.3	536.6	259.0	268.9	6.3	2.4	217.7	3.20
海南	320.0	242.0	—	201.7	39.7	0.6	78.0	9.14
重庆	207.2	87.7	—	87.3	0.3	0.1	119.5	2.51
四川	1747.8	1665.6	—	452.3	37.4	1175.9	82.2	3.61
贵州	209.7	151.6	—	138.1	2.5	11.0	58.1	1.19
全国	53602.6	46674.7	5795.9	10552.1	8593.8	21732.9	6745.9	5.56

资料来源：《中国统计年鉴 2017》。

2017 年各地区碳交易成交量详情

单位：吨

月份	北京	上海	广东	天津	深圳	湖北	重庆	福建
1 月	97002	444058	2233524	0	9054	171296	1208	122125
2 月	8640	2363743	513078	0	83	14625	289	89365
3 月	104525	244420	1372663	0	142	272290	8936	112308
4 月	445709	655416	3011025	0	25623	1052638	1559261	145410
5 月	636282	149585	3124179	0	27077	1833124	3030695	127195
6 月	1139873	5955658	4663068	1086370	381248	2921999	323936	1063770
7 月	69322	10331	260220	0	25307	5861087	338437	342343
8 月	7358	6553	127463	0	28028	543503	234955	242
9 月	104	4997	420770	0	819823	849337	3192	32239
10 月	14668	6064	426514	0	3029562	190551	662764	9434
11 月	10700	57753	1004225	0	3094847	809781	500592	5525
12 月	54	56081	403017	0	3117564	348907	772338	9962
2017 年	2534237	9954659	17559746	1086370	10558358	14869138	7436603	2059918

资料来源：碳排放交易网。

附录执笔人：刘自力

图书在版编目（CIP）数据

中国发展动力研究报告系列. 三, 发展绿色新动能经
济 / 李佐军主编. -- 北京：社会科学文献出版社，
2018.12
　ISBN 978 - 7 - 5097 - 2511 - 5

　Ⅰ.①中…　Ⅱ.①李… 　Ⅲ.①中国经济－绿色经济－
研究　Ⅳ.①F12

　中国版本图书馆 CIP 数据核字（2018）第 275037 号

发展绿色新动能经济
—— 中国发展动力研究报告系列三

主　　编 / 李佐军
副 主 编 / 魏　云　赵西君

出 版 人 / 谢寿光
项目统筹 / 恽　薇　冯咏梅
责任编辑 / 冯咏梅

出　　版 / 社会科学文献出版社·经济与管理分社（010）59367226
　　　　　　地址：北京市北三环中路甲 29 号院华龙大厦　邮编：100029
　　　　　　网址：www. ssap. com. cn
发　　行 / 市场营销中心（010）59367081　59367083
印　　装 / 三河市龙林印务有限公司

规　　格 / 开本：787mm × 1092mm　1/16
　　　　　　印张：18.75　字数：287 千字
版　　次 / 2018 年 12 月第 1 版　2018 年 12 月第 1 次印刷
书　　号 / ISBN 978 - 7 - 5097 - 2511 - 5
定　　价 / 98.00 元

本书如有印装质量问题，请与读者服务中心（010 - 59367028）联系